陕西出版资金资助项目
《生态城市》译丛

森林与城市
——城市林地的文化景观

[荷兰]塞西尔·科奈恩德克　著

李垣　译

本套丛书为陕西省哲学社会科学重点研究基地陕西智慧社会发展战略研究中心的成果。

西安电子科技大学出版社

内 容 简 介

本书从社会文化的视角为读者介绍了城市森林这一文化景观。作者从 11 个方面详细解读了作为一种文化景观的城市森林，以此帮助人们深入了解城市森林，以便进一步更好地发展我们的城市、社会与自然。作者认为，当地城市居民与"他们的"森林之间的社会和文化联系居于城市森林概念的核心地位。更好地理解城市森林概念的社会和文化根源有助于我们开发与管理城市森林，以满足当代及后代人的需求，进而创建一个更加美好的城市。因此，贯穿本书的是持续不断地考察城市森林的过去、现在与未来。本书适用于高等院校相关研究者、城市规划者、森林管理者以及所有热爱森林与城市的人们。

图书在版编目(CIP)数据

森林与城市：城市林地的文化景观/〔荷兰〕塞西尔·科奈恩德克著；李垣译著.
—西安：西安电子科技大学出版社，2019.9
ISBN 978-7-5606-4748-7

Ⅰ.① 森…　Ⅱ.① 塞…　② 李…　Ⅲ.① 城市林—研究　Ⅳ.① S731.2

中国版本图书馆 CIP 数据核字(2017)第 273855 号

策划编辑　高 樱
责任编辑　王 斌　马武装
出版发行　西安电子科技大学出版社(西安市太白南路 2 号)
电　　话　(029)88242885　88201467　　　邮　编　710071
网　　址　www.xduph.com　　　　　　　电子邮箱　xdupfxb001@163.com
经　　销　新华书店
印刷单位　陕西天意印务有限责任公司
版　　次　2019 年 9 月第 1 版　2019 年 9 月第 1 次印刷
开　　本　787 毫米×1092 毫米　1/16　印张 15
字　　数　324 千字
印　　数　1～2000 册
定　　价　45.00 元
ISBN 978-7-5606-4748-7/S

XDUP 5040001-1

＊＊＊如有印装问题可调换＊＊＊

《生态城市》译丛
编委会名单

主　编　朱丹琼

编　委　（按姓氏拼音排列）

道奥终南，王在在镐（总序）

本套丛书能够在西安出版，是我们莫大的荣幸。在中国的版图上，西安并不是最耀眼的城市，若提及中国最国际化、现代化的大都市，则非北京、上海、广州、深圳等莫属。然而，西安作为十三朝古都，却是中国历史最悠久的城市。孕育西安这座城市的关中平原，四周的山系如同一道道天然屏障，守护着关中平原上人们世世代代的活动。《史记》载关中"南有巴蜀之饶，北有胡苑之利"，道出了关中平原得天独厚的地理位置。西安古城东边的半坡遗址，成为人类定居生活的证据，表明早在6000多年以前，作为城市生存之特征的聚集已经在关中平原形成。

在西安出版这套译丛，其意义十分深刻。西安作为十三朝古都，在历史上呈现过汉唐盛世的局面。可以说，西安之于中国的意义，就如同雅典之于古希腊、罗马之于古罗马帝国一样，伦敦、巴黎、柏林是不能不提的，这三个城市不可谓不辉煌，但是提起这三个城市，就如同欧洲历史已经步入了复兴之后的时代，远古的光芒与早期文明的原创性特质恐将淹没在复兴之后的辉煌之下，却不知近代的辉煌实际上是对于起点、对于原创性文明的继承与深刻阐释。西安，作为中华文明的精神家园，正是中华文化原创性的发生场所，是铸造中华民族精神的起点。

民族精神与地理环境之间存在着深刻的联系。纵观全球各主要民族，无有例外。例如，在美国西进运动不断拓荒的过程中，其西部原野上辽阔的土地与广袤的森林，边疆生活的严峻与艰难，塑造了美国人民粗犷豪放与积极进取的性格，也铸造了美国精神的自由、竞争与推崇个人奋斗的特质；而俄罗斯民族的坚韧不拔、集体主义与尚武精神，则与东欧平原、西北部的森林沼泽以及其严寒恶劣的气候息息相关。更不用说，文化人类学家本尼迪克特（Ruth Benedict，1887—1948年）在其家喻户晓的著作《菊与刀》中，揭示了日本民族精神的矛盾性，即"既生性好斗又异常温和；既推崇武力又追求美感；既桀骜自尊又谦逊有礼；既冥顽不化又柔弱善变；既性情温顺又不轻易任人摆布；既忠诚不阿又极易叛变；既勇敢又怯懦，既保守又乐于接受新生事物"，她也委婉地表达过日本文化与"马来诸岛、新几内亚、波里尼西亚等一些太平洋岛屿上的原始部落极其相似"。[①]可见，自然对文化的塑造是何等重要。也可以说，当孟德斯鸠（1689—1755年）在其《论法的精神》中写道："土地贫瘠使人勤劳、俭朴、吃苦、勇敢和能打仗，他们必须设法获得土地无法给予的东西。土地肥沃使人因不愁温饱而柔弱怯懦，贪生怕死。……岛民比大陆居民更爱好自由"[②]时，他也捕捉到了人类集体精神特质与自然环境之间的一般联系，尽管可能自然与人类精神之间的微妙联系实际上远远超出这些简明性的概括。人在自然环境中进化、生存与生活，是不可忽

---

① [美]本尼迪克特. 菊与刀[M]. 南星越，译. 海口：南海出版公司，2007：16 - 22.
② [法]孟德斯鸠. 论法的精神[M]. 许明龙，译. 北京：商务印书馆，2009：294 - 295.

略的事实。

当我们在自然与文化的宏观背景下再来审视西安及其自然环境时，其意义是不言而喻的。西安作为中华民族的精神家园，作为中华文化的根之所在，在解决实际的环境问题与城市化困境时，能够面向世界，向世界发达国家寻求城市化过程的宝贵经验，探求城市与自然的和谐共存之道，恰恰显示出中华文化不断革故鼎新的特质，也在某种程度上传承和阐扬了关中鸿儒张载的"民吾同胞，物吾与也"的思想。在 20 世纪 90 年代关于中华民族精神的论争中，方立天曾经提出，中华民族精神具有十分丰富的内涵，主要表现在几个方面：重视道德自觉和人格完美，由儒家文化的理性主义和人文主义以及无神论传统塑造出的务实精神，从《周易》的乾卦所彰显出来的刚健有为、自强不息、百折不挠的精神，在民族关系与文化关系以及与自然的关系上所凸显出的兼容并蓄的宽容精神，还有维护民族独立关心社稷民生的爱国精神。他提倡通过自主意识、凝聚意识与创新意识来提升新时期的中华民族精神，① 并没有因为时间的流逝而失去这一主张的有效性，彰显出哲学思考的生命力与独特魅力。作为远山与森林的终南山与中华文化的渊源自然无需太多的笔墨，已经为众多的学者专家们所论证，中华文化主流的儒、释、道与终南山之间都存在着深刻的联系。这里是周公故里，因而也可以说是儒家思想的发源地；相传老子在楼观台著《道德经》五千言，因而也是道家圣地；在终南群山掩映之处，这里更是汉传佛教八大宗派中六大宗派的祖庭所在。②更不用说那一块名为《大秦景教流行中国碑》的石碑，使得终南在今日的文化交融与宗教融合之中的重要地位更加不容忽视。今日的终南山中，还有一批远离都市生活的隐士，以其独特的生活与生存方式传承和守望着他们的精神家园。

思考城市与自然的和谐共存，实际上也是对人与自然的关系进行一次反思，而最合适的地方莫过于这终南山怀抱之中的古都长安城下了。西安既是一座古城，也是一座洋溢着青春气息的现代化新生都市。传统与现代、本土与外来、科学与人文将再一次在曾经作为文化交融重镇的场所发生，我们相信这一次也一定能够激荡出时代的声音与呼唤。如今西安城内有规模宏大的城池，城墙之外是鳞次栉比的高科技大厦，城南是郁郁苍苍的终南山，它们相互守望。西安的市民朋友们、青年学生们每到周末，或驱车，或骑行，或乘坐公共交通，涌向大秦岭的各个峪口，他们在终南山的佛寺或道观里寻道访友，在 72 峪的峡谷与溪流中嬉戏、度假、休闲，或者攀山越岭，徒步到高山草甸，一览南北分水岭的风光。在无数次的跋涉之后，人们又回到城市，继续常规性的都市生活，然而，许多人承认，这无数次的远足让他们的心灵得以澄净，大自然以奇妙的方式重新塑造了他们。可以说，通过走入大秦岭，走向终南山，人们走向了"荒野"。荒野之于人类生活的意义在中国传统文化中多有阐发，在西方近代的环境运动中也被亨利·戴维·梭罗（Henry David Thoreau，1817—1862 年）、约翰·缪尔（John Muir，1836—1914 年）、霍尔姆斯·罗尔斯顿（Holmes Rolston，1931—）等人论及，梭罗有言："世界保存于荒野之中"（In wildness is the preservation of the world），他甚至指出，"你在人类社会中找不到的健康，在自然界却能找到。若不是因为我们至少还有双脚伫立在自然中央，我们的脸早已苍白得了无生气。"③自

---

① 方立天. 民族精神的界定与中华民族精神的内涵[J]. 哲学研究：1991(05)：33-41.

② 方光华，曹振明. 论终南山"中国佛教祖庭文化区"创意[J]. 唐都学刊：2009(02)：21-26.

③ ［美］梭罗，［美］爱默生. 远行[M]. 董晓娣，译. 北京：光明日报出版社，2012：3.

然可以离开人类，人类却不能失去自然，这一命题甚至得到了实证性的研究。[1]

自然孕育出文化，也塑造着城市。城市、City 或者 Urban，作为现代产物，表示的是以工业化大规模生产为基础的现代制造模式以来，人类聚集成为人口稠密地区而形成的一种现象。不同学科侧重于城市的不同方面给出了关于城市的规定，例如，社会学侧重于城市生活区别于以农业、游牧业或者是军事封建的方式组织起来的人类生活的差异，强调城市是一种社会组织方式；而在经济学中，则侧重于将城市当做经济活动发生的场所，强调城市是生产、制造、消费或执行其他经济功能的单元。城市在全球的崛起，源出于人类发展史上的一个最基本的事实，即全球人口自工业革命以来以指数级的方式增长，根据联合国发布的《世界人口展望》(2015 年)，世界人口将在 2050 年达到 97 亿。[2]

中国目前的城市化进程在人类历史上史无先例，到 2030 年，我国将成为拥有最多特大城市的国家。1980 年，当国家首次对 1955 年国家建设委员会的《关于当前城市建设工作的情况和几个问题的报告》做出调整时，人口规模超过 100 万的被定义为特大城市；到 2014 年，国务院印发了《关于调整城市规模划分标准的通知》，其中规定"城区常住人口 500 万以上 1000 万以下的城市为特大城市；城区常住人口 1000 万以上的城市为超大城市。"[3]根据联合国的定义，人口规模超过 1000 万的城市也称为特大城市(Megacity)，联合国经济社会事务部/人口司(United Nations Department of Economic and Social Affairs, Population Division) 所提供的数据中，2030 年全球 41 座特大城市，中国有 7 座城市入选，其中上海以 30,751,000 人口排第三位，仅次于东京与德里。[4]根据预测，2030 年时全球人口超过 500 万的 104 座城市中，中国占 22 座，分别是上海(3)、北京(5)、广州(16)、重庆(17)、天津(22)、深圳(29)、成都(41)、南京(44)、武汉(47)、杭州(50)、东莞(51)、佛山(53)、苏州(56)、沈阳(59)、西安(60)、厦门(66)、青岛(81)、郑州(82)、大连(86)、中山(90)、济南(97)、长沙(104)，而在 1970 年，中国唯一的特大城市是当时排在第 15 位的上海。[5]

在这些数据背后，是中国大规模的城市化进程以及个体生活方式的巨大改变。对于大多数的中国人而言，或多或少地遵循着这样或那样的生活模式。对于有些人而言，城市是他们生于斯长于斯的地方，因而城市成为生活的重要场所与环境，这一部分人的童年记忆和成长经历都与城市密切相关；另外一些人，则出生在人口聚集规模小一些的县城，或者在农村出生与成长，但是大多数人在成年之后会聚集在城市之中，以接受高等教育的方式，走向城市；或者以农民工(Migrant Workers 或 Peasant Workers)的方式，在城市中谋生。他们的童年生涯，或许是漫山漫野地去寻找野栗子、桃金娘、羊奶子、鸡脚权、八月炸、覆

① Robert Greenway. The wilderness effect and ecopsychology, in Theodore Roszak, Mary E. Gomes, Allen D. Kanner ed., Ecopsychology: Restoring the Earth, Healing the Mind. NY: Sierra Club Books, 1995, p. 122 - 135.

② United Nations. Department of Economic and Social Affairs, Population Division (2015). World Population Prospects: The 2015 Revision. New York: United Nations, p. 1.

③ 国务院.《关于调整城市规模划分标准的通知》，国发〔2014〕51 号，来源：http://www.gov.cn/zhengce/content/2014-11/20/content_9225.htm，访问时间 2017 年 5 月 12 日.

④ United Nations. Department of Economic and Social Affairs, Population Division (2015). World Urbanization Prospects: The 2014 Revision, (ST/ESA/SER.A/366), p. 93.

⑤ Ibid. 城市名称后面括号中的数字是该城市在全球 104 个城市中的排名, p. 98.

盆子，又或者小溪小河里抓虾摸鱼逮螃蟹，如今却西装革履、锦衣绣裙地穿梭在城市生活中，他们的内心或多或少存在些许焦虑，因为自己那一代的童年对于自己的孩子成为了奢侈品，他们的孩子有可能将在缺失自然陪伴的状态下成长。城市化不仅改变了人的生活模式，也造就了诸多的城市现象，高楼大厦鳞次栉比，城中村改造如火如荼。城市急剧扩张，使得城市中的环境问题，如土地利用、城市布局、交通规划、供水、大气污染、生活垃圾处理等各种问题日益严峻。

那么，当我们开始在学科体系背景下思考城市问题时，究竟有哪些已经存在的学科范式呢？目前，对这个问题的思考是相当必要的，它有助于帮助我们解释，为何我们的丛书的第一辑选择了目前的这几种书。不揣浅陋，我认为对于城市与自然关系的研究，或者说对于生态城市的建设，可以从以下几个学科方向来谈一下。

首先是人类生态学（Human Ecology）的视野。生态学研究在经历了达尔文、海克尔与克莱门茨的生物生态学研究阶段之后，在 20 世纪 20 年代发生了一次大的转向，出现了将社会学研究与生态学研究相结合的人类生态学，这一转向几乎被认为是生态学研究范式的一次大转变，其代表人物主要是芝加哥学派（The Chicago School）的帕克（Robert Ezra Park，1864－1944 年）、伯吉斯（Ernest Watson Burgess，1886－1966 年）以及麦肯齐（Roderick D. McKenzie）等人。这一学派崛起之时，正是美国城市大规模发展时期，他们运用生态学研究的基本理论与方法来研究城市，如冲突与竞争等，对城市中的人口流动及其社会结构、城市生活方式尤其是芝加哥这座城市的城市分布模型进行了实证性的探索。但值得指出的是，芝加哥学派主要是从经济学与社会学视角去分析城市问题，对于城市与自然的关系并不是其考虑的焦点。

在 20 世纪 40 年代，动物生态学的研究者们得出了关于动物种群对于环境的集体性适应的结论，生态学家霍利（Amos Hawley，1910－2009 年）重拾这种生物生态学的传统，建立起新正统学派（The Neo-orthrodox School）。霍利不仅认为芝加哥学派过于关注城市空间分布问题，而且认为将生物与文化区分开是存在危险的，因为在霍利看来，文化是人类适应环境的一种更加高级的方式。在霍利的研究时期，美国的城市化过程正在经历旧城区的衰落与城郊的兴起。他将动物生态学中的适应概念运用到人口研究之中，研究了微观社会组织对于人类适应环境的影响。例如，生产性地促进专业化的组织如家庭、学校、村庄、都市、商业、政府等以及保护性地促进防御的社会组织如亲戚、邻里、阶层、俱乐部、行业协会之类。霍利在 1950 年出版的《人类生态学：一种社区结构的理论》（Human Ecology：A Theory of Community Structure）一书中 界定了新正统学派的主要研究范式。①采用人口统计学的方法，对城市进行研究，并且尝试验证芝加哥学派的生态学家是邓肯（Otis Dudley Duncan，1921－2004 年）。他提出了包含 P（Population）、O（Organization）、E（Environment）、T（Technology）四个变量的模型来描述人类生态系统，理论上阐明了生态学方法也适用于对人类社会的研究。以上研究表现出生态学研究进展对城市研究的重要影响，同时也表明对城市的研究越来越关注人类社会及其生存环境的时空关系。

尽管在人类生态学研究阶段，麦肯齐已经给出过关于城市生态学（Urban Ecology）研究

---

① Michael D. Irwin. "Hawley, Amos"，in Ray Hutchison ed.，Encyclopedia of Urban Studies，SAGE Publications，Inc；1 edition，p. 347－348.

的定义，但这一领域的真正体系化却发生在 20 世纪 60 年代。城市生态学的体系化使得许多人类聚居地的生态研究进入了学术领域，同时在高等教育领域也开设了大量与城市环境相关的课程。1973 年，日本学者中野尊正等编著了《城市生态学》一书，系统阐述了城市与自然的关系、城市生态系统的结构与动态、城市的能量转移与物质代谢等问题，将城市生态学界定为"对以人类为主体的环境系统的城市，从围绕人类的动植物、空气、水、土壤等周围部分进行探讨。"①在此基础上，联合国教科文组织（UNESCO）制定了"人与生物圈"的研究计划，1975 年在法国巴黎召开了"人类居住地综合生态研究"的工作会议，同年《城市生态学》杂志出版发行。随后在德国柏林召开的欧洲生态学会议上，关于人类活动对城市环境和生物群落的影响以及生态学在城市规划和土地管理中的应用等议题被有所关注。我国在 1984 年举行了"首届全国城市生态科学研究会"，会上成立了"中国生态学会城市生态学专业委员会"，标志着中国城市生态学研究工作的肇始。

就城市生态学的研究内容来说，包括城市化过程与生态环境效应、城市生态系统的构成与功能、城市规划的生态规划与评价、城市灾害的类型与生态系统服务、城市景观的设计与建造、城市气候效应（如城市热岛效应）、生物多样性与城市化、城市发展与可持续性等，这些议题显示出强烈的学科交叉特征。在以上众多议题的研究中，研究者们愈来愈强调在研究城市与其环境相互作用的具体机制的基础上，城市生态学研究所承担的双重价值取向，既在充分了解生态因素扰动的情况下进行合理规划，保护人类聚集区域免遭自然灾害的大规模伤害；同时又在生态尽职调查的基础上，避免人类城镇的扩张对自然生态系统与生物多样性带来灾难性的影响。简而言之，人类生态学在文明与自然问题上的价值取向，其思维特征是系统性、综合性、整全性的整体主义模式，而不是非此即彼、冲突式的、二者必居其一的个体主义模式。

其次是公共卫生学（Public Health）的视野。作为衡量人类社会健康发展的一个重要指标，公共卫生事业主要追求促进人类的生理与心理健康。17 世纪与 18 世纪，欧洲的城市快速增长，但住房、供水、排污、交通等造成了霍乱、伤寒、黄热病和白喉等流行疾病的频频爆发，使得公共卫生成为迫切的运动。城市疾病的流行与城市的卫生状况与环境存在很大的关联，在医生、人口统计学专家与卫生法规人员的共同努力下，城市供水系统以及其他公共设施不断得到改善。19 世纪，当政府成立专门的部门与机构来监管城市卫生时，标志着公共卫生领域的形成。1920 年左右，美国耶鲁大学的温斯洛教授（Charles-Edward Amory Winslow，1877－1957 年）给出了对公共卫生的界定、本质以及范围；20 世纪 60 年代，英国实业家维寇（Geoffrey Vickers，1894－1982 年）从系统分析的角度给出了公共卫生的维寇定义；1988 年，美国医学研究所（Institute of Medicine）在《公共卫生的未来》（The Future of Public Health）中也给出了公共卫生的定义。②在 20 世纪对公共卫生学的探索之中，可以发现一种转变，即从早期的强调改善环境卫生条件、控制传染病、教育民众养成良好的卫生习惯、组织医护人员对疾病进行早期诊断和预防性治疗等，转变为强调社会与公共卫生之间的动态关系，强调影响公众健康的各种环境因素，在这个过程中公共卫生学的

---

① ［日］中野尊正，沼田真，半谷高久，等. 城市生态学[M]. 孟德政，刘得新，译. 北京：科学出版社，1986：27.
② 范春. 公共卫生学[M]. 厦门：厦门大学出版社，2009：2-4.

范围在不断扩大，学科交叉性不断加强。而公共卫生学的从业人员也从早期主要由医师构成，转变为涉及多部门、多领域的专业人员构成的队伍。

当前的公共卫生领域的研究与早期已经形成差别，至少在 20 世纪及当今，威胁公共健康的已经不再是传染性疾病，而是一些慢性疾病或者机动车伤害等，而这些慢性疾病与交通事故损伤又都与城市的规划与结构相关。城市规划在城市生态学领域显示出的重要功能，再一次被证明对公共卫生学来说也可谓举足轻重。通过规划能够实现一个健康的人类栖息地，这一设想在世界卫生组织 1986 年的健康城镇项目中得到具体化。这一项目的推动与研究表明，我们的环境也即栖息与生活的居处和空间，对健康的影响十分重要。这些环境既可以是大规模的城市环境，也可以是中等规模的社区环境，甚至可以是小规模的生活场所与工作场所等。优良的城镇规划可能会在人口统计学上产生健康效果，例如，如果规划适宜，人们能够在城区拥有新鲜的空气、洁净的水源和大量开放的绿地；小规模的家庭与工作场所设计如果适宜，能够促进个体的身心健康，并且提升学习效果与工作效率，这些已经得到大量的实证性研究。最近的发展与研究趋势表明，尽管人们对于影响环境与人类健康之间的动态关系的内在机制还缺乏深入的了解，但曾经在 19 世纪兴盛于欧洲与北美的城市公园运动，如今在全球各国大规模地得到提倡，表明人们已经认可了城市绿地对于人口健康的重要功能，世卫组织在 2016 年对近年来城市绿地与健康之间的研究型成果进行了总结与评价，报告认为城市绿地可以带来大幅提升健康水平，包括"改善心理健康，降低心血管疾病的发病率和死亡率，减少肥胖和 II 型糖尿病的风险，并改善妊娠结果"等，对于这些健康效益的内在机制的研究也在大规模展开。① 总体来说，公共卫生学的事业在价值取向上偏向于人类价值，我们可以称之为以人类为中心的。

再次是城市林业（Urban Forestry）的视野。近代城市化的过程，工厂崛起，城市蔓延，也是城市自然生态系统被摧毁的过程。作为林业的分支之一，城市林业是在城市化过程产生了各种各样的环境困扰的基础上发展形成的，这些困扰包括但不限于如大气污染、水污染、噪音、尘霾、热岛效应等，它们威胁着人类的基本生存，因此要求重新认识和确立自然生态系统，尤其是森林生态系统在城市生态环境中的地位和作用，成为生态学家与林业家们的焦点。在北美的林业领域，曾经产生过大规模的伦理争论，主要针对的是林业资源的经济价值与其他类型的价值，如内在价值、生态价值、文化价值与精神价值等。② 但在城市区域，林业研究主要集中在保护和改良城市中的树木、城市林木资源的调查与建设、城市林业与绿地的规划、城市景观与休闲林地的设计与管理、城市林业效益的评估等方面，其中的冲突与张力性事件的发生要更加频繁。

欧洲城镇化的时间较早，程度较深，因而城市林业的起步也早于其他国家与地区，其首要的驱动在于构建宜居的城市环境，在后来发展为森林城市运动。根据塞西尔对欧洲城市林业发展史的研究，③ 城市林业产生于巨大的社会压力之下，这些压力包括：城市人均

① Andrey I. Egorov, Pierpaolo Mudu, Matthias Braubach, et. Al., Urban green spaces and health. Copenhagen：WHO Regional Office for Europe，2016.

② ［美］戴斯·贾丁斯. 环境伦理学［M］. 林官明，杨爱民，译. 北京：北京大学出版社，2002：45－53.

③ Cecil C. Konijnendijk. A Short History of Urban Forestry in Europe. Journal of Arboriculture，1997(1)：31－39.

收入提高,生活水平改善,人们的休闲娱乐实现更多,因而需要更多的城市森林来满足这些需求。在城市林地的发展中,民众的需求与城市林地的所有权与管理之间的张力一直存在,城市林地的研究因而涉及到社会经济、政治与文化的诸多层面。城市林业作为学科领域的规范化,起步于 20 世纪 70、80 年代,全国性的林业调查在英国先行展开。1995 年,英国成立了国家城市林业协会(National Urban Forestry Unit)。其后,德国、瑞士、奥地利、丹麦等国也迅速成立了相关的研究机构与组织。2002 年,《城市林业与城市绿化》作为学术期刊发行,标志着城市林业学科体系与研究方法的成熟。

在北美,城市林业的实践比理论思考要早许多年。1858 年,奥姆斯特(Frederick Law Olmsted,1822－1903 年)与英国建筑师沃克斯(Calvert Vaux,1824－1895 年)合作设计出的纽约中央公园,赢得了中央公园的设计大赛,掀起城市公园建设的热潮。[①] 其后在波士顿以及北美其他地区,也先后有景观设计师针对城市环境进行生态规划,强调城市林地在城市生态系统中的重要功能。但体系化的城市林业概念直到 20 世纪 60 年代中期才出现,荷兰榆的疫情对美国榆与城市景观的摧毁造成直接的刺激因素,改变了原有城市树木管理的格局,学术研究变得相当重要,并且需要专门的从业人员来应对现实问题,城市林业逐渐规范化。终于在 1965 年在多伦多大学研究多伦多树木工程的研究项目中,一位研究生将城市与林业结合在一起,但是在加拿大并没有得到重视,反而在美国生根发芽并且成为国家运动,城市林业成为众多的科学共同体所关注的领域,包括国际树木学会(The International Society of Arboriculture)、美国林业协会(The Society of American Foresters)、美国国家树艺师学会(The National Arborist Association)、美国景观设计师协会(The American Society of Landscape Architects)等。1971 年,"城市环境中的树木与森林"的学术会议在马萨诸塞大学召开,成为首次综合性的城市林业大会。[②]美国 1978 年的国家城市林业大会(The National Urban Forestry Conferences)成为促成推动北美城市林业的研究与发展中的里程碑式事件。1981 年,加拿大创办了《城市林业》杂志。20 世纪 90 年代,美国发动了国家城市林业研究计划,并且对城市与社区的林业提出了战略性目标。中国古代在园林方面的理论思考,可以视作中国城市林业的雏形,但我国规范化的城市林业研究起步于改革开放以后,中国林业科学研究院于 1989 年开始研究国外城市林业的发展状况,在 1994 年时成立了城市林业研究室。2003 年,《中国城市林业》创刊,在其创刊词中提到中国的城市林业要以"城区绿岛、城边绿带、城郊森林"为发展重点,"为建设空气更清新、环境更优美、生态更良好、人居更和谐的现代城市做出应有的贡献。"[③]城市林业的建设思路与学科研究范围在之后得到越来越清晰的界定。

最后是哲学研究的视野。无论是人类生态学、公共卫生学还是城市林业,最后我们都希望能够进行一些批判性的思考,将我们对生态城市的研究在最根本的问题或最基础的层面进行反思。一部分人基于"哲学不过是玄学而已"的原因,认为城市化代表的就是世俗

① Central Park Conservancy. Park History. Access through http://www.centralparknyc.org/visit/park－history.html on May 23, 2017.

② Mark Johnston. A Brief History of Urban Forestry Movement in the United States, Arboricultural Journal 1996, Vol. 20, pp. 257－278.

③ 创刊词[J]. 中国城市林业,2003(1).

化，因而哲学研究显然与城市无关，但这显然是一种误解。首先，哲学就是在城邦之中产生的。而当我们回到哲学的城邦时代时，我们就会发现先驱性的哲学家们其实就是在思索与城市相关的哲学问题。柏拉图在其《理想国》中致力于探讨理想的城邦、城邦的正义、哲学家的天性与城邦的治理等问题；亚里士多德在其《政治学》中将城邦定义为"至高而广涵的社会团体"，并且提出人的本性就是过城邦生活；奥古斯丁花了14年时间才写就了《上帝之城》，尽管著作中的"城"并非某一特定地狱上的或者现实意义中的城池，但是不可忽略的是奥古斯丁是在罗马城被攻克和占领的事实基础上，思考让城市有秩序和繁荣的根本原因。可以说，在漫长的历史岁月中，哲学家们从未停止过对城市的哲学思考。更不用提20世纪的鸿哲如韦伯(Max Weber，1864－1920年)、杜威(John Dewey，1859－1952年)以及海德格尔(Martin Heidegger，1889－1976年)了，后者在关于筑居(Building)与栖居(Dwelling)的辨析中，提出栖居是存在的本质特征，认为"真正的栖居困境决不在于单纯的住房短缺"，"真正栖居的困境源于：人们向来重新寻求栖居的本质，而他们必须首先学会栖居"。①人类无家可归(Homelessness)的状态，在今日广厦千千万的城市生活中，愈显得真切。

城市的本质是什么？我们该建造何种形态的城市？在进行设计与建造时，我们出于何种栖居的理想？我们对自身存在状态的了解，足以让人们摆脱栖居的困境么？我们的居处如何塑造了我们，尔后我们又如何营造出新的居处？作为人类栖居的场所，什么类型的城市会给人们无处安放、无法安宁的灵魂至少带来些微的慰藉？城市生活已经成为一种规范性的生活方式，从而使得远古且质朴的生活方式只能成为一种精神性遗存了吗？在多样化的城市中，城市认同是如何发生的？这些都是在构建新的城市哲学时所需要思考的问题。

这套关于生态城市的系列译丛，就是基于以上的视野与思考所选取出来的。我们原计划多辑出版，第一辑选取的作品包括《实践生态学：致规划者、开发者与市民》(Practical Ecology：for Planners，Developers，and Citizens)、《森林与城市：城市林地的文化景观》(The Forest and the City：The Cultural Landscape of Urban Woodland)、《康居：为健康、幸福与可持续性而设计和建造》(Making Healthy Places：Designing and building for Health，Well-being and Sustainability)、《设计的本质：生态、文化与人类意图》(The Nature of Design：Ecology，Culture，and Human Intention)以及《热爱生命的城市：将自然整合到城市规划与设计之中》(Biophilic Cities：Integrating Nature into Urban Design and Planning)，但是《热爱生命的城市》一书的版权已经在我们的出版计划之前，由原出版社交由国内另外一家出版社，所以我们第一辑的丛书也就只剩下前四本。

我本人从2003年开始关注环境问题的研究，参与了张岂之先生与谢扬举先生等主编的《环境哲学译丛》的翻译工作，参译的著作有《环境正义论》、《现代环境伦理》、《现代环境主义导论》、《绿色政治理论》等。我于2012年2月底赴美国伊利诺伊大学斯普林菲尔德分校的环境研究系做访问学者，师从《环境正义论》一书的作者彼得·温茨(Peter S. Wenz)与环境研究系的系主任丁悌芬(Tih-fen Ting)教授，期间开始关注城市相关的环境问题。

思考城市中的环境问题，与我以往关注的环境伦理学会存在一些差异。环境伦理研究

① Martin Heidegger. Poetry，Language，Thought，translated by Albert Hofstadter，New York：Harper Colophon Books，1971，P. 161.

所关注的维度，例如，在伦理上会区分人类中心的伦理，以生物为中心的个体主义伦理，以生态为中心的整体主义伦理；或者就环境态度而言，区分到底是开发（Developmental），还是保护（Preservation），或是保持（Conservation），并且在理论与实践上形成分野。在思考城市环境问题时，就表面而言，这些问题在很大程度上是以人的生存环境为出发点。在考虑城市之中的绿地（Green Space）、城市林地或者其他类型的城市生态系统时，仿佛主要是出于人的目的，也就是说，致力于改善人类栖息的环境；但再往更加深入的层面，我们就会发现生态城市的建设，也会促进更加广泛意义上的荒野（Wildness）保护，因为只有当城市生态得到维护，人类才不会大规模地走向荒野，这样荒野至少还有幸存的机会，因而生态城市的建造在广泛意义上也是以生态为中心的；最后，我们会发现在生态城市的诸多研究中，一些全球性的环境问题仍然具有十分重要的影响，如全球变暖、臭氧层的损耗、极地地区冰冠的融化等。参考英国大气学家詹姆斯·拉伍洛克（James Lovelock，1919—）等人提出的盖娅假说（Gaia Theory），地球作为一个活的大系统，人类在城市的生存与栖息对于地球的未来绝非无关宏旨。

基于以上的一些初步的思考，我们决定引进一些有关生态城市的规划、建造以及相关的哲学思考的著作，来反思中国在快速城市化过程中的危机，并且寻求走出困境的希望。本套丛书的第一辑在 2013 年开始启动，到 2016 年底完成，期间项目小组就原著中出现的学术问题曾经多次举行专门的小型研讨会。在这里对参加过翻译活动的全部成员表示衷心的感谢，也希望后续各辑能够继续看到各位尽心尽力的付出。同时，我也仅代表第一辑的所有翻译人员表示，我们热爱西安，热爱人类栖息的城市，以城市理想的方式畅想着城市的未来，本套丛书不是作为规划者、设计者或者是更加一般意义上的学者所做出的学术贡献，而是我们作为城市栖息者对城市本身的献礼；是在清醒意识到无家可归之后，对家园的建造。尽管我们以平凡的城市居民的身份在进行这份工作，我们也以较高的学术素养对自身提出要求，译文更是经过多次的审定和校验，但是由于这套丛书的参与者均为中青年科研工作者，虽付出艰辛的劳动，书中恐仍有不完善之处，恳请广大读者朋友们批评指正。

最后，感谢陕西出版基金资助本套丛书的出版，感谢西安电子科技大学出版社的各位领导与丛书的策划编辑高樱女士，感谢书稿的责任编辑王斌等人付出的心力，也要感谢各位译者的积极参与。感谢西安电子科技大学跨文化中心、西安电子科技大学人文学院、西安电子科技大学终南文化书院对本套丛书的积极推动。

希望这套丛书后续各辑的出版工作能够顺利进行。最后以《诗经·小雅·鱼藻》结束本序言：

> 鱼在在藻，有颁其首。
> 王在在镐，岂乐饮酒。
> 鱼在在藻，有莘其尾。
> 王在在镐，饮酒乐岂。
> 鱼在在藻，依于其蒲。
> 王在在镐，有那其居。

朱丹琼
2017 年 8 月于西安

译 者 序

"门前一棵树,心中一片林。"(A tree on your doorstep, a forest in your mind.)塞西尔·科奈恩德克所著的《森林与城市:城市林地的文化景观》一书从社会文化的视角为我们介绍了城市森林这一文化景观。虽然在本书中,作者介绍了很多历史方面的内容,但显然他的目的并不限于此。作者研究了有关社会和文化景观的城市森林,特别是随着时间的推移,城市及其森林之间的本质联系。作者认为,当地城市居民与"他们的"森林之间的社会和文化联系居于城市森林概念的核心地位。更好理解城市森林概念的社会和文化根源有助于我们开发与管理城市森林,以满足当代及后代人的需求,进而创建一个更加美好的城市。因此,贯穿全书的是持续不断地考察城市森林的过去、现在与未来。

城市与森林之间的关系非常复杂。一方面,两者的关系一直以来难以调和,尤其是城市化导致森林的毁灭;另一方面,森林又为城市提供了必要的产品和服务。今天,城市森林往往被看成是大城市及城市周边绿色景观的一部分。"城市森林"这一术语已经开始被人们广泛使用,它特指所有包括公有和私有、位于城市和靠近城市,以树木为主导的绿色资源的规划与管理。可见,城市森林是社会与文化构建出来的文化森林景观,它是文化与自然、人类与非人类融合的产物,它包括"空间"和"居处"两个重要的范畴。在西方世界,空间通常是自由的象征,空间是开放的,暗示着未来和邀请。从消极的一面来看,空间也预示着威胁,开放和自由也意味着暴露和脆弱。相对于空间,居处的特征在于其封闭性及人性化的空间,它可以建立起稳定的价值观。总之,空间是自由的和未知的,居处是安全的和宜居的。人类既需要"居处",也向往"空间",因此便在庇护和探险、依附和自由之间流动,而城市森林恰恰能满足人们对于居处有界性及空间开放性的需求。"当我们完全熟悉了空间,它也将变为居处。"正如17世纪,来到荷兰的游客常常写道的,他们不确定他们看到的是森林中的城市还是城市中的森林。

在本书中,作者用了11章的篇幅,从11个方面详细解读了作为一种文化景观的城市森林,以此帮助人们深入了解城市森林,以便进一步更好地发展我们的城市、社会与自然。具体来说,第二章"精神上的森林"强调了作为文化的基础,森林及城市森林在宗教和神话传说的形成过程中所起到的重要作用。第三章"恐惧的森林"探究了在森林中人类所表现出的各种恐惧。此外,对城市森林的恐惧也可以转化为令人兴奋的事情,如城市森林可以化解常规和受控的城镇生活。第四章"富饶的森林"呈现了城镇社会如何利用附近的森林,将其作为商品，尤其是木材的重要来源。第五章"权力的森林"提出了并不是每一个人都有权使用这些森林产品。占主导地位的权力关系意味着只有少数人，如国王、贵族和教会，能够拥有专属于他们自己的森林使用权。尤其是对于城市森林狩猎区的使用，森林使用权的作用至关重要。城市森林的作用除了可以为人们提供木材及其他产品外，它还为人们远离拥挤不堪的城镇提供了另外一种选择。正如第六章"大逃亡"所展示的，城市森林是一个可以让人们"逃离"城市，并且更适合人们生活与休闲的安静之处。作为一个重要的文化元素，第七章"艺术品"着眼于城市森林与艺术之间的关系。不仅艺术家的灵感来自城市森林景观，而且他们在保护周边自然环境的行动中也率先发挥了积极的作用。在第八章"城镇的荒野一面"中，阐述了城市森林作为城市自然"解药"的重要作用。城市森林或多或少代表着"荒野"自然，这在一定程度上解释了作为休闲娱乐场所的城市森林广受大众欢迎的原因。此外，由于城市森林具备了某些"荒野"的特征或者靠近人们的生活环境，因而它们可以满足人们重要的精神和心理需求。在第九章"健康的森林"中，城市森林被认为是"治疗景观"。面对现代城镇社会严重的健康挑战，城市森林能够以不同的方式对改善人们的精神、增强人们的体质以及提升人们的幸福感起到积极的作用。第十章"学习的森林"讨论了被赋予具有示范意义的城市森林，人们将其作为发展林业的试验田。此外，在儿童和青年环境教育方面，城市森林也发挥着至关重要的作用。第十一章"社会的森林"认为，城市森林是社会的一种重要元素，它能够为人们提供聚会和集合的场所，保持或发展当地社区与环境之间的紧密联系。此外，在森林使用中产生的冲突也会使城市森林利用的可持续性受到威胁。正如第十二章"冲突的森林"所显示的，城市森林的冲突类型多种多样，从城镇发展进程中努力保护森林所引发的冲突，到不同类型的休闲与森林用途之间的冲突。然而，从积极的角度看，冲突是人们对"他们的"城市森林勇于承担责任的一种表现。最后一章"未来的森林"，作者再次探究了城市森林在景观、居处和空间建设方面的作用。作者在本书的最后写道："城市森林对城市社会的这些重要贡献我们必须牢记在心，当我们将森林与城市视为一种真正的共生关系时，我们维护与发展城市森林，其实就是为了——我们的未来。"

本书的作者曾经去过世界上几乎所有的城市森林，但书中所提及的城市森林偏于北欧，特别是西北欧，因为这是他最熟悉的地方。作者相信书中对城市森林许多特点及其作用的描述，无论是对东京附近的城市森林还是对哥本哈根的林地都是有效的。非常巧合的是，本书的译者长期以来一直生活、工作在被称为"十三朝古都"的陕西西安。西安地处关中平原，南依秦岭山脉，蕴含着十分丰富的森林资源。近年来，西安市在大力开展经济建设的同时，也在积极推进创建国家森林城市的战略目标。按照"水韵林城、美丽西安"的森林城市建设理念，西安市正在积极构建"一屏、三轴、五环、十块、百廊、千点"的绿化主体框架。预计到 2020 年，初步建成完备的森林生态体系、繁荣的生态文化体系和发达的生态产业体系，实现城中林荫气爽、郊外碧水青山、乡村花果飘香，夯实西安华夏文化与生态文明交相辉映的国际化大都市的生态基础。然而，在创建国家森林城市的进程中，我们必然会面临一系列新问题的挑战。例如，我们怎样才能加强和利用城市森林的社会及文化功能来创建一个更好的森林城市呢？在一个瞬息万变的世界中，城市森林如何促进城市中更广泛、更多功能文化景观的形成呢？我们如何发挥城市森林的作用，使其既是"处所"又是"空间"，实现"让城市走进森林、让森林拥抱城市"的美好愿望呢？译者也相信，读过本书后，读者一定会在书中找到问题的答案，并且我们将会认识到，我们不仅要珍惜城市森林的遗产，而且应该去进一步发展城市森林。

李 垣

2017 年 10 月于西安

原书作者致中国读者的序

《森林与城市：城市林地的文化景观》一书从社会文化的视角向人们介绍了城市林地这一现象。随着城市的出现及其发展，它们常常与周边的森林地区建立起一种密切的关系，或者在某些情况下，也会为了城市居民的利益而建起新的林地。在欧洲，城市森林具有悠久的历史，在世界其他地区，包括中国，也是如此。在过去几十年，中国经历着快速的城市化进程，这个国家越来越关注于发展具有弹性、充满活力以及健康的城市。从适应气候变化到提供休闲区域等一系列广泛的生态系统服务，包括林地区域在内的城市绿色基础设施在其中扮演着重要的角色。因此，出版于 2008 年的本书的英文原著，现在，中文版很快也将与中国读者见面了。

在本书不同的章节中，展现出了城市与森林、人们与树木之间许多错综复杂的关系。这些关系许多都是积极的，例如，树木可以为人们带来阴凉、提供庇护、供给食物、激发灵感，甚至还有助于人们的心理健康。在其他情况下，人们与林地之间的关系似乎不是很明确，例如，黑暗的或被人们遗弃的森林有可能引发人们的恐惧感。但是，在本书所列举的森林与城市关系的许多例子中都表明，城市需要森林。这就要求人们有组织地认真设计、规划和管理城市林地，以满足当代及后代人的需求。

三条主线贯穿本书。首先，城市林地具有十分突出的多功能特征，书中提到了许多不同类型的森林功能。第二及第三，讨论了作为居处和空间的城市林地的作用。作为居处，城市林地能够为人们提供当地的居处身份，一个安全的绿色环境有助于增强社会凝聚力以及社区的发展。然而，作为空间的城市林地其作用也很重要，因为我们需要在我们的城市及其周边拥有一些野生的、更具探险性的区域，从而可以有效地保护生物多样性，可以在大自然中有更多体验和学习的机会，孩子们也可以在这里开展一些创造性的活动。

随着时间的推移，城市林地以及城市与森林之间的关系总是令我非常着迷。绿色基础设施规划、绿地治理以及城市林业、城市林地，这些一直都是我工作中非常重要的组成部分。本书便是基于这一兴趣而诞生的一部作品。希望我在中国的同行、研究人员、老师和学生以及城市规划者和绿地管理者都能喜欢本书。

塞西尔·科奈恩德克

2016 年 1 月 31 日于隆德

前　言

童年时期，我从未远离过大自然。我的家乡附近拥有广阔的地貌景观，为野生动植物的生存、人们的生活及探险活动提供了条件。然而，我最喜欢的地方却是一个位于足球场旁的废弃果园。在这里，我和朋友们会在森林里玩捉迷藏，随后，偷偷地点上一根香烟。最重要的是，果园带给我们一种远离一切烦恼的感觉。它可以让我们逃避家庭作业、远离父母的唠叨，甚至修复一颗偶尔破碎的心。

由于我们居住在荷兰森林覆盖率最低的地区，"真正的"森林，那是其他地方的东西。春秋假期，我的父母会把汽车装满，载着我们来到费吕沃的"原始森林"、比利时阿登高地甚至德国黑森林，那是我们夏秋假期的目的地。对我而言，森林是自由的代名词。它们还意味着，在黄昏时分我可以看到各种各样的野生动物，在夏季营地我可以看到美丽的风景、听到动听的声音。

在我开始研究森林科学之前，我还没有意识到一些人在他们家门口便可以拥有对森林的使用权。像居住在阿纳姆或是布雷达这些城市的人就不必驱车到很远的地方去倾听啄木鸟的叫声、观察梅花鹿的行踪。即使在鹿特丹，附近也有一座鹿特丹森林公园。

这些城市森林开始让我着迷。虽然我当时还未将城市与森林联系到一块，但很快我便意识到城市与森林已经走到了一起。这导致我对城市林业产生了浓厚的学术兴趣，进而去世界各地旅行并进行相关的研究。本书便是我在旅途中对城市森林以及给予它们在社会中应有的地位所做的一些思考。它强调城市林业的社会与文化维度，这将让我们近距离地审视我们的城市森林遗产。

我去过世界上几乎所有的城市森林，但本书中所提及的城市森林多处于北欧，特别是西北欧，因为这是我最熟悉的地方。我相信，本书中对城市森林许多特点及作用的描述，无论是对东京附近的城市森林还是对哥本哈根的林地都是同样有效的。大自然就在我们身边，因此，城市森林便是界定我们与森林以及我们与自然之间关系的关键。

本书源于我的专业以及我对城市森林的兴趣爱好。它基于我多次的长短途旅行、与城市森林管理者和使用者的交谈以及专业研究的成果。如果没有社区居民对城市林业及城市绿地的广泛兴趣与贡献，我是不可能写出这本书的。非常重要的是，在这方面我参与了欧洲城市林业论坛，这是一个城市森林和城市绿地规划者、管理者与科学家共同参与的网络。我要特别感谢在这一网络中的我的同事们以及所有与我对城市林业相关问题进行交流的人们。

我还要感谢施普林格出版社的凯瑟琳·科顿（Catherine Cotton）和里亚·康泰（Ria Kanters）。凯瑟琳从一开始就对本书的理念产生了浓厚的兴趣，并对本书的出版发行做了很多工作。几位同事为我提供了本书的参考文献和插图。我要感谢乔治·伯格曼（George Borgman）、珍妮特·德克森（Janette Derksen）、汉内洛蕾·古森斯（Hannelore Goossens）、蕾切尔·卡普兰（Rachel Kaplan）、索菲娅·莫伦迪克（Sophia Mooldijk）、雷纳特·施佩特（Renate Spaeth）、杰伦·沃斯盖伦（Jeroen Voskuilen）、摩西·谢勒（Moshe Shaler）等人。

还要感谢梅尔苏丁·阿维迪贝戈维奇(Mersudin Avdibegovic)和哈里斯·派普拉斯(Haris Piplaš)搜集了萨拉热窝波斯尼亚之泉地区的相关信息。

　　我很感谢几位同事对部分章节的评论。马尔科·阿玛蒂(Marco Amati)、凯文·柯林斯(Kevin Collins)、里克·弗雷瑟(Rik De Vreese)、罗伯特·霍斯特尼克(Robert Hostnik)、拉法埃莱·拉福特扎(Raffaele Lafortezza)、赛尔维·纳伊(Sylvie Nail)、安德斯·布塞·尼尔森(Anders Busse Nielsen)、热内·皮纳特(Janez Pirnat)、伊娃·里特尔(Eva Ritter)、乔瓦尼·萨内西(Giovanni Sanesi)、艾伦·西姆森(Alan Simson)和贾斯珀·施普恩(Jasper Schipperijn)的建议对本书的改进起到了非常大的帮助。说到此，我要声明的是审稿人不用对本书的最终文本负任何责任。

　　最后，还有一些感谢的话语要送给那些在我写作前和写作过程中给予我必要支持和灵感的人。首先要感谢我的父母，在我学会走路之前就带我去了森林。还要感谢我的岳父雨果·古森斯(Hugo Goossens)，他一直以来对我的工作表现出浓厚的兴趣，并且持续关注报纸和杂志上的相关文章。艾伦·西姆森(Alan Simson)，我的一位好朋友兼同事，在我写作的过程中他又是一位强力的支持者，他总是在恰当的时间说出和写出一些正确的观点。最后，我要感谢一直以来信任我的，我最亲爱的玛莉丝卡(Mariska)。

丹麦·德拉厄
塞西尔·科奈恩德克
2007 年 12 月

本书作者塞西尔·科奈恩德克简介

塞西尔·科奈恩德克博士，荷兰籍丹麦人。在其整个职业生涯中，一直致力于研究和推广林地与树木在城市社会中的作用。塞西尔从 2004 年开始供职于欧洲森林研究所和丹麦森林景观与规划研究中心，进行森林景观的研究。他目前的工作包括科研、教学，培养城市森林学的专业人才以及撰写城市森林学的相关文章。他已经主持了数个国际性的研究项目，以解决城市森林及其他绿地问题。塞西尔也是国际期刊《城市森林与城市绿化》的主编。

目 录

Contents

第一章 引　言

尤尔格丹岛和斯德哥尔摩，鹿园和哥本哈根，埃平森林和伦敦，格鲁内瓦尔德森林和柏林，布洛涅森林和巴黎，阿姆斯特丹森林公园和阿姆斯特丹——这些例子都表明，随着时间的推移，城市和森林的关系日益密切。"城市森林"作为专业术语存在于许多不同的语言中。Stadtwald（德语）、Stadsbos（荷兰语）和 Byskov or Bynær Skov（丹麦语）就是这样一些例子。传统上，城市森林被解释为被某个特定城市拥有和/或管理的一片森林。渐渐地，城市森林概念的范围扩大了，现在特指位于或邻近一座城市的森林，而不论其所有权。城市森林也许还有更多其他的特征，然而，重要的是森林与当地城市社会的联系日益密切（Konijnendijk，1999），今天，城市森林往往被看成是大城市及城市周边绿色景观的一部分。"城市森林"这一术语已经开始被广泛使用，例如，特指所有包括公有和私有、位于城市和靠近城市，以树木为主导的绿色资源的规划与管理（Randrup 等人，2005；Konijnendijk 等人，2006）。如同沿街以及公园和花园中的树木一样，城市森林（City Forests）是这个更广泛"城镇森林"（Urban Forest）概念的一部分。在许多城市，不仅从社会和文化的角度，而且从整个城市森林和城市景观的角度来看，林地扮演着非常重要的角色。

本书主要是从文化和社会的角度思考城市森林。随着时间的推移，在自然景观和当地城市社会之间必将展开一次深入的对话。虽然伴随城市社会权力关系和需求的变化，城市森林逐渐形成，但它们反过来也会影响着社会，成为当地文化和当地标识的一部分。城市森林也表现出了两个差异很大但相互补充的重要概念——分析人与环境之间的相互作用，也就是居处（Place）与空间（Space）的相互作用。居处指的是家庭、熟悉与安全，空间代表着未知、荒野与探险（Tuan，2007）。

本章将为本书的其余部分打好基础。首先，简要介绍文化、景观和森林之间的相互联系。接下来，描述城市化和城市发展对于改变社会、自然和森林之间关系的重要性。然后探究城市、自然和绿地之间的联系，重点是作为文化景观、居处和空间的城市森林。最后，介绍本书的主要内容。

文化、景观与森林

人类所做的一切以及我们对自然世界的思考，存在于特定的历史、地理和文化语境中，缺失了语境是无法充分理解的。为了解某个城市社会和它特殊的文化，重要的是要了解它的背景。联合国教科文组织在《世界文化多样性宣言》（UNESCO，2001）中定义了"文化"的概念，即"社会或社会团体特有的一套精神、物质、知识和情感特征，除了文学和艺术外，它还包括生活方式、共处的方式、价值观体系、传统和信仰"。本着这一精神，文化价值观与那些社会上普遍认可为良好的、正确的和满意的观念相关。

文化与自然是一对复杂的概念，特别是把它们联系在一起时。文化不仅与自然相对，而且是支配自然的主导力量。在自然与文化结合的地方，产生出景观。《欧洲景观公约》（2000，第3页）将"景观"定义为"被人们所感知的一片区域，其特征是自然与/或人为因素的活动及相互作用的结果"。景观是一种复杂的现象，沙玛（1995，第61页）解释道："景观在成为自然之前首先是文化意义上的，是我们把人为的想象反射到林间的松石飞瀑构成了景观。""但也应该承认，一旦关于景观的传说、愿景的想法变为现实，建构在特定的地方，这种理念便展现出特有的模糊特征，它的象征意义比它的参照对象更加真实；实际上，它已经成为景观的一部分了。"因此，沙玛（1995，第14页）还指出，"我们全部景观传统是文化共享的产物，它同样象征着由丰富积淀的神话、记忆和意念建构的传统"。

为理解文化和社会，我们需要了解其自然环境（Gifford，2002），就像文化和自然环境相互作用造就的景观一样（图1.1）。我们与自然环境的关系随着时间的推移已经发生巨大的变化。我们由自然界的参与者到统治性地位的转变，火的使用以及随后农业中的"生态转向"，在人与自然关系方面起到了至关重要的作用（Ponting，1991；Goudsblom，1992）。最初人类对自然环境的支配是小范围的，但是随着文明的兴起与人口的增长，大自然被过度开发。例如，森林逐渐从那些曾经是伟大文明古国的首都周边消失，像巴比伦、希腊和罗马（Perlin，1989）。后来，在文艺复兴和启蒙运动时期，无论是从功能的角度，还是从审美和娱乐的来源看，乡村与自然的结合已成为自然发展的大趋势（Thomas，1984）。

图1.1 景观是自然和文化复杂交互作用的结果。我们喜爱英国湖区格里泽戴尔森林这种半开放的景观，从中可以懂得如何分析这些复杂的交互作用（照片由作者拍摄）

尽管社会改造使得自然（重新）得到人们的赞赏，第三次生态转向，即工业革命和化石燃料的使用（Ponting，1991），导致对自然界的进一步开发，并进一步拉大了人与自然之间的距离。工业时代及其对城市生活的影响导致精英们表达出重新"回归自然"的愿望（Hennebo，1979；Van Rooijen，1990）。

本书着眼于城市森林景观。就像景观一样，"森林"也是一个复杂的概念，它不仅体现

森林与城市：城市林地的文化景观

了自然的维度，而且也体现了文化和政治的维度。德语"Wald"来源于"荒野"一词，因此可以说，森林象征着大自然（Oustrup,2007）。当拉克姆（2004）和缪尔（2005）谈到非托管林地时，他们使用"Wildwood"一词。不管怎样，"森林"一词蕴涵着清晰的文化含义。"森林"一词来源于拉丁语"foris"，也就是"位于法律范围之外区域"的意思（Rackham,2004,第164页）。在过去，它经常用来指没有被围起来的空地。然而，随着时间的推移，森林的含义也随着社会变革和林地用途的改变而发生改变。在中世纪，森林指的是国王或皇帝独享狩猎权的土地（Rackham,2004;Muir,2005）。第一部森林法包括了划分森林的边界，在森林里开设牧场，在森林里养猪的权利，损害树木应受到惩罚等内容。《瓦尔登湖》（2002）一书介绍了德语定义的"Forst"——最初被称为皇家狩猎区——渐渐地，它特指经济林，即主要用于生产木材的林区。"树林"（Wood）一词源自于"ved"和"gwydd"，通常也被称为树的集合（Oustrup,2007）。拉克姆（2004）使用"林地"（Woodland）一词，用来指那些所有被命名、承认、划定边界以及进行最严格管理的树木，用以区别"原始丛林"（Wildwood）一词。

城市时代

在我们的城市，自然、森林、人类和文化之间的现代关系被塑造起来，以此证明"我们以最深刻和最持久的方式改造自然环境的能力"（Kotkin,2005,第18页）。或者，正如汉德林所言（1963,第63页）："在现代城市，人类意志和自然之间的对抗呈现出一种特殊的关系。"许多专家认为，城市化最重要的不仅是环境对人类行为的影响，而且更是人类行为对环境的影响（Gallagher,1993）。城市塑造人类，同时，人类也塑造城市。

在韦氏在线词典（2007）中，"城市"被定义为"一个更大规模、更多人口，或者重要性甚于城镇、乡村的居处"。城市一直被视为文明和文化的重要中心。然而，当今的城市社会只是近代出现的现象。最早只有一些古老的城市有超过数千居民，如君士坦丁堡和罗马，世界上绝大多数的居民居住在农村地区。例如，1800年，在英国和荷兰，五个人中只有一个居住在城市；今天，大约90%的人居住在城市和乡镇。柏林的人口从1800年的17万增长到1990年的150万（Ponting,1991）。随着工业的快速发展，城市吸引了工人大量涌入，工业时代城市化开始真正起步。今天，有超过一半的人生活在城市和乡镇。到2030年，预计世界60%的人口将生活在城镇（联合国经社部人口司,2005）。

在描述现代城市崛起时，汉德林（1963）强调了中央集权民族国家发展的重要性——全新的生产体系以及极大改进的交通设施。通过集权的政治和经济力量，摧毁陈旧的、乡村的生活方式。城市生活变得纷繁复杂，甚至不近人情。由于现代城市的生活方式根除了传统文化，进而造成严重的社会和个人问题。反社会行为和各种社会冲突的出现，导致人们呼吁更多的政府管制。此外，现代城市的崛起也导致公民及公民意识的出现。

随着城市化的进展，应对城市空间的新模式应运而生。城市空间不只是一种"存在"，它产生、复制、塑造人们的行为（Clark 和 Jauhiainen,2006）。随着时间的推移，城市空间被以一种更加专业的方式划分为各个功能区。空间——以及时间——朝着最有利的方向被重新分配。空间、时间和社会相互交织。在这一点上，吉尔（2007）指出，"流动"（空间和功能意义上的）是城市的三大要素之一，另外两大要素是"集会"和"市场"。

在过去的几千年，城市已经被创造出无数种表现形式（Handlin，1963；Kostof，1999；Kotkin，2005）。一些城市是由村庄发展而来，而其他一些城市则体现了大祭司、统治者和商界精英的梦想随整体规划而逐渐形成，体现出更多神圣的、政治的或是经济的目的。尽管城市已经成为艺术、宗教、文化、商业和技术的中心，但它们并非都是成功的。科特金（2005）列出了可以使城市变得更好的三个关键因素——或者，如果这些条件没有满足的话，将导致城市的逐步消亡。首先，城市应当是一个神圣的地方，这指的是大城市中长期以来占据主导地位的宗教建筑。城市是个圣地，它具有非凡的力量进而能够控制整个世界。在如今的世俗时代，城市通过其高耸的商业建筑和引人深思的文化建构来寻求创造一种圣地般的感受。其次，城市应当成为远离抢劫者和一般违法行为的，满足安全需求的庇护所。最后，商业作用与财富生产会维持长时期大量人口的需求。这需要手工业者、商人和产业工人共同创造出一个活跃的经济。

对于今天而言，这些传统的因素依然非常重要。然而，城市的时代已经改变。在一个全球化的时代，权力的分散与新技术的出现导致规模利益的衰减，城市作为经济中心的作用已经不那么重要了。例如，对于游客而言，短暂的城市已经出现，城市致力于起到文化和娱乐中心的作用（Kotkin，2005；Burgers，2000）。然而，当前更加需要构建"流动人口的转向"（Kotkin，2005，第 154 页）。成功的城市也需要勇于承担义务的公民作为其牢固的基础。这意味着就像博物馆、餐馆、主题公园等一样，小型企业、学校和良好的社区也是城市非常需要的。

现代城市的第一个驱动力是代表权力，即在城市中运用政治权力创造自己想要的一切。第二个驱动力是商业权力，运用相关权力可以创建办公场所和贸易/商业街。移民是第三个驱动力，可以导致公民、人才、文化的涌入以及新社区的建立。旅游业，作为第四个驱动力，有着"保护"城市的影响力，它可以保护可能会逐渐消失的城市生活，使其留下历史的印迹。第五个驱动力是恐惧，如何设计城市空间使其达到最佳的（感觉上）安全性，这对现代城市发展形成了巨大的影响力（Ivfersen，2007）。

城市理想已经展现出了非凡的适应力，在反复不断的战争和灾难后被重新建立起来。真正的原因在于民众对城市有着一种特殊的、强烈的依恋，这种情感从一个地方传递到另一个地方。城市建立在社区，基于共同身份人的基础上。它需要激励"具有复杂背景、集中在一起的民众"（Kotkin，2005，第 160 页）。良好和成功的城市依然需要它成为一个神圣、安全和忙碌的城市。它们需要为居民和游客提供在此生活、工作、休息的充足机会，使他们可以轻松面对挑战和娱乐。正如本书所介绍的城市森林，在城市处于险境时起着同样的重要作用。

城 市 与 树 木

一般来说，城市空间应当展现出持续生产、复制与塑造的特征，绿色空间及其功能也随着城市社会偏好和需求的变化而改变（例如 Clark 和 Jauhiainen，2006）。从社会角度来看，在欧洲城市中，城市绿地的发展研究有助于阐明物质、社会文化和生态的变迁以及由此产生的关于绿色自然的思想和政策。

作为城市公共景观，树木有两个主要用途。首先，由于树木的存在，城市被划分为不同的公共活动空间，例如，游行路线、娱乐区域、人行道以及作为广场或公园的公共空间。其次，树木被用于扩展私家花园——很多时候是作为行道树种在房子的前面。但是，在16世纪中叶以前的欧洲城市，所有这些用途看起来似乎完全是陌生的(Lawrence，2006)。中世纪，树木主要种在乡村、修道院花园和一些私家花园，后者通常以围墙花园的形式被种上一些树。不管怎样，这些私家花园充当了"半公共公园"的角色。这便是欧洲城市在阿拉伯文化(如巴勒莫)影响下的结果(Fariello，1985)。

劳伦斯(2006)主要从三个维度区分了现存的(公共)城市树木：美学、权力与控制以及国家身份。首先，美学维度的树木体现在时尚方面，例如，社交场所花园、绿地的设计以及树种的选择。随着时间的推移，建筑美学、园林设计和都市生活的改变，影响着树木在城市的种植。休闲娱乐活动的改变对树木种植也存在一定影响。渐渐地，与前面介绍短暂出现的城市相比，城市树木成为快乐的象征。它们的存在使得城市成为一个令人愉悦的地方，同时也增强了城市的活力。贵族的休闲活动以及从资产阶级中所感受到的教养、优雅和敬重，树木在其中都起到了至关重要的作用。美学也有着生态上的意蕴，树木是大自然的标志，它连接着人类与自然世界关系的变化。

其次，树木被刻意种植用于某些用途，种植树木的能力反映了一定程度的社会权力。休闲场所并不是向所有人免费开放的。社会阶层权力关系的改变以及公共和私人领域观念的转变都影响着城市树木的种植与使用。渐渐地，政府开始干预城市树木的种植，使其稳步增长，以满足工人阶级休闲的需要。然而，直到19世纪，在城市种植树木还主要是私人行为。私人花园成为最早的准公共场所，有时它们对部分公众开放。那些在建的绿地(或者是已经建好的、开放的私人公园和花园)都具备清晰的社会议程。森林的社会用途是基于特定的实践而体现出来的，首先由贵族进行开发，然后由资产阶级不断改进——最终，创建出一个优雅、静态的休闲娱乐空间。

最后，从国家身份和时尚的视角来看，树木种植及其利用的特征可以概括为以国际化的城市景观形式逐步取代国家的城市景观风格。直到19世纪，在欧洲(和美洲)不同地区的城市，种植和利用树木有着截然不同的方式。例如，荷兰拥有绿树成荫的运河(图1.2)，法国拥有道路两侧整齐排列的林荫大道以及英国拥有封闭式的住宅广场。后来，这些国家特征逐渐消失，在欧洲，由于旅游业的增长(主要是精英的参与)和图书、杂志出版业的繁荣，为"绿色空间时尚"提供了灵感来源。

这三个关键维度与上一节介绍的成功的城市的"关键因素"有着直接关系。例如，美学与具有吸引力、忙碌的城市密切相关，而权力与安全、经济和商业利益都有着密切的关系。国家(或城市)的传统与神圣的、拥有社区和身份特征的城市联系在了一起。

18世纪中叶，树木已经成为城市应对人类环境启蒙思想的重要元素。树木和绿地成为城市改造的重要内容，集中体现在改善城市的基础设施、商业、交通和人类健康方面。19世纪的工业化及其相关挑战带来的最彻底的改变就是树木在城市景观中的使用。人口爆炸、工人们恶劣的生活条件以及新的社会和政治秩序导致城市基础设施与绿地的彻底革新。

图 1.2 沿着运河种植树木一直是荷兰城市的一个显著特征，如阿
姆斯特丹（照片由摩西·夏勒拍摄）

城市与森林

　　树木在城市发展中扮演着重要的角色，它能够为人们带来居处认同，对神圣、宜居、诱人和忙碌的城市做出了重要贡献。城市森林能够做到这些吗？当然，森林的出现是先于大部分城市的。然后，随着不断的发展，城市严重依赖于周边林地提供的建筑木材、薪材以及为各行业提供的燃料和原材料（Perlin，1989）。这导致森林被过度砍伐乃至消失。就像克诺索斯和雅典这些曾经草木繁茂的古城，它们的文明（至少在最初）灿烂辉煌，然而与此相伴的却是树木的消失。西蒙（2001）提及了一张 1571 年北爱尔兰贝尔法斯特的地图，显示出城镇仍然被广袤的森林所环绕。然而，随后几乎所有森林被砍伐，直到仅剩下为数不多的树木繁茂的地区。

　　城市化在水平和速度上的差异导致欧洲地区性"森林文化"的出现（Bell 等人，2005）。城市化，特别是西北部和南部的森林文化，意味着周边地区的森林将被砍伐一空，除非这些森林受到专门的保护。然而，北欧和中部城市的森林文化则成功地保护了他们的森林。北欧城市通常"建在"森林中，因而创造出了"森林城市"。欧洲中部的森林文化认为，林地的存在可以为人们带来许多益处，并且被视为国家和地方文化与认同的重要组成部分。因此，许多城市管理部门都在积极设法保护城市周边的森林。

　　本书将说明，城市树木、美学、权力和民族文化都将对城市森林产生一定的影响。美学与休闲娱乐方式及偏好的改变之间有着密切的关联。城市森林生活方式的转变或多或少是从原始森林的狩猎开始的，后来，森林从狩猎的地方变为休闲娱乐的地方，这也反映了当时的时尚。城市森林的生态作用显然要比其他大多数城市的绿地重要得多，因为它们总是代表着城市周边的大自然，是城市边缘的"荒野"。自然保护运动首先出现在城市里的富人、学者和艺术家这一阶层，因为他们时常关注周边的林地。

例如，权力关系体现为统治者和精英封锁城市林地而使他们（狩猎和休闲）受益。这种传统意义上由森林引发的冲突导致所谓的（林木）共有权。而且，精英们开始种植新的树木，例如，以此作为他们遗产的一部分。后来，从19世纪中叶开始，随着民主化运动席卷整个欧洲，大部分城市森林归市政所有，政府有了明确的目标可以为所有公民提供森林，将其作为公共资源。

国家和地方文化也起到了推波助澜的作用。城市森林提升了其所有者的声望，这绝不是通过狩猎活动能够实现的。像树木一样，它们也反映了所属国家的文化，例如，为了特定目标而制定的城市森林发展规划。随着时间的推移，城市森林常常被视为"遗迹"或是一个国家自然景观的象征，这有助于城市森林国家身份的建立。

虽然城市森林经历了同城市树木和城镇绿地大体相似的进化历程，但它们在城市及其绿色建筑的发展过程中还是处于一个相当独特的地位。在某种意义上，城市森林作为古代文明的象征，作为"另一个"城市以及作为城镇自然最为荒野的一部分，它为人们提供了一个很方便就可以逃离家园的处所。

城市与森林之间的关系，包括更加"城市化"的绿地，非常复杂。一方面，这两者的关系一直以来难以调和，尤其是城市化导致林地的毁灭；另一方面，如前所述，森林又为城市提供了必要的产品和服务。对于两者之间难以调和的关系，海伯德（Hibberd 1989，第18页）以英国为例写道："林地已经很少被认为是城市景观的重要组成部分了"。这也反映在景观设计师汉弗莱·雷普顿（Humphry Repton）对伦敦广场设计的批评中，即"由于重视从艺术的角度对这些树木进行培育和修剪，从而形成不同的花园和公园，或是森林；我相信，没有人会认为一个公共广场会刻意模仿后者。"出于对森林的厌恶，景观设计师小弗雷德里克·劳·奥姆斯特德（Houle，1987，第12页）认为，像俄勒冈州波特兰这些快速发展的城市，其周边的森林是"一个'令人讨厌的'累赘，它们的存在妨碍了土地更有利的使用"。

然而，森林甚至能够给城市建筑师带来灵感。例如，在《论建筑》（1753，引自Hennebo，1979，第77页）一书中，劳吉尔指出，城市必须被视为是一片森林。城市道路应当被设计成林道，狩猎林也应纳入到城市规划中。（被设计的）森林为现代城市提供了组织原则。另外，森林对国家文化也能起到关键作用，例如在芬兰，森林对建筑风格和城市构建产生了巨大的影响（Treib，2002）。特莱伯引用了丹麦记者对芬兰著名建筑师阿尔瓦·阿尔托（在1940年）关于城市建筑和规划的采访。在这次采访中，阿尔托说道，没有人回家是不路过森林的。

有时，城市绿化得如此之好，以至于人们误认为这就是森林。在17世纪，来到荷兰的游客常常写道，他们不确定他们看到的是森林中的城市还是城市中的森林。1641年，约翰·伊芙琳游览完阿姆斯特丹写道："没有什么比这宏伟、无与伦比的城镇更让我感到震惊了，凯泽格瑞福特或者皇帝街，这些位于森林中的城镇，恰到好处地在每家门前种下了整齐排列的行道树。"（引自Lawrence，2006，第44页）。

相对而言，很少有人对城市绿地进行理念、政策和态度变化的研究（Clark和Jauhiainen，2006）。例如，尽管树木和森林是历史景观的重要组成部分，但多数人还是从植物学和分类学的角度来研究它们（Muir，2005）。由于一方面是发展中的城市及其城市绿地，另一方面是森林的历史，因此"介于两者之间"的城市森林通常就很特别（《瓦尔登湖》，2002）。这看起来很奇怪，虽然城市森林在城市发展过程中起着重要的作用。马达斯（1984）提到为什么城市森林，包括城市林地吸引人们去研究的几个原因。例如，小面积的城市林地不得不满足大量居民的需求。此外，近几十年来，许多城市经历了城镇和郊区景观质量的恶化。

人们早期的工作是尝试概括出欧洲城市森林历史的"主线"（Konijnendijk，1997，1999）。幸运的是，尽管大多数研究局限于一座城市、一片城市森林或者城市森林的某一方面，但这些有意义的研究和文献可以为我们提供许多原始资料。例如，在德国，布兰德尔（1985，写弗莱堡）、科尼利厄斯（1995，写柏林）、沃尔登（2002，写汉堡）和博格迈斯特（2005，写汉诺威和哥廷根），这些作者已经写出了极为精彩的城市森林历史文献。有些城市森林的历史文献被多次出版发行，就像德雷（1997a，b）的著作，都是一些有关法国巴黎布洛涅森林和文森森林的内容。然而，我们确实缺乏全面了解欧洲城市森林遗产的知识。

虽然本书也有很多关于历史方面的内容，但它的抱负显然与众不同。它旨在研究有关文化和社会景观的城市森林，专注于随着时间的推移，城市和"它们的"森林之间的许多本质联系。当地社会、当地社区以及他们对城市森林的观点集中体现在本书中。本书认为，当地城市居民与"他们的"森林之间的文化和社会联系居于城市森林概念的核心地位，例如，欧洲留下的众多遗产就体现出了这一点（Hossmer，1988）。更好理解城市森林概念的文化和社会根源有助于我们开发和管理城市森林，以满足当代的需求，并创建更好的城市。因此，贯穿全书的是持续不断地考察城市森林的过去、现在和未来。虽然书中所讲述的案例遍及欧洲及世界其他地区，但本书偏向于西北欧和北欧，因为这里是作者最熟悉的地方。

作为文化景观、居处与空间的城市森林

在本书中，城市森林是被作为文化景观而进行研究的。根据阿恩岑（Arntzen，2002）的观点，文化景观是自然与文化之间相互联系的结果，以人类和由自然、土地产生的文化集合而体现出来。不同的专家提出了关于文化景观不同内涵的观点。例如，当地的文化历史学家关注社区的历史发展，而文化地理学家则关注如土地利用及使用权等这些方面。在文化景观方面，人类对土地的贡献可以是建设性的，可以与自然自身的条件和过程相一致，但这并非一定如此。

阿恩岑（2002）指出了物质文化景观（即人类社会物质的、有形的生活和活动）和非物质文化景观（即精神的或象征意义的文化，由于它们是无法直接看到、感受到的人类活动，因而它们体现的是文化的象征意义）之间的区别。"文化景观是人类社会活动的成果，人类社会最初隶属于特定的地点或地区，当地条件决定了社群的特性以及它对土地的影响。"（Arntzen，2002，第37页）。文化景观不仅会受到人类的影响，而且它也会影响人类对于自身现在和过去的观点。文化景观代表了特定的认同价值，因为它们以某种方式表达或体现了当地、地区或国家层面作为民族成员的身份。文化景观也具有其自身的复杂性、鲜明的特征以及演化的历程。

文化森林景观，也就是其关键因素属于森林管理的景观，对于地方和国家社会的发展

至关重要。它们不仅是木材和薪材的重要来源（Perlin，1989），而且也有助于文化和国家认同的形成（Schama，1995）。在欧洲的文化森林景观中，城镇周边的森林尤其重要，因为它们靠近城市，它们是社会和文化变革的重要驱动力。因此，这些城市森林代表了相关研究的"前沿领域"，显示出社会与森林之间的文化联系。

我们也可以根据经验，专注于空间和居处的概念，来对城市森林加以研究（基于 Tuan，2007）。在西方世界，空间通常是自由的象征。空间是开放的，暗示着未来和邀请。从消极的一面来看，空间也预示着威胁，开放和自由也意味着暴露和脆弱。相对于空间，居处的特征在于其封闭性及人性化的空间，它可以建立起稳定的价值观。总之，居处是安全的和宜居的，空间是自由的和未知的。人类既需要附属于某个居处，也向往其他空间，因此便在庇护和探险、依附和自由之间流动。我们喜欢居处的有界性和空间的开放性。而且，"当我们完全熟悉了空间，它也将变为居处"（Tuan，2007，第73页）。

安置居处有着很特殊的含义，指的是人们一旦安置好居处，便不太乐意再迁往其他地方，即使是各个方面都完全相同的地方（Cheng 等人，2003）。"地方意识"（Sense of Place）是指，人们与他们生活和感知、体验和评价的居处之间所产生的深切的心理及情感联系（Cheng 等人，2003；Tuan，2007）。地方意识不仅与自然和建筑环境的属性相关，而且与知识、价值观以及人们对待周围环境的态度相关。地方意识在心理学上的意义是指，个体与居处之间产生的心理上的联系和身体上的依赖，如居处认同就是如此。在社会和文化语境下，具有社会文化元素的地方意识可以很好地处理社会社区和文化环境对人地关系所产生的影响。最后，具有政治经济元素的地方意识能够反映当地的发展状况，以回应特定居处和社会文化环境对人们所造成的影响（Ardoin，2004）。

地方意识的社会文化元素或维度是本书研究的重点，虽然其他元素也有其显著特征。居处的社会文化维度通过文化过程、地方社会网络以及政治和环境参与（行动主义），与地方意识的"特征"相联系（图1.3）。文化维度是指象征符号的探索与识别，如社会团体创作、重现出其居处的城市森林。

社会科学家认为，根植于居处的社会互动往往是最强大的和最引人注目的，地方意识源于在这个地方的人们建立起来的体验与回忆（Ardoin，2005）。这些涉及环境心理学领域，更多的描述是个人层面的居处认同（Proshansky 等人，1983）以及定义为社会或团体所关注的主要领域（例如 Gifford，2002）。居处认同指的是一种依附于居处的强烈感受。大多数人持有一种依附和归属于特定居处的强烈感受。"自我"的含义可以反映人们与居处之间的关系，就像居处可以反映它与人们之间的关系一样（Walmsley 和 Lewis，1993）。社区层面的土地开发可以激发群体认同以及他们的团结一心。在此背景下，欧文·奥尔特曼（对比 Gifford，2002）将主要区域定义为个人或团体所"拥有"的区域。它们被人们控制在一个相对稳固的基础上，居于他们日常生活的中心。另外，基于社区的公共区域对所有信誉良好的人都是开放的。有时，公共区域对那些带有歧视性或其行为不被公众所接受的个人是关闭的。

如何看待与树木和森林相关的空间、居处、居处身份、土地所有权这些概念？段（2007）写道："森林与空间意识相互联系。虽然杂乱的森林环境被看成是空地的对立面，但它实际上'可能是无路可走的区域'"（Tuan，2007，第56页）。作为荒野的森林可以追溯到人类文明出现之前，而城市仅是一个"空间"的概念。随着森林的毁灭和人造世界的发展，不管怎样，景观的概念将变得更加明确以及更加"居处化"。

图 1.3　地方意识是指人们与他们所处的环境之间产生的心理和情感的密切联系。"居处"往往根植于社会互动——人们共同界定和塑造了他们最喜欢的地方。在这个过程中，树木常常是重要的"居处增强剂"，就像意大利的城市广场一样（照片由作者拍摄）

　　但是，只将森林看成是探险之地，开放、自由的荒野和未知领域是错误的。特别对于城市森林而言，森林也可以是居处，因为它本身就是当地居民日常生活环境的一部分。特赖布（2002）强调了在居处种植树木的重要性，比如这样有助于我们划定空间以及显示我们的具体位置。琼斯和克洛克（2002）也论述了在居处种植树木的作用。他们认为，在当今世界建筑以及这种动态、变化的现象背景下，理解居处的概念是非常重要的。在某种程度上，居处是在当前物质、社会、经济和历史的背景下，集合当地、地区、国家和国际文化建设的动态结果（Jones 和 Cloke，2002）。然而，两位作者声称的居处并不同于一般的（人类）社区，作为非人类的存在物，如树木，它们起到了"居处制造者"和"居处增强剂"的重要作用。

　　琼斯和克洛克（2002）着重提到了所谓的住房，它们是如何将人类融入到世界当中的，换句话说，它们是如何融入到居处之中的。随着时间的推移，住房是富人们进行家庭聚会的场所，是构建景观和居处的场所，是将自然和文化融合的场所。住房的概念可能与家庭和当地的理念以及对自然和环境的关注或影响关系密切。作为居处制造者的树木也有助于对住房进行评价，树木不但作为时间和彰显居处的标志，而且通过相互影响和作用，将事物和人们彼此持续不断地联系在一起。

　　从居处身份和土地所有权的视角来看，可以认为城市森林不仅能够起到作为公共区域的作用，而且由于城市和当地森林的密切联系，城市森林也能起到作为城市社会特定区域的作用。

城市森林的界定

　　因此，城市森林是社会与文化构建出来的文化森林景观，它是文化与自然、人类与非人类融合的产物。从经验的角度来看，它们包括空间和居处。但是，我们该如何界定这些城市森林呢？

　　显然，正如我们所看到的每一个城市，城市森林的特征在于它们与经济关系密切，而不是文化和社会。这种密切的关系历史悠久，本书将加以具体阐明。随着时间的推移，公民和地方政府加强了他们对当地森林决策的影响力。

　　密切联系、共同发展的城市公民社群，加上当地的林地以其各自文化形成具有独特精神、物质、智力和情感的特征，一起构成了城市森林概念的关键因素。由于这些相互联系的因素，城市森林演化出一系列有别于其他森林的特征，例如，它们的（主要是市政的）所有权、社会的优先顺序、文化和环境的价值、更多人为设计的特征、高水平（休闲）基础设施以及它们的多样性（Konijnendijk，1999）。城市森林通常也是小规模和支离破碎的。在城镇的语境下，"森林"具有更广泛的含义，通常包括小树林、开放陆地和水域。有些城市森林更加"现代化"，如荷兰的阿姆斯特丹森林公园。在 20 世纪，欧洲设计并建起了许多具有休闲娱乐功能的城市森林，但只有有限的森林覆盖率（一般在 30％到 50％之间）。

　　虽然城市森林与城市关系密切，但它们并不是城市公园。今天的城市公园大多比较小，人为设计程度高，居于城市中心，主要用于休闲娱乐。虽然它们拥有树木甚至树林（即主要植被是小面积的树木），但大多没有大面积的森林。尤其是，它们的建造和维护费用要远远高于那些城市森林。不管怎样，随着时间的推移，"公园"的概念经历了一系列的变化，从最初作为专属贵族的狩猎场——或是像奥尔维格描述的"可狩猎的封闭区域"（1996，第382页）。渐渐地，公园的概念扩展为"大面积装饰的地面，通常包括林地和草地，周围环绕着住宅或大厦，通常用于休闲娱乐，经常放养着鹿、牛或者羊"（Olwig，1996，第382页）。这完全不同于今天的市政公园。关于公园，缪尔（2005，第113页）写道："（这是）一处以理想化的方式创建和维护景观的地方。它们被视为是丰富精神生活以及远离丑陋喧闹的外部世界，寻求临时庇护的地方，它们潜在的娱乐和休闲功能远远超过平凡世界带给人们的压力与沉闷。"

　　毫不奇怪的是，城市公园和城市森林的区别并不是很明显。一方面"森林"相对于"公园"而言，通常是指专有的封闭狩猎区。另一方面（Wild-deer-ness，Olwig（1996）指出），在荒野，随处可见各种野生动物。从本义上来说，树木的存在与否并不是区分"森林"或者"公园"的因素。现代城市森林的例子表明，它们之间的区别仍然不明显。阿姆斯特丹森林公园被视为是"森林"（就像它的名字所暗示的），但是它具有（非常大的）公园的所有特征。许多城市林地很小，只有几公顷的面积。今天，"公园"这一概念主要具有积极的联系，并在一系列广泛的语境下使用，如商业公园、科学公园和游乐园（例如 Dings 和 Munk，2006）。如今的城市森林也许部分是公园，部分是荒野。或者如段义孚（2007）所用的专业术语所言，部分是居处，部分是空间。

　　"森林"含义的变化已经被广泛讨论。除了前面给出的定义，森林在深刻的象征意义上也有其他含义，例如，将其看成是西方文明的"他者"，作为"黑暗的森林边缘"（Harrison，1992；参见 Perlman，1994）。在森林里，人类是与世隔绝的、弱小的、隐蔽的和/或迷失的。森林为人们提供了逃避现代化，提供庇护、躲避威胁的场所，它既象征着高贵的野蛮也象征着落后未开化的野蛮（例如 Schama，1995）。"林地"这一术语经常与森林交替使用，表明它是与人类关系更加密切、更具文化韵味的景观（例如 Jones 和 Cloke，2002）。与原始丛林相比，林地是有所有权的，它要受到人们的管理（Rackham，2004）。在本书中，"森林"和"林地"这些术语经常交替使用。森林和林地都指某一树木繁茂的区域，被视为向游客提供"森林感受"或体验的场所。在本书中，也偶尔使用"树林"一词，它通常指的是比森林或林地面积更小的（如小于 1 公顷）树木繁茂的区域。

专家定义的森林概念不必与通常使用的森林概念相一致。近年来，已经产生出大量人们如何定义、感知和使用（城镇）环境中的森林的相关研究。通过深入采访丹麦哥本哈根附近一小片城市森林，即邦比树林（Brøndbyskoven）的居民显示出，这些居民不仅通过树木的存在定义"森林"，而且依据封闭或开放、光明或黑暗来定义森林。一些受访者所刻画的森林，首要特征是将其作为人们生活的地方，其次是作为动物和植物生存的地方。受访者认为，与匆忙的生活相比，森林是一处可以让我们与外界"断开"并且可以陷入沉思的地方。对一些人来说，森林扮演着文明和孕育的角色。绝大多数人喜欢森林里只有很少的设施和其他人（Oustrup，2007）。再次说明，作为"居处"和"空间"的城市森林概念今天已经变得更加清晰了。

本 书 内 容

人类与自然资源和景观的联系是多方面、复杂且具有深刻意义的。沿着社会和政治发展进程，居处和空间也在持续不断地建设和重建过程中。这些进程的意义在于，它们将生物物理属性和进程相结合，以社会和文化价值为基础（Cheng 等人，2003）。本书从历史和现代的角度讲述了一种重要的景观，即城市森林。作为一种文化景观，作为由当地社区和树木共同定义的居处，作为对比受更多控制的城市环境而形成的空间，城市森林在本书中得到深入研究。本书不仅要帮助人们理解城市森林，而且要提供更具洞察力的见解，以便共同发展我们的城市、社会和自然。正如琼斯和克洛克（2002，第 1 页）所说的，20 世纪的最后 20 年，"了解自然—社会关系的重要性，将其作为政治、经济、社会、文化建设乃至重建的不可分割的一部分，我们见证了对这一理念的认识的显著提升"。深刻理解城市森林"营造居处"的作用，也将对我们持续探寻发展友好城市产生重要价值。

本书接下来的两章将着眼于"更深层次的"文化与人类、文化与城市森林之间的联系。森林与人类之间基于古代文化的联系，是第二章"精神上的森林"的主题。作为文化的基础，森林与树木在宗教和神话传说的形成过程中起着重要作用。在这一方面，城市森林的作用也很显著，例如，对于早期的宗教园林、神话传说的形成以及现代精神的崛起，城市森林就起到了很重要的作用。在第三章"恐惧的森林"中，我们将探究"黑暗和狂野"森林中各种人类的恐惧。虽然森林对远古人类的生存必不可少，但它们也代表着"他者"、不可控和荒野。一些人对森林原始的恐惧一直持续至今。其他种类的恐惧与人类的犯罪行为所引发的危险有关。此外，这一章也提出，对（城市）森林的恐惧也可以转化为令人兴奋的事情，森林可以化解常规和受控的城镇生活。

第四章和第五章将提出涉及城市森林的更加功利主义的观点。第四章"富饶的森林"呈现了城镇社会如何利用附近的森林作为其商品，尤其是木材的重要来源。城市确实是建立在森林和树木的基础上，因为城市森林也向城市提供了食物、饲料、水及其他商品。第五章"权力的森林"提出，并不是每一个人都有权使用这些森林产品。占主导地位的权力关系意味着只有少数人，如国王、贵族和教会，能够拥有专属于他们自己的森林使用权。尤其是对于城市森林狩猎区的使用，森林使用权的作用至关重要。

当然，随着城镇社会的发展以及城市规模的扩张，大自然的作用得以进一步提升，城市森林的作用除了它可以为人们提供木材和其他产品外，它还为人们远离拥挤不堪的城镇，带来一种怀旧情怀提供了另外一种选择。正如第六章"大逃亡"所展示的，在一个更加安静的自然环境中，城市森林显然是一个更加适合"逃离"、生活和休闲的地方。最初，城市森林的休闲娱乐功能只与那些时间充裕以及能够创造属于他们自己的城市森林生活的社会上层人士有关。但渐渐地，城镇社会的所有人都可以享受城市森林所带来的休闲娱乐活动。随着作家、画家、诗人以及其他人士在城市森林中找到创作的灵感，自然和森林价值的进一步提升体现在了艺术领域。因此，作为一个重要的文化元素，第七章"艺术品"将着眼于城市森林和艺术之间的关系。不仅艺术家的灵感来自城市森林景观，而且他们在努力保护周边自然环境的行动中也率先发挥了积极作用。第七章还将讨论作为"艺术品"的城市森林以及在文化变迁、时尚和国际交流影响下，被规划和管理的"多彩"城市森林。今天，艺术也可以被用于加强城镇居民、社区与城市森林之间的联系。在第八章"城镇的荒野一面"中，将阐述城市森林作为城市自然"解药"的重要作用。城市森林或多或少代表着"荒野"自然，在一定程度上解释了作为一个休闲娱乐环境它们广受大众欢迎的原因。它们可以帮助我们与自然和自然进程保持密切联系。此外，研究表明，由于城市森林具备某些"荒野"的特征或者其靠近人们的生活环境，因而它们可以满足人们重要的精神和心理需求。

在接下来的第九章"健康的森林"中，城市森林被认为是"治疗景观"。很长一段时间，城市森林对人类健康和福祉的贡献广为人知。不管怎样，面对现代城镇社会严重的健康挑战，如肥胖与压力，自然和城市森林的积极作用再一次成为人们关注的焦点。人们发现，森林和自然能够以不同的方式改善精神、增强体质以及提升幸福感。正如第十章"学习的森林"所讨论的主题，这一重要功能为未来城市林业提供了一个重要的发展方向。随着时间的推移，城市森林被赋予具有示范意义的景观，将其作为林业的试验田。例如，城市森林以示范森林和景观实验室的形式示人，能够起到加强林业工作者、专家和公众之间对话的作用。此外，特别是在儿童和青年环境教育方面，城市森林发挥着至关重要的作用。

第十一章"社会的森林"认为，城市森林还具有另外一种重要的社会—文化功能。森林是社会的重要元素，能够为社会提供"居处营造"的条件，发展（或保持）当地（城镇）社区与环境之间的紧密联系。城市森林可以为人们提供聚会和集合的地点，协助人们确认其认同以及提供加强社区联系的方式。在全球化、城市化和个性化的时代，居处认同并不是那么容易被确认，而此时城市森林就变得如此重要。此外，森林及其使用中的冲突也可能会使城市森林的可持续性受到威胁。正如第十二章"冲突的森林"所显示的，城市森林的冲突类型多种多样，从城镇发展进程中努力保护森林所引发的冲突，到不同类型的休闲与森林用途之间的冲突。然而，从更加积极的角度来看，冲突是人们和社区对"他们的"城市森林勇于承担责任的表现。

　　本书的最后一章，第十三章"未来的森林"，为未来城市林业提供了一些发展的方向。我们怎样才能加强和利用城市森林的社会及文化作用来创造"更好的"城市呢？在一个瞬息万变的世界中，城市森林如何促成更广泛、多功能的文化景观呢？而且，我们如何发挥城市森林的作用，使其既是"处所"又是"空间"，既是加强本地社区和居处认同的一条途径，又可以为人们提供一个"野生的"、令人兴奋的生活环境以摆脱人工化的、受控的城镇生活呢？读过本书后，读者应该会认同这一观点：我们不仅要珍惜城市森林的遗产，而且应该进一步去发展它。

第二章 精神上的森林

本章着眼于森林在精神上的含义，特别是随着时间的推移，城市森林在精神上的含义。正如施罗德（2001）所阐明的，事物的精神价值不仅与宗教有关。"精神"指的是与体验、联系或"他者"相关，超越个人的自我意识，在更深的知识水平赋予生命的意义（Schroeder，1992）。精神上的体验是一种直觉和情感的体验，正如人们对某些事物的着迷接纳——或充满激情——通过感觉、理念、形象或创造冲动而产生出来。宗教体验不仅可以通过宗教的程序和戒律实现，还可以通过森林或其他自然环境而得以实现。

森林被描绘为一种精神景观（例如 Jones 和 Cloke，2002）。正如本章第一部分中所描述的，作为避难和生存的来源，森林在早期人类精神生活中非常重要。第二部分显示，宗教的注意力一直指向森林，将其作为灵感的景观、礼拜的地方（甚至可以是小树林）或是宗教组织获取收入的地方。本章第三部分着眼于森林神话以及森林和树木的象征意义，因为这些是形成一种特定文化的重要组成部分。第四部分表明，"森林灵修"今天依然存在，例如，存在于好几个国家的"新异教徒"社区中也存在于人们与他们到访的（城市）森林之间精神联系中。在最后一部分中，利用城市森林作为一种连接本地社区与本地森林的途径进行研究。

森林与人类的远古精神联系

森林和树木的精神意义及象征价值具有悠久的历史。森林已经成为一个重要的原型，象征性地反映出潜意识的、不确定的结构以及生命与存在的本质（Schroeder，1992；Koch，1997）。对于我们的祖先而言，森林是一些具有浓厚氛围的环境，虽然所谓的瞭望-庇护理论（Appleton，1996；比较 Perlman，1994）提出，远古人类更喜欢森林的边缘和大草原，而不是森林"深处"，因为前者可以为人类提供良好的狩猎及避难场所。森林先于人类世界而出现，它们为文明的到来提供了前提条件或基质（Harrison，1992）。然而，砍伐森林使得人类能够拥有居住，亲人们也能够被埋葬的地方。按照哈里森的说法（1992，第 7 页）："埋葬确保了对土地的完全占有，并最终导致了人类的骶骨融合。"通过埋葬其祖先，人类开始完全在土地之中扎根下来（比较 Harrison，2002）。因此，人类居住的地方就这样被创造出来（Jones 和 Cloke，2002）。时间变得更加线性，人类逐渐将其注意力转向自然的季节循环（Gallagher，1993；Tuan，2007）。

在"野生"森林被砍伐的地方，文明开始出现。哈里森（1992，第 11 页）援引了詹巴蒂斯塔·维柯的《新科学》在 1744 年首次指出："人类秩序的顺序是这样的：首先是森林，接下来是小屋，然后是村庄，再后来是城市，最后是学院。"逐步强化的秩序对人类的环境施加影响——这一秩序是系统的、进步的、自我维持的。所有的秩序都受到了限制，然而，当伟大文明衰落之时，森林再一次会接管。哈里森（1992，第12页）这样描写道："在体系秩序发展的尽头，看起来，城市变得更像森林了——这里是精神孤寂的地方，蒙昧潜伏在男人和女人的内心深处——但是，这种堕落仅仅是为城市自身的蜕变扫清道路。城市开始从内部被瓦解，森林开始从外部侵入。"罗马帝国以及伟大的首都罗马，是文明衰落的国家之一。事实上，当罗马军队最终被日耳曼部落的森林居民肆虐时，罗马更多的是被森林"击败"了。之前，罗马军队摧毁了这些部落作为文化中心的森林。但是，罗马文明与森林之间的关系却模糊不清，虽然它源于森林。因此，罗马文化包含着一种怀旧的、渴望拥有森林的愿望（Harrison，1992；Paci，2002）。

鉴于森林在文明兴衰过程中的核心作用，古代经典著作与宗教经典中有许多对森林的引用也就不足为奇了（Porteous，2002）。在大多数宗教中，树木和森林都特别显著，这将在下一节予以说明。在传统文化中，树木与鬼神、民间传说等相联系。在人类处理与森林之间的关系时，精神因素发挥了重要的作用。例如，在古代，月亮的状态，也就是它的盈缺，被认为与树木的砍伐有着非常重要的联系（Porteous，2002）。史料提到，在特定日期砍伐某些特殊的木材，将能够确保这些木材发挥最大的性能（Zürcher，2004）。

久而久之，森林与自然成为需要人类加以控制和支配的事物。后来，当世界上的许多森林消失后，人们对大自然的重新欣赏又再次出现，在接下来的章节中，我们将对这些内容加以进一步的论述。森林被认为是人类起源的地方，它是堕落的社会与城市的解药。它们被认为是心灵的归宿，是一处重温旧梦及品味文化的场所。

森 林 与 宗 教

森林与宗教也有着密切的关系。起初，森林"阻碍了"人类和神灵之间的联系。后来，也正是森林提供了小树林，让人类对神灵的膜拜成为可能。作为敬拜的地点，城市拥有神殿，乡村拥有小树林（Tuan，2007）。最初，作为敬拜的许多小树林源自丘陵和山脉，这些地方被认为是人类更能接近天堂的地方（Porteous，2002）。再后来，这些地方被种上了树木，为神灵提供居处。这样，神树便出现了。在许多文化中，树木的种植与保护已经成为一种普遍的传统习惯。小树林经常与神秘的入会仪式联系在一起（Crews，2003）。例如，凯尔特人的德鲁伊教徒就将小树林作为他们从事宗教活动的场所（Caldecott，1993）。在宗教典籍如《圣经》中，小树林也起着重要作用，如马姆里的橡树林。在欧洲中部和北部，黑树林组成的古树群位于阴暗的森林中，担当着早期寺庙的角色。无形的神——或其精神——居于丛林之中，通过风暴和阳光来展现其力量（比较 Perlin，1989）。除了教士和德鲁伊教徒，很少会有人进入这些小树林。

整个欧洲以及邻近的城镇都能发现许多小树林。例如，神圣的榛子林最早生长在苏格兰的爱丁堡和格拉斯哥附近。在德国，许多保留下来的小树林被认为曾经是神圣的森林，如奥登森林。传说维也纳城就诞生在一片神圣的小树林旁，最后仅存留一棵珍贵的橡树，因而，人们将其城市中心广场命名为"铁树桩广场"（Stock am Eisen Platz）。

然而，伴随着人口的增长，森林所面临的压力也与日俱增，人们将目光转向了这些小树林，尽管它们拥有神圣的地位。因此，人们需要森林保护措施。例如，在古希腊，最早的一部法令就是保护神圣的树林，法令在公元前 5 世纪后期的科斯岛开始生效（Perlin，1989）。它规定任何砍伐柏树的人将被罚款 1000 德拉克马——这在当时大约相当于一个工人三年的工资。在古希腊，从公元前 4 世纪开始，砍伐森林的行为愈演愈烈，因而保护神圣树林的法律也越来越多。后来，随着基督教会试图摆脱小树林以及它们所象征的"异教徒"活动，砍伐小树林的行为更是变本加厉（Crews，2003）。

　　如前所述，小树林通常位于城市附近，有时，它们会成为创建城市的基础。在其他情况下，随着城镇的扩张，小树林会被合并。小树林不仅对于宗教信仰是重要的，而且一些特别的树木对宗教信仰也很重要。由于许多城市建造有圣地（例如 Tuan，2007），在希腊和罗马时期，一些城市中的第一批树木就被种植在寺庙旁（Lawrence，2006）。种植在私人和修道院花园中的树木及植物通常具有象征意义和文化联系，本质上带有宗教的特征。当然，花园的理念与《圣经》中的天堂相关联。正如约翰·伊芙琳（John Evelyn）所提到的，在 17 世纪的威尔士，花楸树（Sorbus aucuparia L）非常神圣，没有一个教堂墓地不种花楸树（Porteous，2002）。树木在其他宗教中也起着非常重要的作用。位于斯里兰卡阿奴拉达普勒的菩提树（见图2.1），据说是从佛陀开悟的那棵原树上截其树枝，种植而来的。据称这是历史记载最长寿的树，书中确认这棵树源于公元前 236 年种植的母树，由其"第四代"插植而来。阿奴拉达普勒神圣的菩提树被誉为世界遗产（Swarnasinghe，2005；见图 2.1）。

图 2.1　斯里兰卡阿奴拉达普勒古都城附近神圣的菩提树吸引了
成千上万的佛教信徒（照片由作者拍摄）

在欧洲及世界其他地区，基督教机构在城市森林的发展中起到了重要作用。修道院不仅拥有许多早期的城镇树木，而且在城市附近他们也创建和管理着森林庄园（如 Schulte 和 Schulte-van Wersch，2006）。林地是教堂很大一部分土地财产及其庄园的收入来源。例如，德国康斯坦茨的洛雷托森林一直被修道院和宗教组织所掌控，管理历史超过 800 年。今天，这 166 公顷的林地归属于"康斯坦茨医院基金会"，这是一家具有宗教渊源的医院基金会（City of Konstanz，2007）。如今，修道院拥有面积广阔的文森森林和布洛涅森林并享有对附近其他林地的使用权（Derex，1997a，b）。在布鲁塞尔附近的索尼恩森林，修道院也扮演着重要的角色。在这里，宗教团体被特许使用森林以及迁入居住在森林里或在森林里建造修道院（Van der Ben，2000）。在中世纪，伦敦附近的埃平森林里拥有各种各样的宗教团体以及一座大修道院。通往沃尔瑟姆修道院的许多道路很可能就是由寻求精神慰藉的朝圣者踩出来的（Green，1996）。

然而，教会拥有的大多数林地后来都被国王或国家所收回。威金斯（1986）记述了英国特尔福德地区的修道院曾经拥有很多林地，直到后来修道院被解散（比较 Green，1996）。爱沙尼亚塔林（当时称为瑞威尔）附近的几片森林，原本被宗教团体所拥有，但是在 16 世纪宗教改革时期，这些教会和修道院拥有的森林被国家没收（Meikar 和 Sander，2000）。现在，塔林的其中一片城市森林仍然被称为"修道院森林"。按照圣方济教会修道士的命名顺序，位于索尼恩森林所谓的"Kapucijnenbos"，被卖给了皇家基金会，后来变成了特尔菲伦植物园（Van Kerckhove 和 Zwaenepoel，1994；Van der Ben，2000）。在瑞典，斯德哥尔摩中心附近的北尤尔格丹岛以前被修道院所拥有，也是在 16 世纪被转让给了王室（Kardell，1998）。

城市森林还包含宗教元素并为宗教提供灵感（图 2.2）。"疗养泉"在朝圣过程中起着重要作用。这样的例子包括哥本哈根北部鹿园的克尔斯滕城堡泉"Kirsten Pils Kilde"（Møller，1990；Olwig，1996）和北尤尔格丹岛的"Uggelvikskällan"（Kardell，1998）。很多人来到克尔斯滕城堡泉，使之成为一个热门的地方，现在这里仍建有"巴肯"游乐场。沿着朝圣道路，波兰小镇韦伊海罗沃拥有 26 座教堂和神殿，其周围布满森林。朝圣者途经森林致使土壤逐渐硬化，有时，踩踏强度如此之高，以至于森林难以很好地生长（Konijnendijk，1999）。相似的朝圣路，在一定程度上经常导致教堂或寺庙模仿十架苦路（耶稣基督最后所走过的道路），这些场景在其他城市森林也能看到。例如，位于华盛顿国家大教堂的奥姆斯特德森林就包含如此艰辛的"朝圣之路"（McIntyre，2006）。

城市森林为教堂、祭坛和墓地等场所提供了物质与精神的基础。人们将森林与大教堂做比较，历史悠久的神圣小树林以及具有象征意义的树木，对天与地、生与死的连接，这一切都那么显然。前文提到的位于美国华盛顿特区占地 2 公顷的奥姆斯特德森林，大教堂便建在树木繁茂的山坡上，这使得通往教堂的道路更加引人注目。正如麦金泰尔在前面提到的，通往大教堂的路径像是"漂浮于树木之上"，帮助人们远离日常生活的喧嚣，使人们陷入沉思，净化人们的心灵（2006）。

一些国家，也许最特别的是瑞典，创建了"森林公墓"。斯德哥尔摩的"斯库格森林公墓"融合了树木、土丘、空地，当然还有坟墓，该森林公墓入选了联合国教科文组织世界文化遗产（Nilsson，2006b）。在俄罗斯圣彼得堡的索斯诺夫卡林地公园，为在二战长期的围攻战(后来称为列宁格勒保卫战)中阵亡的士兵建造了一座公墓。琼斯和克洛克(2002)记述了维多利亚时代英国布里斯托尔的阿诺谷公墓，随着树木(通常是外来树种)的人工种植和本地树木的自然生长，这里逐渐形成一个林地公园。在墓地，树木和林地这些元素一直扮演着重要的角色，它们象征着生命、死亡和永恒，并且通过它们的纹理、颜色、形状及发出的声音，为人们带来恰如其分的安详与神圣的气氛。此外，树木也被人们描绘为"季节的哨兵"(Jones 和 Cloke，2002)。

在现代，墓地的作用已经发生改变。例如，丹麦哥本哈根中心人口稠密地区的墓地现已成为非常受人们欢迎的户外休闲场所，实际上，它起到了城市公园的作用(Guldager，2007)。大体上，墓地的作用一直处于争论之中(Guldager，2007；Worpole 和 Rugg，2007)。尽管在历史上各种规模的定居点中，教堂墓地或公墓一直是当地重要的象征性符号，但沃普尔和拉格(2007)指出，人们应当存疑，是否应该将如此多的土地留作墓地之用。例如，在英国，目前只有大约70％的死者被火化。另外，在现代社会中，人们非常需要一个可以去怀念逝者的地方，我们能够看到路边纪念碑的数量在不断增长。也许通过其他方式也可

图 2.2 许多城市森林仍然具有宗教元素。在布鲁塞尔的索尼恩森林，最初这个小玛丽亚教堂是由玛丽亚·亨丽埃特(1836—1902年)女王安装的。今天保留下来的是复制品，安装在当初的山毛榉树上(照片由作者拍摄)

以达到怀念逝者的目的，比如小型的纪念公园或是在城市森林及其他绿地专门开辟一些供人们怀念逝者的场所(比较 Guldager，2007)。在丹麦、荷兰以及英国这些国家曾经讨论过进一步发展土葬的可能性——实际上，指的是埋葬骨灰的可能性。例如在荷兰，已经建了好几处"自然公墓"，人们可以以一种"对环境友好的方式"(用生物可降解的棺材)被葬于大树脚下(Nijen Twilhaar，2007)。在苏格兰的爱丁堡，几处城市林地已经被指定为绿色墓地(Woodland is earmarked，2004)。

路透社印度网(Fernandes，2007)曾经报道过一起发生在马来西亚的案例，表明宗教与城市森林之间的关系已经发生改变。2005年，因在吉隆坡附近林木繁茂的双溪毛糯地区建造一座新的穆斯林公墓而引发了一场冲突。当地官员表示，公墓将只占用一小部分森林，

但当地居民已经在山上建造了数以百计的房屋，他们担心这只是进一步砍伐森林的第一步。在上一年度，他们已经失去了很大一部分林地。当地一位激进的居民质问开发商和城市规划者：“为什么要挖掉一棵有价值的树木而埋下一具尸体？”

森 林 与 神 话

符号是一个词语或图形，除了它本身以外，可以代表其他事物。象征意义是用一个具体的客体(如一棵树)来表示一种无形的、不确定的或只有模糊的理解的想法或体验。柯克柯仁(Kockelkoren 1997)写到森林的现代象征意义，阐明森林已经成为一种文化—历史图腾。这些图腾不仅可以直接描绘一些事物，而且它们也体现了自身。按照柯克柯仁的说法，森林图腾指的是天堂(失去的伊甸园，纯粹自然与人类之间失去的和谐)，壮丽荒野的家园(砍伐森林的文化张力，文化与自然之间的对抗)和罗宾汉的森林(自由的森林，联合抵制法制的森林)。而后者被人们认可的英语词汇是“Greenwood”，由沙玛(1995)、纳伊(2008)等人所使用(参见第十一章“社会的森林”)。

文化—历史图腾也是一个关乎神话的问题，它用象征意义来表达整个文化的基本信仰和价值观(Schroeder, 2001)。神话可以被描述为任何真实或虚构的故事，通过其表达出的文化思想或深刻而真实的情感来唤醒人们的觉悟。神话故事通常被用于克服人们对一些事物的恐惧，如普适性的纷繁复杂和我们的存在的神秘性(Caldecott, 1993)。正如段义孚(2007，第85页)指出的：神话是“在缺少精确知识的基础上蓬勃发展起来的”。神话可能基于真实的历史事实。它们还可以提供一个居于人与自然环境之间，洞察心理和文化关系的重要来源。事实上，正如雅各布斯(2004)在前面提到的，许多印欧语系文化的神话在体系结构方面都非常相似。既然神话反映的是文化的基本结构，那么相似的神话结构与文化的基本原则相关，是有一定道理的。

森林和树木在神话中具有鲜明的特征，因而它们可以塑造文化。例如，树木往往象征着生命的基本价值，在神话中它们被表达为生命之树和世界之树。树木也一直是各种各样的核心社会意义与实践的象征(Perlman, 1994；Jones 和 Cloke, 2002；Crews, 2003；Muir, 2005)。例如，西蒙(2001)提到，在爱尔兰，树木如何同很多传统习俗与民间传说联系在一起。即使古老的盖尔语(所谓的欧甘文)字母表也是基于树木及其他木本植物的名字而命名的(Caldecott, 1993)。树木和人类形成相一致，它们象征着生命的循环与延续，连接着秩序与混沌。它们联系着现实世界与精神世界，联系着天与地。森林是个“他者”，代表着人类以外的生物物种的“他者性”(Caldecott, 1993；Perlman, 1994；Crews, 2003)。它往往象征着我们不能合理说明或是不能完全理解的事物(Harrison, 1992)。年轻人与老年人、本国人与外国人、夏天与冬天等之间的对比也可以通过树木及森林来加以表征。在五朔节仪式的进程中，万物萌生、畜产丰饶，乡村的年轻人进入树林，带回了五朔节花柱(Muir, 2005；见图2.3)。按照琼斯和克洛克(2002)的说法，越古老的树木，越有可能成为人们特别关注的焦点。

图 2.3　五朔节花柱，象征着一棵树，在瑞典仲夏夜庆祝活动当中仍
然是一个重要的元素（照片由作者拍摄）

　　波蒂厄斯（Porteous 2002）论述了许多树木的象征性价值以及它们在神话中所起的作用。树木象征着婚姻，例如，树木通常被认为代表着订婚及年轻的新婚夫妻。甚至直到今天，如果家中有婴儿出生也需要去种树，如在一些新建的城市森林里种下一棵树。冰岛前总统维格迪丝·芬博阿多蒂尔过去常常在其国家的不同正式场合种植树木。她总是种下同一种类的三棵树木：一棵为今天的儿童，一棵为已经死去的儿童，一棵为即将出生的儿童（Kissane，1998；E. Ritter，2007，私人交流）。树木伴随着孩子们生长，象征着健康成长的子孙后代，让他们都得到悉心照顾。如前所述，树木也与死亡相关联。那不勒斯的葬礼树是忧郁与黑暗之树，代表着一种毁灭性的力量。其他象征性的树木包括圣诞树与神话传说中的树，比如前面提到的世界之树，北欧神话中的火山灰宇宙树以及十字架之树。有时，个别树木被赋予特殊的力量或象征性的（和宗教的）意义，如格拉斯顿堡荆棘被认为源于亚利马太的约瑟的手杖（参见 Muir，2005）。

　　许多传奇故事已经与树木和森林联系在一起。这些故事与城市和森林有着直接联系。

例如，《吉尔伽美什》这部古代史诗，讲述了一位国王从乌鲁克城出发来到雪松山附近，杀死了神秘森林守护者胡瓦瓦。这是一个讲述在城市与森林、自然与文化之间，一个男人不懈追求的故事（Harrison，1992；Paci，2002）。神话和史诗经常讲到人类与黑暗森林之间的一些含糊的关系。例如，猎人赫恩（查理二世统治时期温莎森林的一位守护者）的故事以及芬兰史诗《凯莱维拉》（Porteous，2002）。

赫恩的故事是在欧洲神话中反复出现的一个主题。例如，在法国，荒野猎人被称为"伟大的带领猎犬狩猎者"（Porteous，2002）。这表明，如前所述，尽管存在地区差异，但在与森林相关的神话中，一些故事、主题和人物却反复出现。在世界上不同的地区和社会中，某些特定形象会出现在与森林相关的神话故事和民间传说中。居住在森林里的女巫或老女人的形象出现在瑞典狼外婆的故事以及德国格林兄弟创作的木头妻子的故事中。许多神话和童话故事将森林描写为危险的地方并向人们发出警告。此外，森林还具有多层次的意义。在北方的童话故事中，森林象征着人们反省"人性之恶"的地方，人们解决不确定性问题的地方以及人们开始懂得他们想要成为什么样的人的地方（Clifford，1994）。

哈里森（1992）论述了森林也有助于保护古老本土文化的问题。至少到中世纪，以及在某些国家直到最近，每个城镇相对孤立而各自集中，如同广阔森林（或荒野）"大海"环绕中的一座小岛。这种相对孤立意味着当地神话故事和民间传说可以发展和保留下来，而不会受到其他地区太多的影响。

在浪漫主义时期，也就是从 18 世纪末开始，许多树木和森林"古老的"象征价值被人们重新挖掘出来。树木再一次被视为自然的有效标志（Lawrence，1993），特别是对于那些拥有土地的上层阶级而言，树木和森林也被视为财富的象征，代表着家族的连续性与可持续性（Irniger，1991）。民间传说被人们重新挖掘，再次回到古代知识和文明的根源中。例如，前面提到的德国格林兄弟编译的中欧童话故事集已于 19 世纪初出版发行。民间传说起到了一座联系自然/森林与人类之间桥梁的作用（例如 Harrison，1992；Lehmann，1999）。森林神话、民间传说和传奇故事对于文化的收集整理是如此之重要（Lehmann，1999）。此外，民间传说和神话故事还是文化历程的一个重要组成部分，它们可以调节变化着的社会规范与历史。许多民间传说和神话故事涉及普通民众传统的生存权与统治者的垄断权之间长久的斗争（主要与狩猎权有关）。"邪恶的"护林人在森林里巡逻，以土地所有者的名义惩罚那些冒犯者，被视为"坏家伙"。奥地利所谓的"首领"凯撒西米安二世，颁布命令禁止偷猎者在维也纳的普拉特公园狩猎，这只是他臭名昭著的一个例证而已（Pemmer 和 Lackner，1974）。

尽管科学而系统的森林学已经诞生，森林、神话和古代文化遭到破坏，但树木与森林的神秘感依然存在。在某些情况下，神话仍然体现在现实的（城市）森林中。例如，"拉德"，即汉诺威埃伦泽溏森林中一块呈车轮状的空地，人们走向森林，围着圈跳舞，参与到春季的比赛中，这象征着古老日耳曼时期的仪式（Fachbereich Umwelt und Stadtgrün，2004）。慕尼黑附近佛斯腾里德公园的"女巫的小房子"据说是幽灵居住的地方，但现在它已被林业局占用（Ammer 等人，1999）。神话还体现在植树典礼以及在树皮上雕刻名字之类的仪式中。有时，森林或树木的历史被认为是个人历史的一部分（Perlman，1994）。在英国，特定树木由于种种原因而受到重视，它们受到尊重归因于其长寿、稳定和持久的特质。在美国，人们认为包括公园、花园和树木在内的自然事物，体现出了一种忍耐力以及当地的特色

（Jorgensen 和 Anthopoulou，2007）。林地能够唤起人们对童年的回忆，也会引发人们对农村生活的畅想，或是为人们带来一个梦想中的世外桃源。

新的神话被不断地创造出来，如隐藏在森林里的罪犯（参见第三章"恐惧的森林"）。另一个例子是发生在德国小镇威斯巴登瑙罗特附近，"世界上最大的纳粹万字符森林"的故事。据称，在德国社会主义时期，这片森林被修剪成纳粹万字符的形状。这种形状在战后很长时间仍然清晰可辨。不管怎样，这些或是其他有关纳粹万字符森林的故事现在通常被认为是"都市传奇"的重要史料（Lehmann，1999）。

现 代 精 神

早在 19 世纪，森林精神被诸如"步禽运动"的组织"重新发现"。在奥地利，这些团体在维也纳及其他城市附近"神秘"乡村的小山丘和森林中长途跋涉，试图找到一个部落或种族的故乡，重新恢复他们在颓废的城市中失去的健康（Rotenberg，1995）。还有人试图利用顺势疗法和天体运动以克服城市衰败以及发现自然。可以看出，森林和树木在今天仍然具有精神上的重要意义。现代人对待树木的态度常常是伤感和浪漫的。不像其他大多数植物，树木是具有灵性的（Perlman，1994；Lehmann，1999）。在一项针对英国老年人与林地关系的研究中，已经证实，树木和森林已将我们的过去以及我们与乡村的渊源紧密联系在一起（Jorgensen 和 Anthopoulou，2007）。

今天，（城镇）林地的精神作用已被许多作家所证实，包括两位卡普兰（1989）、科尔斯和布赛（2000）以及乔根森等人（2006）。大自然带给人类的痛苦，经常使人们陷入对自身生存的反思之中。人与自然的关系为人们打开了一扇如何面对生死问题的窗口（Koole 和 Van den Berg，2004）。皮尔纳特（2005；比较 Perlman，1994）建议，人类的生命周期可以与森林和树木联系在一起，例如，新生的婴儿相当于一棵小树苗，老年人可以与古树相联系，等等。由于生与死越来越被置于家庭"之外"（如在医院、养老院），所以，森林有助于人们将其生命循环与树木联系在一起，虽然树木的寿命通常要比人类长很多。

今天，人与自然之间的关系非常复杂。人与自然的近距离接触包含了人类与生俱来对于大自然的恐惧感，因而人类一直存有使用火进行自卫的动机，以使其他动物远离自己或者用火控制它们（参见第三章"恐惧的森林"）。然而，大自然也为我们探索自然与个人成长提供了理想的环境（图 2.4）。对荷兰 20 个自然组织成员的研究显示，身处森林之中，可以使人内心平静，有了这种体验，人们便能够深入思考生死循环的问题，以及深刻认识到广袤世界中人类的渺小。这彰显出森林的深度作用，而不是"仅仅"能够为我们带来一种肤浅的休闲体验，如追求短期的舒适、自由与快乐以及为"身体充充电"这样一些休闲体验（Cohen，1979，引自 Koole 和 Van den Berg，2004）。

"野生"自然在精神层面上发挥着特别重要的作用，较之于安全的"居处"，它能够为人们提供自由与探险的"空间"。荒野体验可以为我们减轻压力及恢复精力提供帮助，每天与自然的接触将为我们带来持久的益处（例如 Kaplan 和 Kaplan，1989；Gallagher，1993）。荒野体验还与一系列心灵的、卓越的体验有关，例如，它能够为我们带来更为强大的自信心、更为强烈的归属感以及使我们再次明确"什么才是真正重要的事情"（Knecht，2004）。

图 2.4　在丹麦霍尔斯特布罗的这片林地，森林能够为人们提供一个深入
思考问题的环境（照片由安德斯·B·尼尔森拍摄）

　　威廉姆斯和哈维（2001）对 131 位曾经游览、工作或生活在森林里的澳大利亚人进行了研究，阐明了所谓的超越经验与森林有关。根据拉斯基（1961，引自 Williams 和 Harvey，2001）的观点，超越经验常常是由自然或荒野体验而引发的。对澳大利亚人进行的这项研究被证实，超越经验具有以下这些特点：强大而积极的影响；克服日常生活局限的感受；与整个宇宙或其他力量、实体融为一体的感受；能够使人全神贯注的重要时刻；永恒的感觉。

　　这些研究主张，在人们生活环境附近应当有"原始森林"的存在，它可以作为日常周边树木、花园和公园的必要补充。更多关于这方面的观点可以参阅第八章"城镇的荒野一面"和第九章"健康的森林"。

　　森林是一种重要的自然环境以及神话故事和宗教仪式的来源。今天，尽管第三章"恐惧的森林"表明，人们对森林的恐惧感仍然时常存在，但森林带给我们的恐怖感受已大大减弱。为了与"原始的"价值相联系，人们深入野生森林和"真正的"大自然间进行探寻。例如，当在最都市化的地方漆黑的夜晚日渐减少时，仍然能够在漆黑的夜晚发现自然的最原始的特征（Langers 等人，2005）。森林，还有城市森林，为人们提供了具有魔力、新颖与和睦的体验。它们为人们的反省思考提供了私密之处（Hammitt，2002）。在这方面，人们认为，一个熟悉的环境能更加使人对其产生喜爱之情或给人们带来一种归属感（例如Williams 和 Harvey，2001）。

　　阿多因（2004）指出，根据不同的森林规模，人们与城市森林的相互作用可以分为不同的类型。在个人的居处认同和地方依赖中，心理因素起到重要作用。正如引言中所描述的，地方意识与个性化的意义相关，或与人们将其意义系于一个有形的场所相关，或与一个人的自身形象有关（Talen，1998）。最后，社会—文化因素也在应对社会共同体以及文化环境影响方面至关重要。

　　"森林精神"也体现在"新异教徒"对精神世界的狂热追求上，例如，他们在当地森林中探寻精神世界的充实。莱曼（1999）描述了一个位于德国柏林的"新异教徒"社区。其成员认为，人类是大自然的一部分，他们接受了现实世界中万物有灵论的观点——也就是自然界的生物都有灵魂——认为树木是有灵性的。莱曼估计，在德国有 5000 到 50000 名"新异教徒"。他们通常具有很高的森林意识，借助神话、传说和童话故事认识世界。

丹麦宗教团体福尔·锡德（Forn Siðr）敬仰古老的北欧国家。它是基于对古老北欧宗教的认识以及希望继承北欧的文化遗产。它将人类、动物、自然、圣地看作生命与精神的寄托。在其网站（Forn Siðr，2007）上，他们写道："在福尔·锡德我们有着共同的信仰；这里记述了我们该如何理解福尔·锡德的阿萨图（Asatru）。（……）阿萨图的信仰在坚定生长。我们的众神，贾特人、小矮人、小精灵和洞穴巨魔对于大多数斯堪的纳维亚人而言是耳熟能详的。在民间信仰中许多异教元素都被保留了下来。然而，阿萨图不仅仅致敬太阳和月亮，感恩土地的灵魂，与自然交融，而且我们都相信，这是一种对我们自己以及对全人类负责的生活方式。"在 2003 年 11 月，福尔·锡德成为被丹麦政府官方认可的宗教团体。

再创精神联系

根据克利福德（1994，第 17 页）的说法，我们"必须夺回并开发我们长期了解的树木和土地，重新给予城市居民和那些由于过度垦荒陷于困境的农村居民以自治权，培育其想象力。"例如，当新的城市森林被开发时，精神以其不同的表现形式成为人与城市森林关系的一个重要方面。科瓦里克（2005）提到了德国鲁尔区的新林地。由于这些森林几乎在传统上没有发生任何人与森林的相互联系，这些位于废弃城市工业区的新森林不得不面对"森林"不被当地社区重视的现状。许多当地民众察觉到，由于受大自然的冲击，之前的经济结构已经衰退。因此，一种新的、"更深入的"联系以及居处认同必须被建立起来。其他地方的体验也显示出这种联系正在加强。例如，在北爱尔兰，那些从事贝尔法斯特森林项目的人强调，需要深入挖掘爱尔兰与树木相关的传说和传统，因而他们鼓励人们搜集与当地树木相关的故事。通过这种方法，当地居民可以获得他们对周边环境更深刻的理解（Simon，2001）。

在新西兰做的一项有关在城镇环境中人与植物关系价值的研究中，重点研究了心理价值以及与文化、历史和身份特征相关的价值。该研究指出，生活环境中的植物与人的一些感受相联系，比如美好、和平、平静、和谐、宁静、隐私与空间这些感受。特别是，该研究认为，树木能够为人们带来一种持续的、永恒的感受。植物被认为会影响到城市形象的构建以及人们对城镇环境的感受。在精神层面上，城市植物能为人们提供一个与自然相接触的机会。但该研究认为，这还属于一种人们并没有完全理解的生活状态（Kilvington 和 Wilkinson，1999）。这个例子显示出，在人们与城市树木和森林之间的精神联系中存在一些机遇。

有相当多的例子说明了城市森林如何使人们与森林之间保持精神上的联系。依照古老的传统，汉堡环境部创建了婚礼森林，人们可以在举行婚礼、进行洗礼等的时候来这里种下树木（Lehmann，1999）。前面介绍过，在贝尔法斯特森林建有一片家庭树木林场，各个家庭可以出资在这里种树以纪念有意义的家庭事件（Simon，2001）。在贝尔法斯特森林中的贝尔沃森林公园，所谓的"神奇林地庆典"已经在此举办过。通过此次活动，孩子们和其他游客熟悉了森林的历史，了解了传统的木工技术等（Woodland Trust，2006）。此外，在贝尔法斯特森林项目中，贝尔法斯特市长发起了一项计划，即在千禧年期间为每一位出生的孩子种下一棵树。

在欧洲其他地方，一个由佛兰德政府进行管理，面向学龄儿童开展游戏教育的活动中心，采用了基于瓦格纳歌剧"尼伯龙根的指环"的神话故事。传奇故事经常被用来介绍有关森林与自然的知识（Agentschap voor Bos en Natuur，2006）。荷兰自然协会遵循类似的方法，组织了一支特殊的"女巫远足团"来到大自然。女儿和妈妈学习如何骑在一把真正的扫帚上飞行，制作魔法药水以及在大自然中找到受欢迎的女巫的藏身之地（Natuurbehoud，2006）。正如前面写到的，在这些努力下，按照现代的需求，新的神话传说被创造出来，新的童话故事也被写就。但同样也是在荷兰，出现在受小孩子们欢迎的游乐园里的传统童话故事已经过时，取而代之的是流行的电视人物形象（如巴布工程师），因此，许多儿童不再了解传统的童话故事了（Er was Eens，2006）。

宗教组织也继续参与到城市林业中，但其统治地位明显比以前降低了许多。一个称作"教堂联盟"的当地基督教组织，在英格兰北部蒂斯城市群的考彭比利出资新建了一片占地10公顷的城市周边树林。这片树林被命名为"信仰林"，以彰显当地宗教组织与这片树林之间的关系。1995年，教堂联盟为这片树林举行了揭牌仪式（Konijnendijk，1998）。在北爱尔兰，贝尔法斯特森林项目为不同教派的教会提供了爱尔兰紫杉树，让他们将树木种在教堂位置（Simon，2001）。

在本章的开端，我们讨论了循环与线性时间的问题。特赖布（2002）也阐述了对循环与线性时间的反对观点，他首先谈到了自然节奏和季节变化的密切联系。在日本，传统计年法体现了四季的更迭。不同的节日、植物的生长、食物等都反映了时间的流逝。然而在城市中，人们并不能清晰地感受到四季的更迭。因此，且不说城市与自然需要维系密切的联系，绿地和树木作为四季标志的作用在这里就显得格外重要（Treib，2002）。

精神因素渗入到人与森林关系的最深处。在城市森林的规划、管理及使用中，它可以作为一种强大的工具促使社区参与其中。然而，正如本章案例所表明的，精神上的森林是复杂的森林，它将人类、林地以及树木高度个性化的因素联系在一起。这体现在很多方面，并且随着人与时间的改变而发生变化。因此，尤其要注意的是，如果缺乏对当地及个体精神的理解，通用的方法注定会失败。

第三章　恐惧的森林

　　一般来说，像本书大多数章节所显示的，城市森林是个受欢迎的地方。然而，像所有森林一样，它们也有"黑暗"的一面。琼斯和克洛克（2002）指出，"有树的地方"可能也是令人恐惧和拒斥的地方。在作家比尔·布莱森（2007，第159页）的童年时期，他生活在爱荷华州的得梅因，他是这样描绘当地森林的："森林令人不安。那里的空气十分凝重，令人窒息，充斥着不同的噪音。你可以进入森林，但可能再也出不来了。人们肯定从未考虑过如何穿越森林，因为它们实在是太大了。"

　　本章将重点关注与森林相关的其所带给人们的不同类型的恐惧，因为在古代，人类与森林的联系当中，恐惧也是一个很重要的因素。恐惧是景观的重要组成部分，也是居处（家庭、安全）和空间（未知、探险、可能不安全）张力的重要组成部分。琼斯和克洛克（2002）提到两类与森林和树林有关的恐惧：一类是林地的恐惧，它可能包含或隐藏有如不法分子、危险动物或神秘物种，而"更深的"恐惧体现在，如由于迷路所导致的恐惧。在本章的开端，将首先介绍后者，即森林的"原始"恐惧。

　　由于考虑到在荷兰的森林与大自然存在着安全性和感知安全性两种情况，范温瑟姆·威斯特和德布尔（2004）区分了社会的和个人的（不）安全。在一定程度上基于这种区别，本章部分章节将森林视为犯罪行为的现场以及"野生"自然环境下的危险地点。最后，通常缩小恐惧与愉悦之间的鸿沟在于如何管理好森林恐惧，甚至将它利用得更好。

原始森林的恐惧

　　人们总是与森林之间保持着一种爱恨交织的关系。早期，森林为人类提供了必不可少的庇护、食物、原料及灵感。然而，森林也给人类带来了各种各样的威胁。沙玛（1995，第517页）写到关于森林不同的甚至经常是模棱两可的社会意义。它们代表着两种生活状态，"散乱与光滑，黑暗与光明，田园休闲的地方与原始恐慌的地方"。

　　波蒂厄斯（2002）介绍了有关森林的民间传说和神话故事中所蕴含的丰富文化遗产，他写的关于森林传说与神话的书最早出版于1928年。许多古代神话和传说起到了警示作用，故事情节也与人们的恐惧联系在一起。在森林和树林的"神秘居民"这一章，波蒂厄斯指出，在一定程度上，森林和树林一直以来充满着神秘的色彩。从早期开始，他们一直认为，森林里遍布着"成群的奇怪生物，它们天生具有超人的能力和特性，并且它们带有一些人类的特征"（Porteous，2002，第84页）。其中一些生物是仁慈的，而其他则是恶毒的。正如第二章"精神上的森林"所显示的，它们包括仙女、小矮人、女巫、树精灵和树巨魔。神话故事——有时仍然——经常被用来"合理地"说明那些人类无法解释但给人们带来恐惧的自然现象。这些"自然现象"包括树枝断裂所发出的声音，夜晚萤火虫所发出的光亮，猫头鹰在夜间的呼叫以及其他会引发人们恐惧的现象。为了使人们能够控制住其不受欢迎的行为，神话故事通常警示人们，引发人们的恐惧感，就像米林顿在1595年《森林里的孩子》中描写的那样（Muir，2005）。

德怀尔等人（1991）描述了许多人们对于森林的恐惧都与过去相关。在古代，森林是人们安居的屏障，但这里经常隐藏着危险。森林里有各种大型野生动物，森林也可能是犯罪分子的藏身之处。当然，另一方面，正如第六章"大逃亡"所描述的，它们也可为那些或许是遭到迫害的人提供一个避难的场所。人们对森林的恐惧与古代人类的生活环境有关（例如Porteous，2002）。阿普尔顿（1996）的瞭望-庇护理论（Prospect-refuge Theory）表明，我们的祖先偏爱大草原那种半开放的景观以便于他们在此捕猎。当然，森林的边缘也很重要，因为它可以为人们提供必要的避难场所。一方面，森林深处隐藏着危险，但同时，它又为人们提供了必要的避难和藏身之处。莱曼（1999）从将森林看成是黑暗的边疆、潜伏在文明社会的边缘这一视角，解释了森林与恐惧之间的关系。作者解释说，作为探索未知世界的入口，森林边缘非常重要。通过采访德国的森林利用者——他们当中的许多人生活在城镇，利用周边的森林——表明，例如，回忆起自己的童年时期，对于被单独留在森林里，人们通常会产生相似的恐惧感。这种恐惧是一种经常会出现的状况，就像迷路时所产生的恐惧一样（图3.1）。许多流传下来的童话故事和神话传说，例如，19世纪德国格林兄弟写过的童话故事就警告人们不要（独自）走进黑暗而危险的森林。童话故事《小红帽》就是这样一个例子。很多地方的故事中都有类似的警告。而返回时的恐惧就犹如"在大树后面藏了一

图3.1　在森林里迷路并产生恐惧心理，是一个经常性的
主题（照片由摩西·谢勒（Moshe Shaler）拍摄）

个人"似的（Lehmann，1999）。莱曼对挑选出来的德国人所进行的采访表明，相当多的森林利用者认为，他们在森林里遇到的每一个人都是一个潜在的威胁。

前面我们从整体上讨论了与森林有关的原始恐惧，但是，它们也与城市森林及其使用有关。许多人主要是通过游览当地城市森林进而接触到森林景观的。例如，据估计，在瑞典游览森林的游客有超过一半人去的是城市森林（Rydberg，1998）。最近一项关于英国城镇林地使用的研究表明，原始恐惧依然存在（Jorgensen 和 Anthopoulou，2007）。与荒野包括森林环境的亲密接触能够激发思想的自由飞翔，但死亡的威胁也藏于林地使用者之中。林地通常是一种高度封闭的环境，至少与其他景观相比，这里充斥着压抑与自由两种自相矛盾的感受。那种强大、隐蔽以及超脱尘世的特征巩固着林地值得肯定的地方（参见第六章"大逃亡"和第八章"城镇的荒野一面"），但与此同时，当人们接触到林地时，它们也成为人们恐惧与不安的根源。然而，相比其他森林，城市森林更加开放，密度也更小。一部分原因，由于长期以来它发挥着休闲娱乐的功能，为不同活动提供了林地、水域及露天场地这些条件。另一个原因在于它们更加开放的结构，这是因为城市森林的规划与管理通常需要考虑安全因素。例如，人们清除灌木丛以提高森林的能见度。

罪 恶 的 森 林

尽管没有证据表明森林是个特别危险的地方，但久而久之，它们已经与各种形式的犯罪活动联系在一起。英国景观设计师及城市护林员艾伦·西姆森曾经写道，有时看起来，英国小报上报道的每一起强奸案、伤害案及其他犯罪活动似乎都与树林有着一些关系（Simson，2002；比较 Milligan 和 Bingley，2007）。莱曼（1999）也记述了森林是如何与（暴力）犯罪活动联系在一起，而这些情况一点儿也没有被媒体所披露。

许多森林恐惧并不是由森林本身引起的，而是由人类利用森林的隐蔽性及其相对偏僻所实施的犯罪行为引起的。当人们被问及他们最不喜欢大城市的哪个方面时，犯罪活动位列榜首（Gallagher，1993）。就像其他城市空地一样，城市林地也是城市社会的一面镜子，因而它也在人们讨论犯罪及预防犯罪方面起着重要的作用。城市林地为城市居民提供了大量积极的体验，但它也存在着一些不可取的活动。城市及其周边的林地和其他绿地总是受到较少的管控，因而这种"边缘化的"环境就为那些试图逃避法律制裁的人提供了可乘之机。正如丁斯和芒克（2006）所说，所有试图从事非法或半合法活动的人都将活动地点转向了城市公园（或者在这种情况下就是：城市森林），因为这里很少会有社会管制。

城市森林的历史包括了许多"犯罪组织"的例子。例如，在伦敦附近的埃平森林和汉普特斯西斯公园，当大众娱乐活动开始进行时，也会导致极端的犯罪行为比如卖淫、伤害及盗窃案件的发生（例如 A history of，1989；Muir，2005）。当伦敦市民取得在森林里的狩猎权及其他权利时，埃平森林便开启了一年一度的复活节狩猎活动。这项活动一直持续到了18世纪中叶，按照缪尔的说法，活动慢慢演变为"一场酗酒及粗暴行为的活动"（2005，第161页）。哈森（1995）指出，某些法国的森林由于排斥性、边缘化甚至暴力倾向使其口碑极差。尽管以非游客居多，但荷兰海牙的海牙森林一直到 20 世纪末还是得到了相当多负面的评价。该地区已经与毒品、卖淫、无家可归的人联系在一起。超过三分之一的城市居民表示，他们在海牙森林完全没有安全感（Anema，1999）。贝尔等人（2004）阐述了在苏格兰的城市林地，年轻人群体也存在着类似的恐惧感。

温格和泰依（2006）在美国俄勒冈州和华盛顿州的国家森林开展了一项犯罪地图的研究。作者分析的数据库包括从2003到2004年间，美国林业局管辖的土地上发生的从重罪到轻罪共计45000起犯罪案件。在两年内发生了45000起犯罪案件，听起来似乎很高，但是该项研究覆盖的总面积超过了115000平方公里。这项研究的结果表明，犯罪的高密度区域集中于——也许并不奇怪——森林附近的人口密集区和交通枢纽区。然而，必须指出的是，报告称，在人口密集区有较高的犯罪率，部分原因在于这些区域便于巡逻因而会有更多的犯罪案件被披露出来。除了伤害和贩毒这些犯罪活动外，研究者还谈到了所谓的"城市犯罪"，包括纵火、贩卖人口、黑帮活动、强奸和性侵犯、飞车枪击以及谋杀。然而，严重的罪行比如谋杀和性侵犯并不时常发生，报道中十之八九的犯罪都是"轻罪"，也就是轻微的违法行为，如小偷小摸、蓄意破坏及卖淫活动。

警方提供的发生在威尔士国家森林里的"典型"犯罪活动，带给我们类似的印象。最常见的违法行为是非法改装高速越野摩托车和四驱车、刑事损害（主要指的是蓄意破坏）、乱倒垃圾以及汽车犯罪（Forestry Commission Wales，2007）。刑事损害也位居英国迪恩森林——格洛斯特市附近一处受欢迎的休闲景观——犯罪统计榜首位（Forest of Dean Crime and Disorder Reduction Partnership，2005）。

虽然在城市森林及其他绿地会发生犯罪活动，但研究表明，在这里发生的频率要低于城市其他地区。例如，佛罗里达州盖恩斯维尔的犯罪地图表明，大多数公园并没有受到犯罪活动的困扰。较高的犯罪率出现在远离城市公园的地区（Suau和Confer，2005）。

然而，不可否认的是，有时候严重的犯罪活动确实与城市森林有关。甚至有些案件与恐怖主义有关。德国巴德尔-迈因霍夫集团的恐怖分子将武器藏在布莱梅和汉堡附近的森林中（萨克森森林），他们利用这些森林及其他树林作为藏身之地（Lehmann，1999）。最近，在英国海威科姆附近的国王森林发现了一袋用于制造炸弹的原料，挫败了恐怖分子的阴谋。据称，他们曾经设想要炸毁九或十架横跨大西洋的客机（Terror Detectives Find，2006）。

莱曼（1999）还记述了德国的森林——通常是城市森林——作为一伙盗贼和连环杀手的藏身之地，已经存在了好几个世纪，一直延续至今。历史上的一个案例就是，在整个17世纪上半叶，强盗及杀手贾斯帕·哈内布特让汉诺威的埃伦泽溏森林变得很不安全。由于战争和病虫害疫情的原因，那个时代很混乱，少有法律与秩序的约束。哈内布特便受益于这样的大环境。他更喜欢在森林的边缘攻击受害者。当哈内布特在1652年被捕时，他承认曾经犯下19起谋杀案（Fachbereich Umwelt和Stadtgrün，2004）。最近的一起案例发生在芬德森·法拜尔身上，他号称自己是"森林人"。这位曾经是警察的凶手藏在奥斯纳布吕克附近的森林里，一直到1967年才被抓获。他的罪行由于其富有传奇色彩的经历而被无限放大，导致人们出于恐惧而不敢进到森林里。

在其他国家也有犯罪分子利用城市森林和大自然作为藏身之地的情况。伦敦附近的汉普特斯西斯公园由沼泽地、开阔地和树林组成，从17世纪到19世纪它一直与"拦路抢劫"的团伙联系在一起（A history of，1989）。在20世纪初，《纽约时报》报道了一起发生在巴黎文森森林，两名妇女受到猛然袭击的案件（A Queer Crime，1901）。这起袭击案发生在一个被称为迷宫的地方，这是一处树木繁茂、十分隐蔽的地方，通常被人们称为"出没于森林，既可恶又可怜之人的庇护所。"（参阅：《妓女》，Cecil Konijnendijk）。本案增加了与之相联系的文森森林及布洛涅森林的危险性，根据该报纸报道："毫无疑问，这两处森林在天黑后会成为非常危险的地方。"

历史上的都柏林凤凰公园是一座大型城市公园，在其港口旁有几片小树林，诺兰（2006）用了整整一章记述曾经发生在这里的犯罪活动。然而，在讲述一些相当灰色的故事前，作者强调，犯罪活动一定会发生在人口聚集的地区。因此，作为城市生活一部分的城市公园或城市森林，也像城市其他地方一样会成为犯罪的高发地段。诺兰写道："从前，凤凰公园由于拦路抢劫（劫匪）而被视为极不安全的地方，当人们需要通过那里时必须寻求护卫的陪同"。一个特别危险的地方被称为所谓的屠夫森林，是一个很有名的劫匪的藏身之地。然而，屠夫森林的名字并非源于这里曾经发生过凶杀案。将屠夫一词置于森林之前，源于城市市场里的屠夫习惯聚集在树林中解决纠纷。据消息人士透露，按照惯例，屠夫往往用他们的刀具通过武斗的方式来解决这些纠纷。1882 年 5 月，在革命暴力时期，凤凰公园发生了一起著名的政治谋杀案。两位代表着英国最高统治地位的人物，首相和副首相都被革命分子刺杀身亡。在 20 世纪，发生在凤凰公园的两起谋杀案成为当时的头条新闻。一起谋杀案是，一位正在公园里进行日光浴的年轻护士被一名叫马尔科姆·麦克阿瑟的人所杀害。另一起案件发生在 1991 年，一帮盗贼暴力袭击了两名德国背包客，导致其中一人死亡。

虽然杀人犯、抢劫犯及其他犯罪分子被认为是对城市森林有害的因素，但关于他们的故事还有另外一个方面。城市森林提供的自由可能会导致犯罪活动，但也可能导致一些虽然非法，却至少在社会中能够找到支持的活动。例如，小偷和抢劫团伙挑战不得人心的中世纪统治者及其党羽，但对于那些失去传统狩猎权及公共权利的农民而言，有时，他们会以一种更加宽容的态度面对小偷和劫匪的所作所为。典型的例子便是那些传说中的或真实存在的不法之徒，例如，迪克·特平将伦敦附近的埃平森林作为自己的老巢，罗宾汉将舍伍德森林作为自己的藏身之地（例如 Schama，1995；Green，1996；Muir，2005）。有一伙沃尔瑟姆的黑人是专门捕杀鹿的偷猎者，他们搅得埃平森林很不安宁（Muir，2005）。在这些传奇人物的故事中，森林护林员及其管理者往往被称为"坏家伙"，象征着贪婪的地主（Jeanrenaud，2001）。

然而，在某些情况下，森林在民间传说和神话故事中发挥着更加积极的作用。一个人们能想到的就是《小红帽》的故事，最终还是护林员救了女主人公。现代版"护林员传奇"的故事发生在几年前的比利时瓦隆地区。当时，遭到全体国民憎恨的恋童癖及杀人犯马克·杜特斯设法逃离了监禁，但他最终还是被当地护林员史蒂法纳·米修在广阔的森林中抓获（《安特卫普新闻报》，2007）。

从文艺的角度来看，犯罪活动也能为人们带来灵感。英国摇滚乐队创世纪在 1973 年发行新专辑《用英镑出卖英格兰》，其中一首歌曲《埃平森林之战》便是以发生在埃平森林伦敦东区帮派之间的一场斗争为背景而创作的（The Battle of Epping Forest（音乐名），2007）。

根据莱曼（1999）的说法，尤其是在战争、危机、重大变革以及经济困难时期，森林将成为人们开展半合法和非法活动的特殊地区。例如，在二战结束后不久，由于存在大量的青少年和失业者，德国主要城市周边的森林变成非常危险的地方。据莱曼说，由于设置了铁幕，因而出现了所谓的"边境森林"。这些森林不仅位于两国的边境地区，而且也位于社会的边缘，因而导致各种各样的非法活动在此发生。在战争期间，森林往往成为施暴的场所，人们在这里开展大规模的屠杀活动并形成了数个万人坑，以此掩人耳目（Jones 和 Cloke，2002）。例如，在 1940 年，有多达 26000 名波兰军官、学员及其他官员被前苏联红军处决并掩埋在了斯摩棱斯克附近的卡廷森林中（Coatney（森林名），1993）。

正如都柏林的凤凰公园所显示的，紧张的政治局势也可引发人们对享用城市森林及公园时所产生的恐惧感，特别是，如果它们导致了暴力的后果。以色列耶路撒冷和平森林创建于 20 世纪 70 年代，用以纪念以色列军队在六日战争期间攻克了这座老城。尽管森林可能会导致紧张的社会情绪，但森林还是受到了所有人及各种宗教信仰的喜爱。一位《新闻周刊》的记者写道："美丽的环境似乎消除了所有暴力发生的可能性。"然而，自从 2002 年 2 月，一名犹太学生被阿拉伯青年所杀害，这里便发生了很大的变化。此次事件导致人们在使用森林时被受到限制。一方面，森林中加强了武装警卫；另一方面，减少人们在此开展休闲娱乐活动的时间（Hammer，2002）。

城市林地"罪恶的一面"妨碍了人们在此开展休闲娱乐活动。依据在英国工作的经历（Jorgensen 和 Anthopoulou，2007），城市林地被他们认为是充满危险的地方，在这里，你可能会遭到成群年轻人的恐吓以及身体或性的侵犯。恐惧的感受加上可能会遭受的侵害，使得如果有任何事情在此发生，没有人会伸出援助之手，因此导致人们不敢独自去树林。这样的情况出现在荷兰的一项研究中。位于哈勒姆哈伦麦米尔林区城市森林的游客，当被问及他们在森林里是否感到安全时，一半受访者回答说，他们在森林最稠密的地方感到不安全或不太安全（Nibbering 和 Van Geel，1993）。当被问到他们主要担心什么，大多数人说，他们感到了其他游客对他们所带来的威胁。

对于不同的森林使用者，存在着不同类型的恐惧。特别是女性，她们害怕独自进到森林里，因为她们担心自身的人身安全，尤其是害怕受到性侵犯（例如 Jorgensen 等人，2006；Berglund，2007）。一项由伯吉斯（1995）组织的，来自不同国度的 13 个女性团体，在伦敦和诺丁汉周边的林地开展森林徒步活动。这些团体的成员包括亚洲和加勒比黑人女性。在活动开始的时候，很明显，所有团体的女性都为自己身处林地而感到害怕，而这绝不是因为犯罪和安全问题。圈围起来的林地给人带来的感觉既好（使人心神宁静、远离尘世）也不好（女性会感到陷入困境或受到威胁）。这项研究表明，较之参与其中的其他女性，这些来自少数民族的女性在她们感到安全感之前需要参与一些其他更大规模的活动。

有趣的是，乔根森和安索珀鲁（2007）的研究表明，英国的老年人（超过 65 岁）比其他城市林地使用者看起来似乎不是那么害怕发生在森林里的犯罪活动。但是这些人也有他们担心的地方，这都与他们的高龄有关，如他们害怕在森林里被绊倒（又见 Burgess，1995）。

自 然 的 危 险

2006 年，荷兰小镇居民艾尔德在当地森林自然保护区遇到了一条长达 2 米的蛇，随后，他联系了当地警方。这条蛇是俄罗斯食鼠蛇，原本由人工饲养，后来它逃了出来。这种蛇没有危险，但是，人们显然被吓到了，尤其是在自然界看到大量的蛇。后来，当地每天晚上都要发布信息，名为"捕蛇手"的网站建了起来，当地动物园的员工也被请来参与捕蛇活动(Eelde Zit Met Slangen，2006)。

虽然在欧洲大多数的城市森林仅仅隐藏着非常少的自然威胁，但这个故事表明，大自然存在的危险是我们必须要面对的问题。尤其是当"野生"(也就是缺乏管理的)森林被引入到我们的城市和乡镇(参见第八章"城镇的荒野一面")。范登博格和特海耶(2004)也写道，对许多人来说，大自然对人类构成了各种各样的威胁，从动物传播各种疾病到极端天气变化。负面的经历包括，在森林中与各种野生动物(意外)相遇、与自然力量相对抗、面对势不可挡的状况——如面对广阔的森林——以及一些令人不愉快的状况。

莱曼(1999)和缪尔(2005)提到了人们对某些动物的恐惧。中世纪的人们仍然担心附近森林里藏有大型食肉动物，这是可以理解的。例如，在 1493 年，捕猎者在当地的埃伦泽溏森林里每杀死一匹狼，汉诺威市议会便会给捕猎者奖赏 25 先令(Fachbereich Umwelt 和 Stadtgrün，2004)。按照缪尔(2005)的说法，狼是最使人感到恐惧的野兽，因而它也常常出现在神话传说和童话故事中。今天，狼在瑞典等国数量的不断增长仍然会引发人们对狼的恐惧以及人与狼之间持续不断的冲突(例如 Créton，2006)。在北美，美洲狮是人们经常谈到的食肉动物，特别是随着城市化及其扩张，人们的居所更加接近这种大型猫科动物的栖息地。克罗依(1996b)讲述了发生在加利福尼亚内华达山脉的山丘，一头美洲狮攻击并杀死了一名在此慢跑的女性。这件事说明了，城市居民和食肉动物之间存在着复杂的关系，而在此期间，政府却将更多的钱用来养育美洲狮的幼崽而不是慢跑者的孩子们。虽然今天，大多数城市森林不再有大型食肉动物出没，但是，正如伯吉斯(1995)在英国的研究表明，少数民族和新移民还是将城市森林与他们自己国家的隐藏着危险动物的"野生"森林联系在一起。荷兰和德国等国家曾经讨论过有关重新引进大型食肉动物的问题，表明许多欧洲人还有着类似的担忧。

动物传播疾病也能引发人们的恐惧。蝙蝠和狐狸能够传播疾病进而对人类健康造成极大的伤害，如狂犬病。莱姆病(或者称为莱姆疏螺旋体病)及其他蜱传播性疾病的感染者也是越来越多。在 20 世纪 90 年代末，每年有 40000 到 80000 名德国人感染上莱姆病(Lehmann，1999)。感染者的人数一直在增加。莱姆病患者数量的增加导致了恐惧的蔓延，致使森林的使用大为减少。例如，北美的研究表明，虽然实际上传播疾病的扁虱从未在蒙大拿州发现过，但还是有 10% 的公众感到存在患上此类疾病的危险(Ransford，1999)。

不仅动物会对人们的健康造成危害，城市植被也会对人体健康产生负面影响，某些树木和植物产生的花粉可以引起过敏症状。例如，在瑞典，估计有三分之一的人患有某种(通常与花粉有关)过敏症(Sörensen 和 Wembling，1996)。

切尔诺贝利核电站事故的发生，对许多欧洲国家的森林造成了相当负面的影响，这意味着，由于污染的缘故人们害怕进入森林，进而强烈建议人们不要吃浆果或蘑菇。莱曼(1999)对德国森林使用者的采访显示出，那个可怕的 1986 年夏天仍然非常深刻地印在人们心中，至少到了 20 世纪 90 年代末依然如此。

另一种存在于自然与人类之间的恐惧便是森林大火。每年，媒体都会报道在地中海、加利福尼亚和澳大利亚等地，森林大火逼近城市的可怕景象。显然，靠近人们居住地的森林及其他植被，容易在旱季形成火灾隐患。此外，粗心大意的使用者或纵火犯要比其他人具有更高的引发森林火灾的可能（例如 Sieghardt 等人，2005）。从整个世界来看，城市荒野发生火灾的频率在不断增加，一定程度上应归于城市边缘地区及旅游区的不断扩张（Nowak 等人，2005；Vallejo，2005）。

从恐惧到兴奋

动物和行为不端的人所带来的恐惧以及一些与森林相关的"原始"恐惧都会妨碍人们对许多城市森林的使用，至少在现实社会中就是如此。部分城市居民完全或至少在某些日子里避免使用当地森林。对于这种情况，部分是理性的行为，部分可能是非理性的行为，人们如何克服这些恐惧？城市林业又如何能协助人们进行风险及危险管理呢（例如 Bues 和 Triebel，2004）？

当前，需着眼于应对主要由动物及其他"自然因素"所引发的恐惧。人们正在努力减少通过动物传播的疾病，如控制动物种群数量便是一项切实可行的举措。人们必须找到家门口的森林与"野生"自然之间的平衡以应对相关的风险，如不断增加的由扁虱和蚊子传播的疾病、洪水、火灾等。像北美、澳大利亚和南欧这些地方，针对"城市-荒野结合部"火灾治理的全面研究已经相当成熟。

对森林的原始恐惧以及由于在黑暗与危险的森林中迷路所产生的恐惧，我们可以采取一些行动。首先，通过提高认识、教育引导等手段帮助人们更加熟悉当地林地，可以找到自己要走的路，认识到他们的恐惧也许是非理性的。前面提到的伯吉斯（1995），参与指导许多不同种族的女性团体在森林中行走，以此激发她们享用当地森林的热情。在一位当地护林员的陪伴下，她们成群结队地行走于森林中，这样，女性们会感到更加安全。她们还说，她们注意到森林并不是一个危险的地方。她们提出了提高森林使用率的建议，包括改善标识和信息，增加地图、社区联系人以及强化森林治安。

米利根和宾利（2007）研究了年轻人与林地之间的关系，研究显示出，许多年轻人认为林地是一个可怕的地方，能够导致人的焦虑感以及产生一些不确定性的感受。年轻人表示，他们会产生受到恐吓、陷入困境或是被囚禁在森林里的感觉，特别是在密集的林地。神话传说和童话故事是强化林地恐惧的因素之一。显然，减少森林恐惧的主要群体应该是儿童，因为他们应该从小开始学习如何使用森林。在北欧国家以及其他越来越多的地区，森林学校的出现已经成为一种普遍现象，孩子们可以自由自在地在森林里学习。在这些学校，孩子们在森林里学习生物学，有时也学习其他课程（例如 O'Brien 和 Murray，2007）。在某些情况下，幼儿园被永久地建在森林里，在一天的大部分时间里孩子们都是在户外森林里玩耍（参见第十章"学习的森林"）。

在森林规划和基础设施建设方面，人们也可以有所作为。20 世纪 70 年代早期，杰弗里创造了一条新的术语"通过环境设计预防犯罪"（Crime Prevention through Environmental Design）（引自 Khurana，2006）。这个理念基于恰当的环境建设和布局，有助于抑制犯罪活动的发生以及提高社区生活质量。三条主要原则的第一条就是实施自然监控，这需要在绿地及其他公共场所增加能见度。第二条原则被称为自然出入管制，是指在一定空间内规划公众的活动路线。最后，第三条原则是领域性原则，也就是在 20 世纪 70

年代由奥斯卡·纽曼创立的"防卫空间理论"（Newman，1972）。基于这些原则，需要增加道路照明，安装标志牌，添加清晰的方向指示牌，移走小路旁的地被植物和灌木丛，等等，所有这些都能减少由于迷路和突然遇到动物或其他人所带来的恐惧。

通过在美国和加拿大的公园及休闲场所开展的一项有关犯罪活动的研究，彭德尔顿和汤普森（2000）认为，在绿地存在着一种所谓犯罪"生命周期"的现象。这一切都源于某一时期由于混乱所导致的人身威胁，进而增加的恐惧感。出现这种情况的典型表现就是街头涂鸦、破坏公物和乱扔垃圾行为的增加。如果绿地管理者不迅速采取行动改善这种状况，那么，这些行为便会存在进一步升级的风险（图 3.2）。最后，必须采取大规模行动严厉打击绿地犯罪活动，作为监护人必须要"改造"公园。

图 3.2　就像德国康斯坦茨的洛雷托森林一样，在许多城市森林，破坏公物和乱扔
垃圾是一种常见的现象。留给游客的印象便是森林是不受管理或约束的，
因而会导致恶性循环或者由于疏忽而引发犯罪（照片由作者拍摄）

这种对公园或城市森林的改造需要一个过程，包括动员当地社区参与其中以及加强社会管理与控制。缺乏控制以及缺乏相关管理部门通常被认为是引发对犯罪活动担忧的主要因素（图 3.3）。例如，一项针对荷兰阿尔克马尔胡特城市森林的研究表明，游客希望看到"森林监管员"（也就是森林管理在某种意义上的永久存在）回到森林里（Alkmaarder Houte Dupe，1992）。在美国，依据所谓的法律规定，监管员必须巡查森林，但国家林业部门缺少相关的人员（Wing 等人，2006），这意味着，我们需要找到其他管理方式，如动员当地社区。例如，当游客来到伦敦夏伊基特森林，看到在森林里有伤害或破坏行为的发生，他们可以将这些线索报告给管理者。而且，他们在报告后还可以继续追踪事件的后续进展（伦敦金融城，2007）。

针对在英国公园和绿地违反社会公德的行为，在最近的一次会议上，人们对许多问题进行了深刻的讨论（Smith，2007b）。会议讨论的焦点集中在如何应对如使用越野摩托车、

图 3.3　在伦敦的一座公园，森林管理者或执法人员的存在有助于减少人们
不安的心理感受（照片由汉内洛蕾·戈森斯拍摄）

破坏公物、卖淫、吸毒等这些行为和活动。为了"改造盲目发展的公园"，许多发言者都强调，涉及当地社区、警察、公园管理者以及其他人的合作方式是必需的。实践经验表明，通过一系列措施，犯罪活动以及由此带来的恐惧可以减少。这些提高维护水平的措施，包括清除杂草丛生的灌木林，清理可能的藏身之处以给人们带来安全感以及一旦出现街头涂鸦便立即将其清除。另外，基于创建自然区域与当地小学的融合形成更多的合作关系，重新整合当地社区，将警察、护林员、门卫、学校和家长联合起来，创建一个多机构的合作模式，以实现改善公园状况的目标。

　　然而，正如沃普勒和诺克斯（2007）在研究报告中阐述的公共场所的社会价值问题，他们认为，许多预防和减少犯罪的行动存在着逐渐变弱的趋势。人们冒着被公共领域"设计"的风险。作者认为，在历史上，这些公共场所可以接纳不同的生活方式和行为，而现在，英国政府强调公共场所的犯罪行为及其安全性，这就剥夺了这些场所的历史作用。而且，某些绿地的使用群体——可能被认为是在"滥用"绿地——因而，按照所谓的"社区"定义，他们被排除在特定群体之外，如年轻人或性工作者（另请参见 Thompson 等人，2006）。对公共场所易发生的如破坏公物或使用不当行为的防治手段，也会极大地阻碍当地特色和公共便利设施的发展。对于某些特殊情况下的城市森林，有一点必须要注意，不能使当地城市森林受到过度的"控制"以及在林间安放大量的配套设施，因为这样做会逐渐偏离许多游客喜欢的"自然"森林。

　　当地社区参与似乎对治理各种危险状况是至关重要的。针对美国城市的研究已经表明，划分区域并表现出对该片区域强烈的所有权意识，在这样的地方犯罪率将会大大降低（Newman，1972；Gallagher，1993）。琼斯和克洛克（2002）介绍了一个当地社区组织是如何"改造"英国布里斯托尔亚诺河河谷公墓的。墓地的状况逐渐恶化，引发了许多有害的"使用"——如有三个人承认曾经挖出过一具尸体——和蓄意破坏行为的发生。墓地曾经被描绘为恐怖与阴险的地方,现如今,许多女性游客来到墓地,这里已经逐渐成为户外休闲娱乐的场所。一个被称为亚诺河河谷公墓伙伴的组织已经成立,他们展开对公墓的监督与维护活动。虽然该地区的某些合法使用者开始感到被这个组织"排除在外",但这也导致了犯罪活动的减少(参见第十一章"社会的森林")。

城市森林并不只是会引发犯罪活动的发生。人们发现,有时树木和(被维护得很好的)绿地也有助于降低犯罪率。例如,郭(1998)等人在芝加哥住宅区的研究表明,密度较高的树木和维护较好的草坪有助于增强居住在这里居民的安全感。

由于其本身具有非常显著的特点,城市自然应当允许成为"野生环境的边缘",起到作为探险空间的作用,为在此玩耍和消遣的人提供一个令人兴奋与较少束缚的环境。正如第六章"大逃亡"和第八章"城镇的荒野一面"将显示的,在城市定居点,城市森林一直代表着城市的空间与前沿,能够为人们带来自由与活力,这是在城市其他地方所不能感受到的。在英国召开的一次"城市荒野景观"会议上,作为刻画荒野景观的三组核心矛盾概念被提了出来:危险与探险、自然与养育以及垃圾场与人间天堂。这里强调,对于儿童和年轻人而言,怀疑与不确定性是其成长过程中不可或缺的要素(Simson,2007b)。研究表明,针对青少年的野外和户外挑战计划有助于提升他们的自尊和自我意识(Jorgensen 等人,2006;Taylor 和 Kuo,2006)。因此,某些恐惧的感觉可以"转化"为人们对城市森林浓厚的体验兴趣(Van den Berg 和 Ter Heijne,2004)。游客惊奇于未知的森林世界,进而找到新的勇气与自信。

今天的娱乐社会是一个充满了令人兴奋的机会且让人能够充分享受自我的社会。城市森林必须争取其使用者并关注其自身的现状。一些娱乐业的企业家甚至森林管理组织已经开始迎接这个挑战,为人们在森林里提供生存游戏、迷彩漆弹游戏、角色扮演游戏、树冠步行及其他令人兴奋的休闲活动。但是,真正的城市森林探险,包括从一种更加令人愉悦的视角审视令人恐惧的森林,还有待充分发展。

第四章　富饶的森林

森林，包括城市森林，一直以来都为人类社会做出了广泛的贡献。正如琼斯和克洛克（2002，第40页）提到"工作树"，为人类提供各种各样产品和服务。本书侧重于介绍森林的文化和精神意义。例如，森林为人们提供娱乐机会，就可以被划归到城市森林的服务中。然而，想要理解城市森林更为广泛的社会文化意义，那么，了解森林产品的用途也是至关重要的。

本章首先描述了直至近代，位于城镇附近的森林对当地农民和城市贫民所给予的生活帮助。其次，对贵族及其他掌权者为满足私用而占有城市森林的行为（如狩猎）进行了讨论。森林产品在城市建设和国家发展中所起到的经济作用则是第三部分的主题。接下来考虑的重点是市政部门如何在最基本的经济层面发展城市林业。最后，针对富饶的森林成为市民森林产品的供应者这一现状展开论述。

维系生存的森林

正如第一章所言，中世纪的城市在其高城深堑内并无许多树木。即使有树木存在，大多也只是依傍着寺庙、教堂和隐蔽的私人花园而种植，如种在修道院旁。多数花园还具备明确的生产职能，因为它们蕴藏农作物和树木所生产出的果实、花卉、药品或草药。综上种种都显示了树木所蕴含的象征意义和文化关联，通常还带有宗教性质（Lawrence，2006）。

大量居住在城市附近的农民和城市贫民，都要依赖周边的森林，砍伐薪材、获取饲料并进行放牧活动。例如，缪尔（2005）提到的所谓"霍林斯"，也就是大树林中的冬青（Ilex Aquifolium L.）丛或冬青树，它们是冬季饲料的重要来源之一。在中世纪，格丹斯克居民的饮食就包括"森林的果实"（Cieslak和Biernat，1995，第25页）。城市周边的森林在生产生活中担当着重要的角色（例如 Buis，1985；Westoby，1989；Rackham，2004）。森林的利用依照习俗权利进行管理（Jeanrenaud，2001）。土地使用权是复杂的，分为土壤、木材、薪材的使用，放牧权、狩猎权等。但通常状况下，这些权利并不都由土地所有者掌握（Rackham，2004）。

雷克汉姆（2004）和缪尔（2005）描述了历史上各种类型的林地及其使用。从"原始森林"中，意味着未命名的、无主的或未得到管理的，各种带有文化色彩的森林出现了。早在中世纪，许多森林就被集中、严格地进行管理。大部分森林被改造成小树林以生产所需的产品，如支持农业发展。正如第一章"引言"所阐述的，"森林"最初作为林地牧场和国王狩猎区而被使用。森林可能树木繁茂，但也并不一定就是如此。使用权趋于多样化的公共土地，平民从没有土地的贫民变成富裕的农民。公共土地也包括"树木繁茂的公共林地"，相同的大片土地被用于种植树木和放牧（Rackham，2004）。伦敦附近的埃平森林里有很多人在放牧，那里被称为实施公共权利的典范，尽管最初它也只是一片"森林"，也就是早期的皇家狩猎场（图 4.1）。随着森林被不断开发利用，亨利一世国王（大约 1130 年）颁布了限制农民使用森林的法案，而这部法案却引发了激烈的冲突。然而，公共权力就这样被明确规定下来，而所谓的"皇室护林官"不仅为国王担当埃平森林的管理者，同时也是农民权利的守护者（Green，1996）。在中世纪，对于小社区而言，拥有当地林地十分重要。事关木材和木料的公共权利都被小心翼翼地看护着（Wiggins，1986）。

图 4.1　城市森林开始作为树木繁茂的公共林地，伦敦附近的埃平森林便是个很好的
　　　　例子。例如，这些大型的被截去树梢的古老山毛榉树，它们为平民百姓提供了
　　　　一系列建设、取暖及其他用途的木制品（照片由艾伦·西姆森拍摄）

当绝大多数人都居住在城市之外时，在真正意义上，从维系生存的角度来看，农村森林在任何时候都比城市森林要重要得多。但位于德国汉诺威的埃伦泽溏森林则是个例外，它毗邻城镇，曾被频繁地作为木材采伐地和放牧场所（Hennebo，1979）。猪以山毛榉果实作为饲料，又称为林地放猪权，是诸多森林的又一主要用途，这一点在中世纪的法律中也有所体现（Schama，1995；Rackham，2004；Baeté，2006）。林地放猪有助于除掉森林里绿色及有毒的橡实，所以它也被用来饲养牛和鹿（Muir，2005）。在上文提到的汉诺威埃伦泽溏森林中，林地放猪也显得尤为重要，在那里，橡树得以"充分释放"来提高果实产量（Wolschke-Bulmahn 和 Küster，2006）。

随着城市规模的不断扩大，它对周边森林的依赖性也与日俱增。例如，在 13 世纪，在建造德国的"双子城"柏林和科恩时，导致对建材和木柴、褥草和树脂的大量需求（Cornelius，1995）。格鲁内瓦尔德森林之类的林地被过度开发利用的情况，最早在 14 世纪就出现了。各种贵族群体及其成员拥有放牧权，这意味着他们可以在一片相对较小的森林里放养 111 匹马、624 头牛以及不少于 4000 只绵羊。

森林同样也是工业的重要发祥地之一。在整个欧洲，使用原始的方法烧木炭，剥下的树皮用于制革，玻璃厂和酿酒厂也从中获取燃料，被砍伐的木材则用来开展城市房屋建设，就这样，小规模的林地社会发展起来了（例如 Rackham，2004）。尽管这些当地社区坐落在森林里，但它们与附近的城镇也息息相关，因为城里人是他们的主要客户（Schama，1995）。

而冶金业的兴起更是大大增加了对薪材的需求，因此，森林也背负了更大的压力（Jeanrenaud，2001）。德国巴登符腾堡州森林，包括现在的弗莱堡城市森林，就承载着这种小型工业，包括以家庭为基础的玻璃工业。但是直到 19 世纪，森林依然在滋养着人们。放牧一如既往地进行着，褥草、树脂、柏油和薪材也一如既往地被开采出来（Ministerium für Ländlichen Raum Baden-württemberg，1990）。在埃平森林，农民和城市贫民不断从中获取森林产品，包括日常所需的木料和燃料、山毛榉坚果、蘑菇、桦树汁以及用于酿酒用的接骨木浆果。放牧和截取树枝更是常见的活动（Rackham，2004）。

一些周边林地的生活用途是通过城市森林的早期市政所有权进行管理的。早在 1371 年，汉诺威就是现在德国少数几个拥有森林的城市之一。例如，埃伦泽溏森林被用来生产木材和进行放牧。这里建立起了许多围墙、护城河和守卫塔，以便控制与保护埃伦泽溏森林免遭非法使用以及保护森林里的牛和鹿（Hennebo，1979；Wolschke Bulmahn 和 Küster，2006）。瑞士苏黎世也曾试过把控制权扩大到附近的森林（如基河森林），以便为城市里许多小型工业提供稳定的木材来源（Irniger，1991）。

城市森林的挪用

根据洛曼（1979，引自 Irniger，1991）的说法，直到大约 12 世纪，西欧的木材都从未出现过短缺现象。然而，随着人口的进一步增长，工业、建筑业以及燃料对木材的需求不断增长。此外，饮食需求的不断高涨也使得森林沦为开荒扩耕的受害者。而这些变化也使统治者和贵族开始担心森林被过度开发。他们对森林里的狩猎区倍加关心，而且极力保护着属于自己的木材储备。他们颁布了最早的保护措施和法规，一些狩猎森林和狩猎公园被（部分）禁止向公众开放（Jeanrenaud，2001）。正如第一章中所提到的，"森林"（在很大程度上）是为了保障国王的狩猎权而划定的区域。至于狩猎公园，只有国王恩准的贵族才有权进入（Muir，2005）。除了这两种情况，狩猎被更加严格地保护起来以防止非法狩猎及其他"滥用"行为的发生。森林的边界和安全问题被高度重视，许多庄园的法庭记录都详细记载了（往往是琐碎的）对皇家或贵族林地有所冒犯的罪行（Rackham，2004）。在英格兰，有三种侵犯森林权利的罪行被详细区分开来，这些罪行包括"猎鹿罪"（捕杀鹿）、"滥伐罪"（破坏鹿的栖息地）和"滥垦罪"，即占用部分森林以供个人使用（Rackham，2004，第 171 页）。

后来更是变本加厉，甚至连公共林地都被统治者和上层阶级据为己有，最终导致他们与当地农民和贫民之间发生了激烈的冲突。在"权力的森林"一章中将更加详细地阐述这个问题。使用权变得更加正规化。当森林变得越来越小，越来越靠近城市中心和人口密集区，它们的价值将越得到提升（Bitterlich，1967）。在许多情况下，只有那些受到精英保护的森林才有可能在城市扩张所带来的压力下幸存下来，如布拉格的皇家林地（Profous 和 Rowntree，1993；Kupka，2005）。

在 13 世纪，位于现在布鲁塞尔南部的索连森林，在一系列重刑之下，那里的森林使用变得非常规范。那里建立了专门的登记制度用以协助保护树木及控制放牧（Van Kerckhove 和 Zwaenepoel，1994；Van der Ben，2000）。而在其他地方，早在 1297 年，丹麦国王就对自由使用塔林周边的森林做出了限制（Meikar 和 Sander，2000）。

如前所述，国王和统治者的宫廷就建在靠近城镇的林地里，将林地作为广受欢迎的狩猎场。这对于城市森林的保护来说是个重要的因素。波兰的格丹斯克是波美拉尼亚王子们的住处，这些王子以及他们的近卫队和侍从在大游猎中扮演着最为重要的角色。格丹斯克附近的游猎活动最初包括猎取麋鹿、狍子、野猪、棕熊、海狸和野兔，而捕获到狼和猞猁则能获得特殊的奖杯（Cieslak 和 Biernat，1995）。像波美拉尼亚王子一样，英国亨利八世国王也是一位狂热的猎手。1543 年，他在埃平森林里建造了伊丽莎白女王狩猎屋（Slabbers 等人，1993）。当时，其他广受欢迎的皇家狩猎场还包括位于巴黎附近供法国国王使用的圣-日耳曼森林（Slabbers 等人，1993）。在如今的比利时，当时为了狩猎曾特别修建了一座"野猪园"。这需要将野猪圈禁起来，因为它们会毁坏农田（Baeté，2006）。

中世纪以后，城市森林面临的压力进一步增大。皇家森林的所有者们继续独享林地所有权，将一切"非法"使用者拒之门外（Hennebo，1979）。围墙沿着大片林地拔地而起，例如，法国巴黎附近的圣-日耳曼森林（Slabbers 等人，1993）和文森森林（Derex，1997b）以及北爱尔兰贝尔法斯特附近的贝尔瓦公园（Simon，2005）。哥本哈根附近的鹿园也被围墙封锁，实际上，早在国王克里斯蒂安五世统治期间，那里就已经限制向公众开放了（Møller，1990）。在政治动荡的 17 世纪，英国皇家公园免费向公众开放，但其中一部分仍然掌握在投机者手中。复辟之后，公园又重归皇家管理之下。一些活动仍然只被上层阶级独享。例如，国王查理一世曾下令把肯辛顿花园圈围起来，并在其中游戏行乐（Hennebo 和 Schmidt，s.a.）。

直到近代，供上层人士狩猎仍然是许多城市森林的重要用途。在"士兵国王"腓特烈·威廉一世（1713 — 1740 年）统治期间，狩猎仍然是柏林周边地区的重要活动（Cornelius，1995）。柏林蒂尔加滕公园的主要功能仍然是靠近城市的"森林狩猎区"（Nehring，1979年）。根据列克菲尔德（2006）的说法，所谓的"Hegejagd"，指的是有奖狩猎，直到 20 世纪，在德国及其他一些地区，仍然是一项精英所从事的活动。以柏林附近的绍尔夫海德地区为例，在纳粹统治时期，那里曾是赫尔曼·戈林元帅最钟爱的专属狩猎区。1973 年，在比利时佛兰德斯的水稻森林林地里隐藏着一片封闭的野猪狩猎场，后来，该狩猎场辗转到一名布鲁塞尔开发商手中。据称，他与伙伴们的狩猎派对声名远扬（Baeté，2006）。

然而，对于上流社会来说，狩猎并非城市森林的唯一用途。在中世纪末期，生产木材已经成为一些城市森林的重要用途之一。主要原因在于 14、15 世纪城市日益增长的经济需求，木材的价值水涨船高（Irniger，1991）。例如，对于格丹斯克而言，木材的出口十分重要（Cieslak 和 Biernat，1995），而在 16 世纪中叶的布拉格，住房和矿山的加速建设使得木材需求量居高不下（Profous 和 Rowntree，1993）。七年战争后，腓特烈大帝陷入了严重的财政危机之中，而柏林的木材砍伐与木材交易也都创下了新高（Cornelius，1995）。城市森林也迎合了其他商品的需求。位于荷兰布雷达的瓦尔克堡公园（也就是现在的猎鹰山），那里的林地主要供贵族狩猎和娱乐，但那里也出产蔬菜和水果（Dragt，1996）。

随着工商业阶级的兴起，一批新的活动家开始谋求自身的利益。渐渐地，资产阶级和私营企业家开始购置城市森林，既为了娱乐和声望，也为了获取木材。在工业化进程中，煤炭公司也拥有林地，例如，英国煤炭公司的木材主要用于矿山建设中的支撑梁（Wiggins，1986）。19 世纪，基于持续产量的理念，林业开发活动变得更加经济与科学。在许多国家，森林的用途被扩大到了工业领域（例如 Jeanrenaud，2001）。

在 19 世纪末，很多土地所有者开始购置并发展城市周边的森林地产，进行投资和土地投机活动。例如，在荷兰的阿纳姆市，少数名门望族乐此不疲地购置并积攒土地，用以打造大型房地产项目(Schulte 和 Schulte-van Wersch，2006)。后来，这些森林都被当地城市收购，成为广受欢迎的城市森林，如桑斯比克项目。

城市森林与社会发展

随着时间的推移，木材对于人类文明的重要性与日俱增，佩林(1989)提到，5000 多年来，几乎对于每一种社会来说，木材都是主要的燃料和建材。城市森林尤其对第一批城邦的建立及随后民族国家的建设发挥了相当重要的作用，它们提供了最方便的木材和薪材。木材主要用来建造房屋，并在一定程度上用于造船(Rackham，2004)。木材也是取暖和能量的重要来源。前面提到，基于木炭的钢铁工业已经出现。

在最早的城邦时代，木材非常珍贵。像乌鲁克和乌尔这类美索不达米亚的城市，都从当地的森林中砍伐木材(Perlin，1989)。在扩张时期，木材的需求量极高，其价值甚至接近贵重金属和石材。一种基于开发周边森林资源的城市发展模式出现了。生长在克里特岛附近克诺索斯的原始森林，被次生的柏树林所取代。古希腊城邦造船需要大量的木材，导致周边的森林被过度砍伐。雅典在伯罗奔尼撒战争中失败后，附近山脉的森林资源趋于枯竭，从而导致佩林(1989，第 93 页)描述的这种情形："在那里，曾经有狼出没，但现在，猎人甚至连一只兔子都打不到了。"砍伐森林导致水土流失，对农业生产也造成了不利影响。但与此同时，也造就了一种全新的生态意识和一系列新的法律法规。而后者对于那些仅存的、备受尊崇的小树林来说尤为重要(参见第二章"精神上的森林")。当木材和薪材都已耗尽，这些小树林里的树木就成了附近居民最后的救命稻草。

罗马及其周边一度也曾被茂密的森林所覆盖。森林为罗马的崛起提供了必要的原材料。但随着它的扩张，房屋和建筑物开始蚕食从前绿荫遍布的山丘。大面积的农业生产开始取代森林。然而，木材的需求量仍然比以往任何时候都要高，不仅仅是为了建设，浴缸制造和玻璃产业同样也需要大量的木材。诸如西塞罗等一些具有远见卓识的政治家，在参议院的辩论中表达了他们对罗马林地锐减的担忧(Perlin，1989)。普林尼详述了森林培育的原则，他提出，为了满足农民的长远需求，需要种植包括柳树在内的一系列树木。正因为如此，在罗马，树木的价值"仰仗着哲学家和偷伐者的高见，得以水涨船高"(Perlin，1989，第 120 页)。

在中世纪，尽管欧洲的城镇也在努力保护着森林(以及木材)资源，但终究还是难免重蹈罗马的覆辙(例如 Corvol，1991)。例如，威尼斯共和国，其舰队对木材资源非常依赖(Perlin，1989)。于是，国家对附近的森林强行下达禁令，所有从城北丘陵和深山上砍下的木材一律禁止出口。不过，由于当地社会持续不断的砍伐和焚烧(为了开荒种地)，禁令也只是起到了微不足道的作用。在如今的斯洛文尼亚，滥砍滥伐现象在偏远的森林地区仍然在持续。滥砍滥伐的恶果之一就是导致泻湖及城市天然港泥沙的大量淤积。

英国是另一个为了加速发展城镇而变本加厉开采森林的典型例子。林地的锐减主要归咎于人口增长带来的农业发展，这种情况一直持续到 1394 年，这一年，黑死病（鼠疫）席卷了整个英国（Rackham，2004）。然而在这之后不久，人口便又开始增长了。在伊丽莎白时代，社会对与森林相关商品的需求大量增长，包括建造房屋、家具、木桶、手推车、马车、车厢、炼铁、烧制砖瓦（Perlin，1989），同样还有航运业，尽管雷克汉姆（2004）认为，造船所需的木材相对来说并不是太多。1576 年，黑斯廷斯市长温切尔西和赖伊联名给当地的地主写了一封信，表达了对新建钢铁厂的关注。这与当地的树木砍伐关系密切。市长甚至向议会表达了他们的抱怨。1643 年，伦敦发生燃料危机，导致议会委派专员监督树木的砍伐。议会还向暂时没有薪材的伦敦人开放了那些从前属于国王的森林。议会开辟了一条 60 英里环绕伦敦的林地作为燃料供应林，将其称之为"公平游戏"。处于对木材供应的担忧，约翰·伊芙琳等人呼吁应该更好地管理和培育森林。而 1666 年发生的伦敦大火对木材的供应更是雪上加霜（Perlin，1989）。然而在当时，那些树木繁茂的森林，尤其是在城市或其周边的森林却都变成了耕地，因为这样可以填饱更多人的肚子（Rackham，2004）。

如前所述，18 世纪特别是 19 世纪的到来，进一步显示出木材生产的重要性。例如，瑞士的首都伯尔尼，号称"黑洞"，"从它们周围吞噬了大量能源和原材料"（Jeanrenaud，2001，第 19 页）。到了 1800 年，伯尔尼的 12000 名居民每年大约要消耗 50000 立方米的木材（Köchli，1997，引自 Jeanrenaud，2001）。18 世纪的巴塞尔消耗的木材更多，其薪材需求量大约为每年 12000 立方米（Haas，1797，引自 Meier，2007）。而在同一时期，格丹斯克成为木材加工与出口的中心之一。由于木材工业和港口扩建，城市附近的森林消失了。在 19 世纪后半叶，格丹斯克的木材工业在很大程度上也消失了，究其原因并不是因为供给不足（Cieslak 和 Biernat，1995；Szramka，1995）。

作为建材和取暖的来源，欧洲以外的城市森林也发挥着重要的作用。霍尔（1987）介绍了美国俄勒冈州的新兴城市波特兰对森林的利用，后来，那里成为了城市森林公园。人们利用森林里的木材作为建材与薪材，如用于渡河蒸汽船的燃料。

由于森林资源面临的压力日益沉重，国家和城市开始意识到保护森林与可持续利用原则的必要性。在工业化初期，越来越多的森林被纳入到管制之下，从而导致个人权利以及森林公共利用的减少（Hennebo，1979）。在国家日益增长的影响力下，许多"不毛之地"得到了绿化（Buis，1985）。

进入这一阶段，林业专家开始遵循林业可持续发展与合理开发的原则。例如，根据科尼利厄斯（1995）的记述，早在 1723 年，柏林就成立了"森林金融管理局"。其运营遵循这样一条原则，即归普鲁士国王所有的地区收入必须增长。而通过传统的木材贸易是绝不可能做到这一点的。但造船业的发展为锯木市场创造了广阔的发展前景。大量的木材从德国出口到荷兰等国家。在柏林，生长在快速扩张居民区附近的森林被作为木材和能源的重要来源。薪材价格的不断上涨以及对这个行业的垄断，最终被强加到苦苦捍卫自己地位的穷人头上。柏林森林产出的木材也被用于钾钙玻璃与钢铁生产。勃兰登堡选帝侯和普鲁士国王试图开创属于自己国家的炼铁生产，尽管生产出的铁往往质量不高。焦油生产也在开展着。矿物质从森林中被提取出来，不仅以木材的形式提取，而且还要不断从森林中收割褥草，以便稳定来年夏季牲畜的饲养。但是，由于柏林贫瘠的土壤，收割褥草对森林尤为有害。

城市林业的崛起

如上所述，由于木材供应的持续增长，引发了人们日益加深的担忧，进而导致城市对森林管理的干预也越来越大。森林所有权可以说为管理森林提供了一种最好的方式，而这些日益强大的干预也使得城市森林所有权进一步加强。如前所述，在欧洲，公共森林所有权具有悠久的历史，甚至可以追溯到林地公有的时代(Jeanrenaud，2001)。在某些情况下，通过赐予、购买、战争调整以及在宗教改革时期教堂被拆除，因而市政获得了森林的所有权(Hosmer，1988；Konijnendijk，1999)。

城市当局为什么要选择拥有并管理森林，这一点很容易理解。至少在铁路运输系统完善之前，住宅区对建材和薪材的需要必须得到满足。在约翰·海因里希·冯·杜能所提出的著名的土地利用模型中，让靠近城市中心的经济林成环状包围，这体现了木材短途运输路线的重要性(例如 Bues 和 Triebel，2004)。罗列特和马里(2001)描述了早在 14 世纪时，西班牙托尔托萨市的加泰罗尼亚人如何控制与管理附近山脉的松树林，尽管这些森林当时还归皇室所有。当时的森林管理十分保守且有严格的规范，其中一条强有力的武力镇压政策清楚地表明，伐木业比农业和畜牧业更为重要。

中世纪后半期，在现如今是德国和荷兰的一些城镇已经拥有了森林(Holscher，1973；Hennebo；1979，Alkmaarder Houte Dupe，1992；Meikar 和 Sander，2000)。这些城市森林包括阿尔克马尔胡特森林(阿尔克马尔)、哈伦麦米尔林区(哈勒姆)和埃伦泽溏森林(汉诺威)等。在 1371 年，封建统治者将埃伦泽溏森林转让给了汉诺威。在所谓的"赠予说明书"中规定，汉诺威市有权利，或者更准确地说有义务扩大森林面积(Fachbereich Umwelt 和 Stadtgrün，2004)。同样在德国，自从 1359 年，埃尔福特便拥有了森林，在 1434 年，纽伦堡也购置了一块公共草地，并在这里种上了酸橙树 (Konijnendijk，1999；Forrest 和 Konijnendijk，2005)。在中世纪末，弗莱堡市议会开始控制城市周边森林的使用与管理 (Brandl，1985)。除了德国与荷兰，较早实施市政森林所有权的还有斯洛文尼亚的采列市，早在 1451 年，采列市便掌控了附近森林的所有权(Hostnik，2007，私人交流)。另一个长期存在城市林业的城市是瑞士苏黎世，它掌控着附近的基河森林，而首部《苏黎世森林法》可以追溯到 1483 年(Irniger，1991)。

城市林业的兴起导致森林功能优先权的变化，从而也改变了森林管理与结构。这一点在依尼格(1991)提到基河森林时做出过说明。在中世纪下半叶，更多"城市化"的标准已经开始明确森林的使用与管理。在传统意义上，森林的主要用途是用来制造船桅及放牧的，而这些用途现已放在了次要位置，现如今，森林主要用于为城市提供木材。苏黎世的市议会宣称，他们对森林怀有浓厚的兴趣，并起草了第一部法规，还委任了护林员。例如，在1424 年，第一位"基河管理者"由市议会和一群具有影响力的公民选举产生。这位基河管理者负责确保从森林到城市的稳定木材(特别是薪材)供应。他还控制着树木的砍伐以及基河上木材的水运工作。

愈发强大的干预不可避免地导致了城市与邻近的农村社区以及城市与宗教组织之间的冲突，因为某些宗教组织直到宗教改革时仍拥有大量的森林(参见第二章"精神上的森林")。由于城市林业的崛起，其他城市及其周边的森林在形式上也发生了改变。例如，在法国，城市边缘的森林处在最早受到培育与管理的森林之中(INRA，1979)。在德国，萨尔布吕肯的萨尔煤炭森林受到传统的林业用途以及小规模的采矿活动的影响(Kowarik，2005)。

有时，城市及其他自治区设法将城市林业变成一种盈利性活动。瑞士的温特图尔市对城市森林的所有权及其管理具有悠久的历史。其森林为制造业提供了高品质的木材(Hosmer，1988)。一些德国的乡镇将每年从森林赚取的净收益用于一些公共开支，如学校、道路建设等(Hosmer，1988)。

在18世纪，特别是在19世纪，城市森林所有权变得越来越普遍，但由于战争、过度使用和缺乏管理，许多城市森林处于一种糟糕的境地(Hennebo，1979)。这种情况在欧洲很多地方的林地上出现，例如，由于市场对森林产品需求的减少，从而导致矮林作业陷入衰退。然而，当地一些存留下来的树林仍然要被用来满足当地对木材的需求(Rackham，2004)。在18世纪初，德国汉堡市议会实施了各项规章制度，试图阻止乱砍滥伐及其由此造成的森林退化。然而腐败却是造成过度砍伐、屡禁不止的原因之一。城市也在做出进一步的努力，例如，在森林遭到持续破坏后所通过的第一部森林法，提出设立林业局以及重新种植快速生长的松柏。这些努力取得了成功，在工业革命时期，作为能源和原材料的来源，汉堡森林发挥了至关重要的作用。森林的重要性日益增长；反之，这也有助于进一步扩展森林的面积(Walden，2002)。

当然，随着时间的推移，城市林业的重点也发生了改变。城市化的推进使得休闲活动出现新的要求，同时，工业化意味着，除了木材以外的燃料也开始投入使用。霍斯切尔(1973)阐明了，在欧洲的"社区森林"如何演变成人们散步或徒步旅行、滑雪或开展其他娱乐活动的场所。在历史上，许多欧洲人，特别是大城市中失地的产业工人，几乎没有什么地方可以去娱乐和放松。环绕城市的城市森林是唯一一片可以提供给人们远离城市环境，休闲放松的场所。由于欧洲的城市通常比较密集，因而人们也很容易到达周边的森林。黑斯克(1938)指出，在20世纪上半叶，城市林业优先考虑将其作为城市人口的"身心疗养所"，而不是将其作为财政收入的来源。伦敦金融城对埃平森林的管理成为一个典范。1878年，《埃平森林法案》明确了埃平森林作为公众娱乐场所的功能，并据此确认和扩展了它的娱乐用途(Layton，1985；Green，1996)。更多关于森林的休闲娱乐用途将在第六章"大逃亡"和第十一章"社会的森林"中做详细的介绍。

森林的其他用途，特别是森林服务，也已逐渐成为人们关注的焦点，如森林为人们提供饮用水以及森林对自然的保护。例如，在20世纪初，慕尼黑为了确保饮用水供应，曾购买了该市30公里以外的一块农田(Lieckfeld，2006)。该地区经过绿化，现在变成了"慕尼黑城市森林"。而维也纳的"水源保护林"则距城区更远(Ballik，1993)。在经济危机时期，森林建设和管理也被作为再就业工程。阿姆斯特丹森林公园就是如此，在大萧条时期，它为人们提供了大量的劳动岗位(Balk，1979)。城市也转向发展它们的森林及其他绿地，以此吸引投资开发、富有的纳税人及商业贸易。

久而久之，在危机时期，依靠城市森林提供资源的特殊用途重新浮出水面。在很久以前或是在不太遥远的过去，有诸多的例子表明，城市是如何依赖森林获取木材、薪材甚至饮食补给。例如，经历了多次战争，雅典附近的森林逐渐消失殆尽(Strzygowski，1967)。在第二次世界大战期间及之后，大量的木材和薪材都取自于很多城市周边的森林。一部分被当地居民所获取（为了得到薪材），而另一部分则是为战争做准备（包括战备木材以及为军事设备腾出空间而砍伐森林）。慕尼黑和柏林附近的森林就是因为这些原因而被大量砍伐（Cornelius，1995；Lieckfeld，2006）。在二战结束前夕，所谓的"饥饿的冬天"这一时期，距离阿姆斯特丹最近的阿姆斯特丹森林公园的树木有一部分被人们砍伐掉（Balk，1979）。二战期间，最著名的一场战役发生在了列宁格勒（现在的圣彼得堡）。基塔耶夫（2006）描述了这场从 1941 年持续到 1945 年的围攻战，最终导致损失了大约 10 万棵树木和 400 公顷绿地。

现如今的波黑首都萨拉热窝，在 20 世纪 90 年代曾被波斯尼亚—塞尔维亚的军队长期围困，在此期间，成千上万的树木被当做薪材而遭到砍伐（例如 Cordall，1998；图 4.2）。到第三个冬季时，这个城市已经消耗掉所有的电力和煤气。当时，报纸上曾刊登过一篇文章（Alleen Tussen de Frontlinies，1994），讲述了一个年轻的士兵冒着可能被狙击手袭击的风险，在城市周边的无人区捡拾木材的故事。位于黎巴嫩首都贝鲁特中心的赫尔施贝鲁特森林，在过去的几十年饱受战火和硝烟的洗礼。尽管每一次战后树木都会被重新种植，但炮火和过度砍伐还是对树木的生长造成了很多负面影响（Bakri，2005）。

图 4.2   在被波斯尼亚—塞尔维亚军队长期围困期间，波黑首都萨拉热窝的城市居民依靠当地森林和树木作为取暖的燃料。然而，由于狙击手和地雷的威胁，捡拾薪材其实是一件非常危险的事情（照片由作者拍摄）

在战争期间及战后，城市森林的用途还包括为人们提供饮食上的补给。例如，德国和奥地利一些城市周边的森林，在二战后都变成了食物种植园（例如 Rotenberg，1995）。根据莱曼（1999）的描述，战争一结束，德国的城市居民立即求助于城市森林，通过采食蘑菇和浆果来充饥。这影响了整整一代人，他们与森林结下了不解之缘。莱曼注意到，采食蘑菇最早并非出现在德国。战后，来自其他国家德语地区的难民和东欧移民才逐渐了解到这一习俗。

战后，森林过度砍伐的现象仍然在继续。在德国，二战后从森林里获取的薪材都被分发给了农户和难民(Lieckfeld，2006)。也是在那些年，许多德国和奥地利的城市森林仍然被过度砍伐，将其作为盟军战争赔偿(为解决战争债务)的一部分(例如 Lehmann，1999；Lieckfeld，2006)。同盟军的占领对城市森林造成了多方面的影响。一个有趣的例子是，俄罗斯军队营地附近的森林，由于狩猎活动的开展，森林承受了较低的生态压力，从而使所谓的"俄罗斯橡树"得以重生(Lieckfeld，2006)。战争中遗留下的残余物也威胁到了那些曾经受到战火猛烈攻击的地区，例如，2007 年夏天，克罗地亚的杜布罗夫尼克市及其郊区。20 世纪 90 年代巴尔干战争时遗留下来的地雷，使得随后的排雷工作倍加困难(Dubrovnik menaced by，2007)。

除了战争，其他危机也会造成森林的过度砍伐。在亚美尼亚，能源危机导致城市及城市周边的山毛榉和橡树林被过度砍伐。由于汽油的短缺，交通运输系统的瘫痪，这些都限制了薪材的正常供应。现如今，亚美尼亚的城市被严重开发、退化的森林所包围，甚至连路边的树木，如白杨树，都被纷纷砍伐(Davis，2007)。

今日的富饶森林

在本章中我们看到，城市林业的发展源于城市一直在努力保障林产品的稳定供应，特别是木材和薪材。在当今城市森林的规划和管理过程中，我们关注的重点更多是城市森林所提供的社会和环境服务。休闲娱乐、水源保护与景观美学是现代城市林业发展的主要目标(例如 Konijnendijk，1999)。在某些情况下，这些新的关注点对城市森林传统意义上的生产职能造成了强烈的冲击。日新月异的城市理念、价值观和生活方式冲击着传统的农业生产方式，其中也包括林业(Paris，1972；Otto，1998)。让勒诺(2001)描述的一个案例中就体现了城市与农村在价值观和理念上的冲突。在 19 世纪的瑞士，农村人最初将守林员视为"敌人"，因为他们被认为是代表着城市的利益。

然而，尽管对城市林业的强调侧重在社会和环境服务上，但同样地，富饶的森林仍然相当重要。例如，一份来自芬兰市政当局的调查显示，半数以上的市政森林仍然属于商业管理，强调木材生产(Löfström 等人，2006)。巴黎附近的圣-日耳曼森林，其木材生产仍然相当重要。法国国家林业局收入的重要来源就是木材，其他收入还包括捕鱼权、土地租金以及高尔夫球场所得收入(Slabbers 等人，1993)。

现代城市林业生产还可以进行高度创新。英国的米尔顿凯恩斯镇自主研发了高品质的板球拍(Konijnendijk，1998 年)。还是在英国，捷豹汽车公司赞助建设了捷豹劳恩特森林，它是在英国劳恩特镇一片胡桃林的基础上建设起来的社区森林。公司因此获得了汽车内部装潢所需的木材来源(林业委员会，2007)。

说到创新，还是回到城市森林作为能量来源的那段历史。一段时间以来，可再生能源被高度重视，作为潜在的生物能源的重要来源，森林的生物质能再一次被人们所认可。瑞士巴塞尔的森林就是这样的，在 2008 年，一座以木质燃料为热源的新厂开始运营。巴塞尔林业局已经将木质能源作为城市森林政策的关键组成部分(Meier，2007)。在德国鲁尔区，一片新的林地将被作为能源森林，成为取暖和发电的生物燃料(Lohrberg，2007)。在伦敦的克罗伊登区，从树木栽培和林地管理中产生的"树木废料"，在一个社区的树木基站里被转化为木质燃料。这个基站每年能从这些废料中生产出 1 万吨高品质的刨花(Jeanrenaud,2001；DEFRA，2007)。还是在英国，西姆森(2001b)介绍了一家位于英格兰约克郡的生物燃料厂，这家工厂 75％的生物燃料都来自于这种刨花。类似这些举措把城市森林与当地经济重新紧密联系在一起。在生产性景观规划方面，这些发展需要采取新的思路，如将不断增长的生物质能与其他森林功能结合起来(Rook，2007)。许多欧洲城市都建立了森林管理及森林产品认证组织，如森林管理委员会(Konijnendijk，1999 年)。

狩猎是城市森林的传统用途之一。事实上，正如本章所展现的，狩猎在城市森林景观的发展与保护中发挥了关键作用。从权力关系转变的视角看狩猎的重要性是第五章"权力的森林"的主题。今天，尽管狩猎已远非城市森林的主要用途，但它仍在发挥着重要作用。像英国这样高度城市化的国家，目前仍有 80 万名注册在案的猎人(FACE，2007)。而另一个城市化的国家丹麦，虽然它的总人口还不到 550 万，但仍有 18 万名猎人(Jensen 等人，1995)。许多猎人生活在城区。例如，较早的时候，在西德的一项研究发现，40％的猎人都是高收入的商人、管理者和专业人员，他们大多居住或工作在城市(Röbbel，1967)。城市森林中的狩猎活动通常被严格监控。在枫丹白露，参与狩猎活动的人数被严格控制，比如要错开旺季以及像"儿童节"这样特殊的日子(Ruffier-Reynie，1995)。在挪威，每个市政当局都有一个"狩猎委员会"，用来引导当地的狩猎活动(Bosma 和 Gaasbeek，1989)。

特别是在东欧和北欧，在城市森林里采摘浆果和蘑菇之类的活动仍然广受欢迎。虽然采摘蘑菇和浆果主要供自己食用，但还会有一些商业采摘活动。有时，餐厅会鼓励人们去采摘蘑菇。例如，哥本哈根的餐厅会定期在报纸上刊登广告让人们去采摘牛肝菌(Boletus edulisBull.:Fr.)。在英格兰，"蘑菇偷采者"在温布尔登公地的森林里进行采摘活动时曾引发过冲突。尽管那些被抓到的人极力否认，但监狱长还是怀疑他们向伦敦餐厅出售了大量偷采的蘑菇。温布尔登和帕特尼公地董事会的管理层对偷采蘑菇的行为采取零容忍政策，他们安排了大量巡逻的游骑兵并定下高额罚款(Lusher，2005)。

采摘蘑菇和浆果并不是什么生死攸关的大事，不像城市森林为人们提供生存物资时的那些苦难日子。然而，在许多发展中国家，人们仍然依赖当地的森林。处在工业化进程中的马来西亚阿依淡森林保护区便是其中一个例子。这片位于吉隆坡附近的森林正处在高速开发之下。原住民仍然不断地从森林中采摘食物和药用植物(Konijnendijk 等人，2007 年)。在欧洲，药用植物的价值也重新得到人们的重视，人们正在对各种森林产品的保健功能加以研究，这些内容详见第九章"健康的森林"。

虽然保护饮用水资源通常被认为是森林服务而非森林产品，但森林在这方面的功能还是需要强调一下。在欧洲、北美以及其他许多国家和城市都是通过治理森林来保护饮用水资源。例如，瑞士的巴塞尔市，约一半的饮用水都来自朗根埃伦的储备，这只不过是一片 94 公顷的城郊森林而已(Bader，2007)。萨拉热窝附近的波斯尼亚之泉地区也是城市饮用水的主要来源(Avdibegovic'，2003)。在某些情况下，净化水源成为植树造林计划的主要目标。例如，这一点在丹麦便得到证实，研究表明，那里的水位都低于森林，甚至更低，但水质却极高，尤其是在阔叶林中(例如 Rasmussen 和 Hansen，2003)。

尽管作为多功能的城市森林为人们提供着广泛的服务，但时至今日，木料、薪材、非木材的森林产品，例如，蘑菇、狩猎以及清洁的饮用水——富饶的森林仍然活力不减。

第五章 权力的森林

权力被定义为能控制或改变他人行为的能力（Ellefson，1992）。在传统的社会学意义上，在一种社会关系中，权力与一个人或群体维护其自身意愿的可能性相关，尽管这会受到很大的阻力（参考 Krott，2005）。这些定义似乎相当直白易懂，但是，权力是一种非常复杂的现象（例如 Mitchell，2002）。例如，福柯已证明，权力无处不在，而不仅仅是自上而下执行的（例如 Crampton 和 Elden，2006）。权力付诸行动就意味着要试图干涉他人的行为。权力经常被认为是"负面的"（例如，独裁者们将他们的意愿强加于人），但它并不一定都是压制性的，事实上，权力也可以是富有成效的。例如，如果没有权力的话，政府就会很难维护法律和秩序。福柯介绍了"生命权力"这一概念，作为这场对决的重要组成部分，它着眼于控制和监视个体的生存空间（Crampton 和 Elden，2006）。

根据缪尔（2005，第 237 页）的说法，"几个世纪以来，景观一直任人摆布并引发了人们的诸多争论"。景观对人们施加微妙的力量，引发人们广泛的情感共鸣，但很难用语言描述出来（Mitchell，2002）。雅各布斯（2004）谈到了三种不同视角下的景观，每种景观都与不同模式的现实相联系，即物质现实、社会现实与内在现实。景观的社会现实包括权力这一方面。景观可以被视为"权力景观"，它由一系列的规范所组成，要求特定社会中的成员应对景观持有敬畏之心。景观中权力的表达是通过法律、禁令、监管与控制表现出来。景观是一种权力交换的媒介，它代表或象征着权力关系，它也是一种文化权力的工具（Macnaghten 和 Urry，1998；Mitchell，2002）。

城市森林是一种权力景观。正如琼斯和克洛克（2002）、加赛德（2006）以及劳伦斯（2006）所提到的，城市森林作为文化景观和城市环境的一部分，反映出权力结构与关系的变化。作为公众话语的体现，欧洲城市的绿化一直以来都是"现代城市发展中最重要、最广泛，也最具争议性的话题之一"（Clark 和 Jauhiainen，2006，第 1 页）。绿地发展的多样性和易变性反映了政治进程的至关重要性。绿地的历史——包括城市森林——是社会关系的一面镜子（也见 Rotenberg，1995）。

权力对城市森林的建设形成非常重要的影响力，它涉及森林的所有权、生存权、规划及其利用。靠近人口密集区的城市森林看起来更容易接近以及更利于公众使用，然而，正如本章所描述的，在这方面，权力已经导致了一种扭曲的影响力。本书记述了城市森林的许多益处，但它在不同利益相关者之间并不是均匀分配的，因为那些拥有权力的人可以得到更多森林的用途与利益。城市林业史也是一部权力关系变革的历史。

目前，城市绿地（如城市森林）被认为是对所有人开放的公共空间（Dings 和 Munk，2006）。本章将证明，在这种情况出现之前，人们曾经花了相当长的时间试图达成这一点。接下来的一节将会讲到，随着时间的推移，社会精英如何将其权力施加到城市森林上。虽然将普通民众限制在城市森林之外，但在日益增长的压力之下，这也有助于保护城市森林。接下来，着眼于城市森林的军事用途及其战争后果，探究相关的权利问题。随后将介绍民主化进程与城市森林之间的联系，接着将讨论统治者和当局如何借助城市森林来提高自己的声誉（或者是城市或国家的声誉）。在最后一节，将探讨城市森林与环境正义之间的联系。

从公共林地到精英声誉

这部分将要讲到，随着时间的推移，一小部分有影响力的（精英）人士如何设法将城市森林的所有权和使用权据为己有。当我们着眼于城市绿地时，在此背景下，阶级维度一直潜在地存在着（Clark 和 Jauhiainen，2006）。正如前面章节介绍的，最初，在城市周边许多树木繁茂的地方就是所谓的公共林地，在那里，农民享有传统的使用权（例如 Westoby，1989）。然而，前面也讨论过，在欧洲历史上的大部分时间里，权力掌控着城市森林，其利用被掌控在少数精英手中，包括贵族、神职人员及富有的商人。城市森林渐渐演变为权力的象征（例如 Lawrence，1993，2006）。

当城市森林变成国王和贵族的狩猎场时，它们开始在文化和政治生活中扮演重要角色。狩猎场不仅仅给这些人提供了娱乐消遣的机会，而且提高了他们的声誉，巩固了他们的权力关系。沙玛（1995，第144至145页）在书中写到，在中世纪的英国，狩猎对于政治的重要性：“经过这么长时间，我们很难想象，一个国家占用如此广阔的领土仅仅是为了皇室的娱乐消遣……对于一个好战的国家而言，皇家狩猎的作用远不止休闲娱乐，虽然它被强制推行。非战争时期，在国王的指挥下，皇家狩猎成为当时最重要的血祭活动，以此彰显狩猎者的等级地位及其荣誉。把它描绘成一个不受宗教管控的另类场所，一点也不为过，各部族的贵族们都争先恐后地试图接近国王。”通过巴黎文森森林的历史记载，德雷（1997b，第21页）证实了狩猎是一种“彰显国王权势的方式”。让人们在餐桌上能够吃到丰盛的肉及其他食物，让更多的人能够吃好，通过这种方式，国王证明了他的权力。

在城市周边的森林，狩猎活动的日益流行也影响到了森林的利用（通常平民被逐渐驱逐出森林）以及人们对森林的看法，在本书其他部分也有类似的介绍。例如，在巴洛克时期，当人们在马背上开展狩猎活动，为了创造最佳狩猎条件，可以方便地定位，优质森林便成为狩猎场所的最佳选择。现如今，很多城市森林都有狩猎的历史，从布洛涅森林到蒂尔加滕公园，从卡斯特福萨诺到尤尔格丹岛。贵族在森林里开展不同类型的狩猎活动，从帕福斯狩猎到猎鹰捕猎。伦敦附近的夏伊基特森林的例子表明，神职人员也很享受狩猎特权。在中世纪，这片林地曾是伦敦主教的私人狩猎场（伦敦金融城，2007）。

根据科尼利厄斯（1995）的说法，狩猎是贵族巴洛克生活方式的核心。在18世纪的柏林，作为其奢华生活方式的一部分，普鲁士国王腓特烈一世在他的狩猎城堡里举办了多场狩猎活动。“选帝侯”引介了一种异域游戏，例如，将小鹿和野鸡放到他们的狩猎区，邀请一些人尤其是外国的统治者来此狩猎，以此提高声誉。1849年，柏林的格鲁内瓦尔德森林被指定为“皇家狩猎区”，并且四周完全被栅栏围了起来。当时，那里放养了超过1000只小鹿，也就是说，每公顷有超过24只动物（Cornelius，1995）。慕尼黑附近的佛斯腾里德公园作为狩猎场已长达几个世纪之久。18世纪，执政的贵族在这一地区建造了四座狩猎小屋。当巴伐利亚在1806年成为一个王国时，佛斯腾里德公园便成了国王的狩猎场。庞大而享有声望的皇家狩猎场被建造起来，例如，为了迎合来访政要如拿破仑一世的喜好而建造的狩猎场。皇家狩猎场的守护者与偷猎者之间经常会发生严重的冲突，导致双方伤亡事件的发生（Ammer 等人，1999）。

随着人口增长以及木材和农业用地需求的增加，贵族逐渐向民众开放了原本供私人享乐的狩猎场。在英格兰，早在中世纪，"森林"（作为司法术语，指的是允许国王用栅栏隔开的区域）就被国家大面积的强行占有（Schama，1995；Nail，2008）。在国王的旨意下这些区域受到严格监管，从而导致了守护者与森林里的原住民之间的冲突。此外，在战争与危机期间，国王还借助森林筹集资金。例如，为十字军东征筹集资金，英格兰查理一世就是这样做的。为了获取现金，他大面积地移除了《森林法》所管辖的森林面积，从而开放这些区域以支持住房建设与农业发展（Nail，2008）。

树木繁茂的森林与其他普通的森林同样受到《森林法》的制约，或者有时森林会被私有化。在法国，"科尔伯特的代码"（1669 年）曾导致统治者与农民之间的权力斗争，这项新政策规定，四分之一的公共林地将被留为受保护的木材（Schama，1995）。在德国，为了贵族和教会的（狩猎）享乐，所谓的"封禁林"因而被保留下来（Lieckfeld，2006）。

虽然这些狩猎区被封锁，导致大量曾经利用森林的人们被排除在外，但这种权力的表达方式也有其积极的一面。强大的保护措施有助于将这些为数不多的狩猎区保留至今。正如第六章"大逃亡"所探讨的，再后来，许多狩猎场都面向公众开放，以满足其休闲娱乐的目的，尽管一开始并不是每个人都受欢迎。当人们开展休闲娱乐活动时，较为富裕的人不想将其活动暴露于贫苦大众面前（Hennebo，1979）。

皇室、贵族和神职人员通常在城市周边拥有林地，这之后，在欧洲及其他地方，随着富商阶层的崛起，一群新兴的人士应运而生。特别是从文艺复兴时期开始，这些有影响力的商人的出现改变了传统的权力关系。他们开始追求像贵族一样的奢华生活方式，如生活在舒适的环境中，消磨休闲时光。通常在城镇，更多的是在城镇附近，树木葱郁的庄园被建造起来（例如 Kuyk，1914；Lawrence，1993）。文艺复兴时期的别墅与其周边的公园融为一体，最具代表性的，如罗马的波各赛别墅和佛罗伦萨的波波里花园（图 5.1），它们为其他庄园的建设提供了流行的设计灵感。它们具备种植园的功能，但休闲娱乐功能以及能为庄园主提高声誉是非常重要的目标。这些庄园大多不对公众开放。例如，在俄罗斯的圣彼得堡和莫斯科等地，城市附近的花园和庄园属于上层阶级，特别是将其用于休闲娱乐以及为庄园主提高声誉的目的。庄园被视为是一个"小宇宙"，它能够满足在此居住者的全部生活需要（Jansen，1995）。

虽然社会中很大一部分群体扩展了他们对城市及其周边森林和绿地的相关权力，但森林的绿化权仍然保留在相对少数的精英手中。例如，当森林成为"浪漫"的一部分，人们渴望"回归自然"时，"森林的美景"仍然独属于资产阶级（Kalaora，1981）。正如第八章"城镇的荒野一面"所展示的，精英甚至"宣称"，荒野及早期的国家公园是为他们的休闲体验而建造的（Cronon，1996b；Spirn，1996）；而只有少数工人阶级的人才有机会来到像加利福尼亚优胜美地国家公园这样的地方游览。然而，随着城市森林慢慢成为民主化运动的一部分，以前对公众封闭的森林逐渐被打开。例如，在 19 世纪中叶，法国总统（后来称之为皇帝）拿破仑三世借着自由化的大潮，席卷整个欧洲。1852 年，作为他功绩的一部分——"绿化"巴黎，创造出更多的公共绿地，拿破仑三世将布洛涅森林由一座皇家狩猎公园改造成一座拥有大片草地，具有曲径通幽的景观风格的公园（Derex，1997a；Lawrence，2006）。这项工程由阿道夫·阿尔方具体执行，在号称"完美的"豪斯曼男爵的监制下得以完成。布洛涅森林成为连接城市与宏伟的女皇大道的一座桥梁。很明显，通过这项工程，提高声誉、体现强权也是拿破仑三世的目的。作为一个新事物，该项目的部分花费是通过变卖周边翻新的森林公园而获得的。类似的改造也发生在巴黎其他地区（如文森森林）及整个欧洲。

图 5.1 文艺复兴时期的庄园，如佛罗伦萨的波波里花园，不仅为其业主提供
了一个舒适的生活环境，而且还有助于提高贵族及商人庄园主的声
誉和影响力（照片由作者拍摄）

在 19 世纪晚期，尽管许多城市森林和公园向公众开放，但由于阶级差别和盛行的权力关系，它们的使用仍然存在明显的差异。例如，游客在巴黎附近开展各种各样的"森林狩猎"活动，根据游客社会经济地位的不同，他们的活动被分配在不同的区域和不同的时间段（例如 Derex, 1997a, b）。虽然文森森林很快便发展成为一个广受人们欢迎的休闲娱乐区，但长期以来，枫丹白露一直将其休闲娱乐的核心区域只面向那些"有社会地位和有教养"的精英开放（法国农科院，1979）。然而，铁路的发展导致了某些地方的"民主化"，如枫丹白露，很快，大量的巴黎人便在周末和假期来到森林度假。但是，朗布依埃森林仍然专属皇室，供皇帝或总统狩猎之用（Widmer, 1994）。

今天，"精英城市森林"仍然存在。城市及其周边的一些森林为私人所拥有，尽管它们中的许多（至少在一定程度上）已经向公众开放，例如，由于公共援助计划需要为森林管理提供急需的资金支持而向公众开放森林。城市森林和公园是当权者最具代表性的安家之地。意大利总统居住在罗马附近的卡斯塔普斯亚诺森林公园，比利时的皇室成员居住在索尼恩森林，爱尔兰总统的住处位于都柏林的凤凰公园（例如 Konijnendijk, 1999；Nolan, 2006）。弄得拿（Lanterne），这座位于凡尔赛的狩猎小屋，是法国总理的官方住宅。而自 1870 年以来，朗布依埃城堡便成为总统府了（Connaissez-vouz les résidences, 2005）。在俄罗斯，如在莫斯科和圣彼得堡等城市周边的森林里，统治者和"新富"一直在此建造他们的新"宫殿"。

就像德国记者列克菲尔德(2006)在其备受争议的《罪恶森林》一书中所描述的那样,狩猎活动仍然与那些享用城市森林的精英有关。作者认为,上流社会的猎人和拥有话语权的德国林业专家达成默契,共同坚守精英狩猎的传统,将其纳入到"战利品狩猎"中,这是一种狩猎的形式,即拥有最大鹿角的鹿将由最重要的人所猎杀。在国家社会主义时期,陆军元帅赫尔曼·戈林大力提倡这种所谓的"Waidgerechten Jagd"。结果,这种活动对很多德国森林造成了巨大的生存压力,甚至一直持续到 20 世纪。由于这方面的原因,那种被人们普遍接受、贴近自然的森林管理政策几乎不可能实现,直到 20 世纪末,政策制定者、专家、自然保护主义者和林业工作者才发出了足够的反对声音。源自海林伽(1959)等人的文章表明,(精英)狩猎的盛行并不仅限于德国,他抱怨道,这种高级的游戏也成为荷兰林业的主要威胁。例如,阿培尔顿当局在媒体上抱怨道,将附近的森林封锁起来作为"麋鹿储备区",这就限制了公众休闲娱乐的机会。

军 事 森 林

当谈到作为权力景观的城市森林时,在城市森林的历史上,军队和军事因素的作用是如此之重要,以至于我们需要单独对其论述。例如,在中世纪,来自城市森林的木材是建造船舶和防御工事以及为战争筹措资金的重要来源。前面提到过,英国国王为战争筹措资金,竟将《森林法》规定下的领土拿出售卖。一个相关的例子便发生在海牙森林,这是一片位于荷兰海牙市的林地。在 16 世纪,统治者威廉·奥兰治试图砍伐森林,以此为针对西班牙的战争筹措资金。但海牙的地方法官和公民对此提出抗议,他们想保留对森林的使用权。之前,当西班牙人砍伐了海牙森林六分之一的橡树,以支援他们对莱顿市发动的攻击时,那片森林已经深受其害。这一次,海牙人捐助了大量的现金,甚至不惜熔化教堂的大钟以便筹措更多的资金。最终,他们成功阻止了威廉砍伐森林的意图。1576 年的《拯救法案》,也许是第一份真正意义上以书面形式实施的"城市森林公约";该法案声称,海牙森林将永久保留给当地城市及其市民。在 20 世纪中叶,当在该森林里进行开发建设的计划浮出水面,这项法案在政治辩论上又一次被人们重新提及(Ver Huëll, 1878; Anema, 1999)。

在受到围攻的时候,城市森林往往成为受害者。荷兰的另一片城市森林哈伦麦米尔林区(位于哈勒姆镇附近),成为频繁的战争活动的受害者,当地市民为此感到极度悲痛。例如,西班牙军队,为了获取建筑木材、薪材以及得到一片空旷的射击场,这片森林最终被敌军砍伐一空。然而,一次又一次,这片森林被人们重新补种(Brink, 1984)。另外,有时,防御者决定砍掉他们周边的森林。这样,敌人就不能够靠近他们,也不能设置一个更加隐蔽的射击场。在那时,对许多城市进行描绘时都会提及类似这样的一片"清除区"。

因此,不仅在战争期间,而且在革命及其他社会动荡时期,发生在城镇的战斗通常会将城市森林毁灭或者至少森林被遭到破坏。法国就有这样的例子,1789 年的法国大革命对布诺涅森林产生直接的影响,森林遭到掠夺,几乎完全被巴黎人毁掉。后来,人们又在这片森林里开展了大量的娱乐活动(Bonnaire, 1992; Derex, 1997a)。1812 年,法国军队驻扎在汉诺威,他们被命令砍伐部分森林,作为弥补还没有支付的战争赔款(Hennebo, 1979)。

当我们着眼于二战时，显而易见，军队和战争对城市森林也产生了诸多影响。就像鲍克(1979)对阿姆斯特丹森林公园的描述一样，在这场战争期间，城市森林经常被人们非法利用以获取薪材。在第四章"富饶的森林"中这样的例子更多。许多城市森林被人们用来建造军事基地和防御工事（例如 Balk，1979；Slabbers 等人，1993；Van Kerckhove 和 Zwaenepoel，1994；Cornelius，1995）。作为德国"大西洋堡垒"的一部分，德国占领军利用海牙森林发射了 V-1 和 V-2 火箭，并且在这片森林里挖了坦克壕沟(Anema，1999)。同样的大西洋堡垒也导致对荷兰布雷达附近马斯特森林的过度砍伐(Caspers，1999)。在纳粹统治时期，柏林森林的过度砍伐与长期森林计划相冲突。林业工作者的抗议只能局部性地阻止对森林的破坏(Cornelius，1995)。类似的事件可能在整个欧洲都发生过。战争结束后，许多（德国的）森林作为战争赔款的一部分而被过度砍伐。与此同时，由于存在着大量贫困及营养不良的人，其他地方的森林也遭到了严重破坏。例如，由于成千上万的炸弹袭击，在战争期间及战后，汉诺威的埃伦泽溏森林大约有三分之一遭到了严重破坏(Fachbereich Umwelt 和 Stadtgrün，2004)。

城市森林与军方之间的关系也存在积极的一面。尽管与城市森林没有太大关系，但军事技术的改进会对城市绿地的发展产生积极的影响。在 19 世纪早期，许多国家将曾经作为防御工事的城墙废弃，后来，它们通常被改造成绿地和公共散步区（例如 Van Rooijen，1990)。此外，城市森林常常被作为训练场，虽然它们的理想位置应该是靠近权力中心，但城市森林仍然为演习提供了空间以及合适的地形。例如，斯德哥尔摩的北尤尔格丹岛以往被作为军事训练，但随着新型武器的研发，这里也逐渐停用了(Nolin，2006)。在 19 世纪，威灵顿公爵利用伦敦的埃平森林训练他的军队以对抗法国(Slabbers 等人，1993)。事实上，在皇家和精英拨款的情况下，严格控制军队对城市森林的所有权有助于将森林保留至今。军事区域需要设置在城市周边，但它们被禁止改变城市森林的用途(图 5.2)。今天，大多数国防部门仍然拥有大面积的森林和自然区域，它们也靠近城市。环境和娱乐方面的因素也越来越多地被军方所重视。

图 5.2　在意大利普利亚区的林地，军事所有权对城市森林的
　　　　使用受到限制。这也有助于保护森林，如禁止随意改变土
　　　　地的用途(照片由作者拍摄)

军事与森林之间另一种积极的关系是，作为历史事件的发生地以及战争与和平的象征，城市森林在其中扮演着重要的角色。早在 17 世纪，在战争时期，荷兰布雷达的"瓦尔贝格"公园据称是和平的象征，和平谈判就是在这所公园里进行的(Dragt，1996)。1918 年 11 月 11 日，在法国的贡比涅森林，德国同法国及其协约国签订了停战协定。两列火车分别停靠在两边。一块石碑矗立在森林中，以纪念这个历史事件(Porteous，2002)。"和平森林"遍布在世界各地，如日本广岛，即第一颗原子弹的爆炸地。在 20 世纪 70 年代，以色列创建了耶路撒冷和平森林，用以庆祝在六日战争中以色列军队的卓越表现(Hammer，2002)。

有时，战争甚至会对城市森林产生积极的影响。霍斯切尔(1973)记述了在德国法兰克福城市地铁系统建设过程中，人们利用被挖掘的土壤，将城市垃圾场改造成了一个娱乐中心。这个想法出现在二战期间，当时，遭受重创的城市废墟被运出市区并被掩埋。因而形成了许多人造假山，随后，人们在上面种植树木、创建景观。考瓦里克(2005)提到，二战后，在曾经被摧毁的欧洲城市废墟上，出现了许多小林地。

莱曼(1999)描述了军事与森林之间的另一种联系。在 20 世纪 30、40 年代，军队是整个德国人的文化符号。为了与之相符，森林被视为军队中排列整齐的士兵。在纳粹时期，森林与"故乡"联系在一起。德国橡树也是一个常用的纳粹标志。德国人与森林和树木所代表的一些象征意义之间的关系，导致许多人对这种传统感到很不舒服。

城市森林与民主化

本章第一部分已经表明，在大多数时候，一小部分精英决定了城市森林及其他城市绿地的发展。但久而久之，下层阶级试图拥有对森林的所有权或者获得与公共林地相关的传统使用权。此外，他们借助城市森林及其他绿地，作为开展政治及其他抗议活动的场所。通过这种方式，城市森林充当了"集市市场"的角色。马基雅弗利说道，集市广场引发了国王的恐惧，因为这里是抗议者聚集以及革命的发源地(引自 Gadet，1992)。在许多城市森林及其他绿地，宗教和政治团体的公众集会作为权力斗争的一部分，一直是一个最具争议的问题(Reeder，2006b)。例如，英国的社会主义组织利用绿地来展现自己。埃平森林往往是举行抗议活动和政治会议的地点。像肯宁顿公地这样的露天场所，从过去作为政治集会的场所变为现在更加"文明的"公园，因而可以压制潜在的革命力量(Nail，2008)。

在英国等国家，统治者和当局也利用公共花园与绿化区来分散政治活动，例如，他们为工人提供了一个"有意义的"及放松身心的场所，以使他们度过一段休闲时光(Hennebo 和 Schmidt，南非；参见第十一章"社会的森林")。正如加赛德(2006，第 81 页)在提到伦敦时所讲到的："规划者为改善市民生活而为他们提供了露天场所，这能带来市民与自然之间令人愉悦的亲密接触，这有利于健康，也能提高社会凝聚力。它们也可以提升伦敦作为国家首都以及国际化大都市的声誉。"

森林和树木被作为或被视为政治迫害的工具。许多国家已经开展了植树活动——包括以色列和巴勒斯坦——它们都宣称对有争议的土地拥有主权。因为树木本身可以作为当地自然价值的象征，从而基于特定的地点，树木成为了个人与社会抗争的焦点(Jones 和

Cloke，2002)。在民主化进程和革命时期，树木有时具有重要的象征意义，如箭杆杨，它已成为受人尊崇的法国大革命的象征。在法语中，它的名字("Peuplier")类似于"人民(People)"一词("民众"的意思)，因此它指的是贵族将权力移交给民众(Lawrence，2006)。

然而，据说下层阶级也站出来反对精英对城市森林的占有。早期的公民与统治者之间进行权力斗争的例子，即发生在16世纪海牙森林的冲突，已经在前面介绍过了。最近的一个例子发生在19世纪的柏林，该城市的地方法官和人民反对普鲁士政府对周边城市森林的过度使用及其占有(包括格鲁内瓦德城市森林)。普鲁士政府被指控企图管理森林将其用于生产用途，甚至计划将森林出售给开发商，而市政当局和柏林人想保留森林将其作为休闲娱乐的场所。当地两家报纸，《柏林日报》和《柏林人民报》，设法征集到了3万个签名，抗议将格鲁内瓦尔德的部分森林出售给开发商(Cornelius，1995)。

在英国，有关城市森林及其他露天场所的公地之争是另一个著名的"阶级斗争"的案例，里德(2006b，还有Amati和Yokohari，2006，2007)对此进行了详细地描述。公地私有化已经持续了好几个世纪，例如，对于贵族以及随后出现的资产阶级，这样做就确保了他们自己的狩猎权及其他利益。后来，富人和庄园主为了其私人利益(通常指经济上的)，将传统意义上的(部分)公地用栅栏隔开，如伦敦附近的埃平森林和汉普特斯西斯公园。在19世纪下半叶，有关公地所引发的各种冲突皆归因于"庄园扩张"(也就是私人庄园的扩张)。1954年，伦敦人抗议将埃平森林用栅栏隔开这一行径。到目前为止，法律基于这样一种假设：开放的、未开发的土地是荒地，其经济发展应以满足公众利益为重。而将公地作为吉普赛人的避难所和持不同政见者的聚会场所，那些当权者对此状况是持怀疑态度的。

1865年，公地保护协会的成立是一个重要的转折点，以此试图改变社会对公地的认知。里德(2006b)认为，这将导致在英国出现了第一个"绿色"组织，导致小地方与大都市之间利益的相互作用。保留公地，使其摆脱经济控制和私人利益的行动有时显得非常激进，例如，公地被所谓的公众保护联盟大规模的非法入侵，同时，更多的冲突是在法庭上加以解决的。在伦敦，保留公地的观点挑战旧的观念，优先维护作为露天场所的公地，以此维护全体伦敦人的利益。例如，强大的经济组织伦敦金融城(CLC)利用其自身力量支持保留公地的主张，并对相关区域负责，如埃平森林(例如Green，1996)和汉普特斯西斯公园(A history of，1989)。人们可能想知道，像伦敦金融城这样的组织，为什么具有如此强大的经济使命关注于公地问题。按照里德(2006b)的说法，这与财政有关，也与提升自身的政治地位有关。伦敦大都会政府更多地掌控了1866年和1870年的《大都会公地法案》。

伦敦公园及露天场所委员会想让使用者能够更方便地享用公地。在英国公共公园的历史上非常强调对公园的监管。在维多利亚时期，公园被视为受控环境下的道德保护区，表现为对城市空间更多的监督与管理(Reeder，2006b；Nail，2008)。公地受到监管，使其有别于公园。通常，作为牧场的使用必须与作为城市休闲的使用保持一定的平衡。反社会行为和公众集会是不允许在公地开展的。

在城市周边露天场所的"民主化"使用方面，公地发挥着重要的作用。"伦敦的公园和公地是一处'另类的空间'，一处远离城市拥挤街道的庇护所，人们将其称为'绿岛'，甚至是'仙境'。但是，它们也由于多种状况及城市生活节奏的原因，不同年龄阶段的人将其划分成不同的活动区域。"(Reeder，2006a，第51页)。

增加公众对伦敦公共林地的使用也产生其消极的一面，从缪尔(2005，第61页)对伦敦描绘的话语中可见一斑："随着精英与贵族对林地所有权的减少，在欧洲人口最稠密的地区试图保护家门口的林地，这简直是如噩梦般的任务。"当伦敦绿化带被建设起来，阿玛蒂和横张（2007）也强调由私人土地所有者保护伦敦周边露天场所的重要性。

公地保护协会和公地保护联盟作为新的行动者，出现在城市绿地的讨论中。这些组织起到了动员及传达普通城市居民观点的作用。尽管如此，由于组织等级很高，加之专业的特权阶层及相关地方当局的参与，普通城市居民缺乏表达意见的"渠道"（Clark 和 Jauhiainen，2006）。

其他团体的行动者，如市政当局和实业家也逐渐扩展了他们对城市森林的控制权。从19世纪开始，可利用的城市绿地面向所有人开放，同时增加了对工人阶级需求的关怀，这成为行动者们关心的主要内容，这样做的结果有益于工人的健康及民众的满意。例如，在赫尔辛基，可利用的绿地恰好就在工人阶级的附近，当局对此十分关注（Clark 和 Hietala，2006）。在瑞典，爱立信和马拉伯等公司在工厂周边建造了公园，他们自己的员工以及一般民众都可以游览这些公园（Nilsson，2006a）。在向大众提供这些休闲绿地的过程中，其余的森林往往被改造为公共公园。

许多城市规定了公共绿地的最低数量标准。在前苏联及其他社会主义国家，城市规划强调面向所有民众开放公共绿地的重要性。大量的绿色建筑被建起，新的建设项目在拥有广阔绿地的公园里被建成，例如，在二战后，也就是被称为俄罗斯伟大的卫国战争结束后建起的胜利公园。像圣彼得堡和莫斯科等城市都划分出大片的"森林公园区"。不幸的是，大规模的绿化方案在被实施起来通常相当草率，没有更多考虑到可持续性以及未来的维护。人们经常以一种非常粗放的方式栽种植物，"因而新建住宅区的居民不得不在'星期六义务劳动日'和'志愿劳动日'亲自修整公园（城市居民自发的聚集在公园做修整或清洁工作——通常是在星期六或星期天，因此而得名。）"（Anan'ich 和 Kobak，2006，第267页）。

利益集团与社区团体也继续扩大他们在有关城市森林决策过程中的影响力。沃伊斯克-乌尔曼和库斯特（2006）描述了公众参与汉诺威埃伦泽溏森林管理的进程，在20世纪50年代，他们成立了一个特别顾问委员会。在过去的50年，这个委员会向市政当局和森林管理者提出了各种各样的建议。此外，当"新的道路"中噪音、新房子等威胁到森林时，他们也会发出他们强有力的呼吁。今天，许多其他的城市森林都形成了自己的"用户委员会"或"朋友"组织。荷兰布雷达的马斯特森林朋友组织，成功抵制了由国家林业局发起的某些造林活动（这一机构负责管理马斯特森林）。随后，他们的合作便更具有建设性，该"朋友"组织也参与了森林管理的几个方面（Caspers，1999）。仍然是在荷兰，阿纳姆的桑斯比克朋友组织促进了城市信息与环保意识活动的发展，如通过其信息专刊传播他们的理念（L. Broer，2007，私人交流）。

城市森林与城市形象

从本章的一开始，我们就已经看到，声誉一直是城市森林及其他绿地发展的一个重要因素。国王、贵族及其他当权者的威望通过狩猎区、美化宏大的绿化项目及其方案而体现出来——罗滕贝格（1995）对维也纳的描述。统治者以及后来的市政府都热衷于创建具有吸引力、享有盛誉的城市环境，以此提升其地位，增强其权利，同时吸引有钱的纳税人与企业。在 19 世纪 60 年代，布鲁塞尔市长朱尔斯·安斯帕克将优雅的路易斯林荫大道从布鲁塞尔延伸到了坎布雷公园，这绝对是他真切的想法。而且，坎布雷公园本身也给予年轻的比利时首都这片享有盛誉的绿地，人们可以在这里骑车、乘车游览（Van der Ben，2000）。这非常类似于现在的当局，如哥本哈根大都会政府的想法，他们国家的目标是将城市区域打造成"欧洲最好的休闲景观"（HUR，2005）。在一个全球化不断增强的时代，经济竞争与政治关注不仅体现在国家之间，并且越来越具有国际化的趋势（Clark 和 Jauhiainen，2006）。一个广泛的绿色构架有助于提升城市的地位，吸引更多的政治与经济关注（例如Levent 和 Nijkamp，2004）。而城市森林便是具有吸引力、享有盛誉的绿色构架的一个重要组成部分。

在伯格斯（2000）那篇关于后工业化城市公共空间作用的文章中，他提出了一个有趣的观点，即城市森林及其他绿地能够为城市带来"声誉"。根据他的说法，有几种主要"类型"的公共空间。"直立空间"（Erected Space）关注于具有经济和行政效能的景观。其地位和声誉集中体现在建筑的风格与设计上，市政管理和商业部门对这样的建筑感兴趣。在此可以举办国际性的活动。"表现空间"（Displayed Space）与具有吸引力和诱惑力的景观有关。它能够带动城市商贸的发展，在最广泛的意义上，它能够刺激城市娱乐业的发展。公共空间可以作为人们聚会的场所，特别是对于城市单身一族而言。城市的发展越来越像游乐园——想一想科特金（2005）在第一章所提到的"短暂的城市"。"兴奋空间"（Exalted Space）是一种最能给人们带来娱乐与狂喜，令人兴奋的景观。不同的公园及其他空间为人们带来各种各样的感官愉悦。兴奋空间这样的场合还被允许在向对手示威以及进行彰显团结的仪式（想一想当地的足球场）。最后一种是"展示空间"（Exhibited Space），它提供给我们值得思考、增长知识的景观。随着博物馆边界的逐渐消退，整个城市将变为一座博物馆。其重点是文化产品、复合式建筑群以及民居的保留，这些都是作为旅游城市的标志。部分城市空间将会被登记在册，变成所谓的"木乃伊"，成为受保护的对象。

19 世纪，市政当局和私人投机者开始认识到城市森林等绿地的经济价值。新房子拔地而起，由于这些房子建在绿地或其附近，因而价格很贵，但也吸引了很多有钱人（和纳税人）。例如，在世纪之交时，柏林格鲁内瓦尔德森林的大部分地区被用来建房子。城市东部边缘的村庄后来被并入柏林。维拉公园被建在了靠近水域最好的位置（Slabbers 等人，1993）。在 19 世纪的圣彼得堡，许多有钱的市民、艺术家和作家在城市北部的森林里建起了"达恰"（避暑别墅）（Jansen，1995）。阿纳姆的部分森林公园也被用来建造新房子（Kuyk，1914），巴黎的城市森林，像文森森林（例如 Derex，1997b）和圣-日耳曼森林也是如此。对于后者，其西部边缘地区是预留给拉菲特城堡的，人们计划在森林中建造具有巴洛克风格的建筑（Slabbers 等人，1993）。在 19 世纪，首先关注保护伦敦汉普斯特斯公园的人主要是居住在这里的庄园及房屋所有者，他们想保持一个宜人的周边环境以确保房产保值（A history of，1989）。

但是，人们不仅在（局部的）森林和绿地建造了住房，市政当局注意到，迷人的绿地也有助于留住或吸引市民。在 19 世纪的荷兰布雷达，市政当局不惜成本将猎鹰山森林公园改造成一座城市公园，使其成为一颗真正的"城市宝石"（Dragt，1996）。更多的城市森林也经历了类似的转变，它们被重新设计，改造成公共娱乐活动中心。

今天，当决定在一个新的地区立足时，很多企业会考虑当地的环境因素。在被挑选出来的英国城镇，对其新城市公园发展的分析表明，随着当地环境变得更加绿化和更具吸引力，当地商业及其发展将获得极大地提升（CABE Space，2005）。位于荷兰"绿色"商业公园的公司，对其管理者所进行的采访表明，本地化选择往往受到具有吸引力的绿色环境的影响（Böttcher，2001）。管理者认为，面对消费者、当地居民和市民，绿色环境代表着产品的高品质与企业的良好形象。此外，周边绿地也会对身处其中的人产生积极的影响（参见第九章"健康的森林"）。在中国，对公司而言，良好的投资环境似乎与良好的人居环境密切相关。在包括人均绿地面积等环境指标方面，如果得分较高的话，就意味着该城市将会具备更好的投资环境（Dollar，2006）。零售业也会受到环境的影响。沃尔夫（例如2003）在其论著中表明，在美国，如果商业区的绿化工作做得更好一些，它会吸引更多的人到这里来。

然而，树木和森林不仅有利于商业活动。在创建良好的生活与工作环境过程中，城市森林和公园的作用已经从经济学的角度被量化，例如，路提克（2000）、英国建筑与建成环境委员会（2005）、英国国家城市林业单位（2005）和都都瓦爱伦（2005）等。绿地对周边房价会产生很大的影响。人们认为，如果买房子，附近是否有绿地将是一个很重要的因素，其他因素还包括如周边学校、购物环境、公共交通以及不同房子的特点（例如Van Herzele 和Wiedemann，2003）。在北美和英国的研究表明，拥有大树的房产，其价格将比其他房产价格高5％至18％（NUFU，2005）。最新的一项研究发现，在荷兰，拥有公园、水域及开放景观的房产，其价格溢价在4.5％至15％之间（Gerritsen等人，2004）。据都都瓦爱伦（1999）的调查显示，此种情况也会使芬兰城市的房价增高几个百分点甚至更多。这些效果非常显著，在英国，人们发现，与新的城市公园接壤的房产，其价格溢价甚至高达34％（CABE Space，2005）。然而，价格溢价在各地都不一样，取决于当地的具体情况。

一个非常有趣的例子就是博德煤矿，这是曾经的一座矿区，位于英格兰默西赛德郡圣海伦斯火山边缘，在20世纪80年代人们停止了开采，但它也成为一片伤痕累累、严重退化的区域。然而，在默西河森林和圣海伦斯火山原有的基础上，人们在这片区域植树造林、美化景观，并且建造了超过500座新房子。结果，该地区再次受到民众的欢迎，导致房价大幅上涨。在林业委员会的一份报告中，所谓的区域评估师宣称，在2004年，由于这片社区林地的"便捷性与独特性"，至少将现有周边地区的房产价值增加了1500万英镑（区域评估师报告，2004）。

在特定的城市文化与形象下，城市森林也可以扮演一种特殊角色（图5.3），就像中央公园有助于人们识别出纽约一样（Treib，2002）。一个良好的城市形象可以使城市更具竞争力，从而有助于扩大其政治和经济影响力。斯德哥尔摩的尤尔格丹岛位于首都的中心，代表着一种典型的瑞典乡村景观，在19世纪和20世纪初，此景观甚至有助于提升其国家形象（Nolin，2006）。

由于休闲经济的崛起，对许多城市而言，旅游业变得越来越重要了（Jansen-Verbeke，2002）。森林和绿地有助于促进旅游业的发展，它们作为主要的景点，或者更普遍的是作为具有吸引力的"环境"或背景而存在。早在1929年，斯德哥尔摩旅游指南便强调城市环境的吸引力，包括北尤尔格丹岛，那里的大自然彰显出它的美丽（Nilsson，2006a）。从1936年开始，赫尔辛基城市指南也强调城市"绿色形象"的重要性。它拥有众多的公园和种植园，海风微微吹过，使得赫尔辛基成为一处真正的疗养胜地（Lento，2006）。巴西贝伦的亚马逊公园是一个占地面积约 7600 公顷的森林公园，它靠近一座 100 万人口的城市。作为通往亚马逊河的大通道，这个热带森林公园的主要发展目标便是吸引更多的游客前来旅游（贝伦亚马逊公园，2006）。旅游业的相关部门已经开始利用城市绿地的一些积极因素。例如，在苏黎世，位于公园里并带有迷人景观的酒店客房往往最先被预订。此外，它们的租金要比平均价格高出 20％（Lange 和 Schaeffer，2001）。在某些情况下，绿地管理组织在其领域内也直接受益于商业休闲活动和旅游业。

图 5.3　位于柏林中心的蒂尔加滕公园为这座城市及其统治者提供了一片享有盛誉的良好环境。就像柏林其他地标一样，如蒂尔加滕公园的勃兰登堡门已成为城市身份与魅力的一部分（照片由作者拍摄）

旅游业和城市营销受益于城市森林及公园里举办的各类型活动。在城市公园和森林里可以开展包括从游戏和体育竞赛到展览、节庆、聚会以及音乐会等各种活动。在聚会和演唱会期间，德国城市公园能够吸引多达 25000 名参与者（Gehrke，2001）。有些活动的主题会与绿地有关，但通常大多数活动都与绿地无关。

通过绿地，城市营销可以采取多种形式。例如，城市可以致力于发展受国内或国际认可的绿地与自然环境。城市森林也可以被列入到森林管理委员会之类所提出的森林管理认证计划中（Konijnendijk，1999）。国家城市公园已经纷纷建起，如在斯德哥尔摩（尤尔格丹岛）和芬兰的海门林纳（例如 Schantz，2006）等城市——参见第十三章"未来的森林"可以获取到更多的信息。对国家具有重要意义的"普通的"国家公园或自然保护区也被人们在城市内部或城市郊外开发出来，如伦敦、萨拉热窝、维也纳、华沙和莫斯科这些城市。林地是这些公园的重要组成部分。维也纳附近的维内尔瓦尔德森林被联合国教科文组织授予生物圈保护区的称号（Umweltdachverband für das Biosphärenpark Wienerwald Management 和 Österreichische UNESCO Kommission 2006）。

在某些情况下，城市可以利用它们与森林长久以来的联系作为营销的机会（例如 Konijnendijk 和 Flemish Forest Organisation，2001）。许多城镇的名字都与森林有关，如荷兰城市斯格瑞温哈根（意思是木头的数量，现在的海牙）和斯海尔托亨博斯（意思是公爵的森林，现在的登博斯）。费（2007）的一项研究表明，美国大量的地名与树木和森林有关。例如，Pinegrove 或 Pine Grove（松树林）在美国地名中出现了超过 1500 次。在城市，总共有超过 36000 个地名明显与 19 个树种或种群相关。

城市森林与环境正义

根据迪·奇罗（1996）的说法，环境问题通常由穷人和被边缘化的人来承担。在本章我们已经看到，精英能够扩展他们凌驾于他人之上的权力，同样的情况也出现在城市森林问题上。例如，为了解决城区生活缺乏乐趣的问题，他们宣称，城市森林或者至少一部分应归他们使用。城市森林为他们提供了空间、和睦、宁静以及新鲜的空气，他们有机会远离大量的工人阶级劳动者，以使得他们的生活有别于其他人。迪·奇罗还提到了自然保护组织如何受到人们的批评，偏向社会的一部分人群（精英、中产阶级）。这种行为导致社会部分人群的不满。精英的概念已变成了一种压迫的工具。村民和农民被赶出森林，森林成了精英的狩猎庄园。今天仍然是这种情况，如生活在北美城市中的少数民族。

对于特定情况下的城市森林（即树木占据城市植被的主导地位，包括城市森林），海嫩等人（2006）指出，在美国和西欧，虽然城市贫困人口和少数族裔居住在拥有城市森林的城市，但其生活质量不高，这意味着在他们生活和工作的地方缺乏绿地（参见 Barbosa 等人，2007 在英国谢菲尔德的案例）。这种观点也得到了康韦和乌尔巴尼（2007）的认可，在一个国家，贫穷地区往往和糟糕的植被状况联系在一起。在南非，麦克康纳彻等人（2008）发现，在城镇的富裕地区，通常拥有数量更多、品质更高的绿地以及多样性的木本植物。而在贫困人口居住的地方，往往由于缺乏资金来源而不能改善其城市森林的状况，因而他们强调公共政策和行动的必要性，以确保在同一个城市能够平等地享用城市森林资源。

正如本书其他部分显示出的，在城市林业及其他方面，社区参与当地环境问题，对实现环境正义至关重要。迪·奇罗（1996）指出，如果我们想保持或创造出一个宜居的城市，社会与生态的可持续性应齐头并进。

然而，随着新边界的划定，社区参与也受制于其权力维度。社区出于好意，努力保护"他们的"城市森林或绿地，常常批评"那些当权者"没有充分考虑社区的愿望，但这种做法可能会适得其反。琼斯和克洛克（2002）介绍了林木繁茂的布里斯托尔阿诺谷公墓的情况。当地成立了一家社区组织，防止人们进一步破坏已经破败不堪的公墓，部分原因在于当地缺乏监督管理与社会管制，犯罪和破坏活动十分猖獗。该社区组织在这里安装了一套监控设施，结果使得来到此地的其他游客感到自己似乎不受欢迎。权力与道德的弦外之音被牵连进去了。

对于年轻人的行为，汤普森等人（2006）提到了公众的态度，年轻人的所作所为将导致他们被边缘化并受到社会的排斥，在林地使用方面也是如此。当被问及在"野外探险空间"开展活动所遇到的困难时，这些年轻人自己也指出，对其他青少年及帮派的恐惧是他们遇到的最大困难。

　　这些例子表明，权力关系在现代城市林业中仍然非常重要。例如，它们会影响到社会成员对城市森林的可利用程度。并不是所有居民都有平等的机会去享用城市森林，如用于娱乐目的。这是有问题的，因为这会影响到人们的生活质量与健康（参见第九章"健康的森林"）。另一方面，当地居民一直宣称他们所拥有的权利，试图通过各种努力，使其更具影响力，能够参与到对城市森林的决策中。在第十一章"社会的森林"一章中，将对更具参与性的规划和管理做出详尽的讨论。有时，这些努力也会导致冲突的发生，在第十二章"冲突的森林"一章中会有相应的介绍。

第六章　大　逃　亡

　　城市森林在城市社会中一直是一个相当特殊的地方。一方面，它们是城市社会不可分割的一部分；另一方面，它们提供了——至少在感觉上——一种逃避与后退的可能性。与途安(2007)在第一章"引言"中表达的观点相区别，城市森林既是安全、熟悉的"居处"，又是变化莫测、令人兴奋的"空间"。

　　在本章，城市森林是以一种城市日常生活的"解药"，与城市其他要素相对应的形象出现的。本章将着眼于城市森林作为(休闲娱乐)逃避的地方为何变得如此受人们欢迎，以及随着社会的发展，城市森林为人们提供更大范围的活动场所以致广受欢迎的原因。城市森林为我们提供了一扇"世界之窗"，人们可以通过城市森林，了解世界其他地方或过往岁月里的植物、动物、人类与文化。随着时间的推移，森林中的休闲活动已经改变，从步行和较为稳重的自然体验(现在仍然非常流行)到更广泛的休闲活动，包括更加冒险的活动。我们的城镇是由许多不同的人所组成，显然，这些人对于城市森林的使用都有着不同的偏好。他们都有自己对待大逃亡的方式。本章的最后一部分将着重介绍作为终极逃离地的城市森林，也就是说，这片领域——至少部分地——超越法律和城市的控制。

城 市 的 解 药

　　城市森林是一种有趣的，也许看起来又有点自相矛盾的现象。城市和森林常常被描述为既是一个统一体但又相互对立。森林中诞生了文明，而文明反过来又将森林砍伐一空(Tuan，2007)。在《森林：文明的阴影》一书中，哈里森(1992)讨论了森林与文明之间的复杂关系。最初，只有野生森林，它也被人们描写为"荒原"和野蛮的自然(INRA，1979)。哈里森论述了，随着森林不断被砍伐，文明开始崛起。当文明走向成熟，更大规模的砍伐活动开始了(城市可以被视为终极"砍伐者")，森林被推向了灭绝的边缘。如今，作为文明的源头(参见第四章"富饶的森林")，作为知识的来源(参见第十章"学习的森林")以及作为艺术家、诗人和大众灵感的来源(参见第七章"艺术品")，森林仍然继续发挥着重要的作用。因为森林为我们提供了"逃离"现代文明，探索人性根源的条件，这样，森林总是能够为熙熙攘攘的城市提供一种解药。一方面，它们能够为人们提供一些非常不同的东西；另一方面，它们仍然是彰显城市文明的一部分。从这个角度来看，处于城市边缘的森林既是城市的一部分，同时又置于城市之外，仍然发挥着"边界"区域的重要作用(Thomas，1990)。

　　拉斯和艾弗森(2003)指出，在现代社会，大自然有两个重要的作用。首先，它是(或应该是)日常生活显而易见的一部分。其次，对于人们不平凡的经历，无论如何大自然应该是一个贡献者。这与文献中表达的观点相一致，人们更愿意景观能够靠近他们的家，但是，他们也需要"野生的"绿地能够靠近他们的住处，包括林地(Jorgensen 等人，2006)。在当今城市化的社会中，大自然已成为人们玩耍和休闲以及逃离常规日常生活的舞台（White，1996）。

乔根森和安多波罗（2007）也讨论了城镇周边林地的复杂作用。对人们而言，林地可以是另一个世界，可以是童年时期搭建的小狗窝，也可以是林地花园。它们与精神和超越联系在了一起（参见第二章"精神上的森林"）。林地通常具有高度封闭的环境，因而可以为人们带来压抑与自由这样两种完全相反的精神感受。它们可以唤起人类与自然之间"无限亲密"的感受（Bachelard，1958，引自 Jorgensen 和 Anthopoulou，2007）。通过对 20 位丹麦森林使用者的采访，奥斯哲（2007）发现，森林的确被认为是城市的解药、文明及其发展的源头。尽管如此，人们还是需要继续在森林中寻找一定数量的"文明"，就像其他游客期望受到尊重一样。森林被视为与城市分离并可以为人们减压的地方。森林中"不受控制的"体验对于到达这里试图"逃避"的人而言至关重要。

人们会感激城市森林所提供的——至少在某种程度上——这种"差异性"，即提供自由以及逃离日常城市生活的机会。另外，它们也扮演着某种集贸市场的角色（参见第十一章"社会的森林"），这里成为城市居民聚集、集会和社交的场所。虽然它们并不像"城市的"城市广场或城市公园，但不可否认，城市森林仍然是城市环境与城市生活的一部分。尤其是在人们居住地附近的一些森林，非常类似城市公园，发挥着同样的作用。卡德（1992）的研究表明，它们的功能变得与阿姆斯特丹市中心公园非常相似，他发现，人们对森林更短时间、更具活力的利用变得越来越流行。典型的活动包括短暂的步行、遛狗、吃午饭、回家的路上骑行穿过公园以及绝不在这里会友或关注其他人。例如，阿姆斯特丹市中心的冯德尔公园作为一个聚集点，特别受到城市单身者的欢迎。

树木繁茂的地区还可以为人们提供一个长时间远离城市的地方。例如，在 19 世纪，纽约的中产阶级从市中心搬了出来，在城市边缘建造了具有吸引力的绿色"村庄"。但是，随着城市的不断发展，这些绿色社区很快便被城市吞没，"不安的翅膀飞向北方"，这些社区便继续迁往更加远离市中心的地方（Hiss，1990，第 179 至 180 页）。

娱 乐 与 享 受

与其他人在热闹的森林草地上享受闲暇时光或是独自一人穿越黑暗的原始森林，在大多数城市森林中都是可以实现的。娱乐与享受对于大逃亡来说极为重要。

有时候，城市森林被人们描述为最古老的娱乐场所，就像荷兰的哈伦麦米尔林区一样，这是一片位于哈勒姆的森林（Brink，1984）。在中世纪，德国及其他国家的公众休闲和花园生活（也就是一些消磨时间的活动）通常是在城市外面开展（Hennebo，1979）。因为在有围墙的城市，公共绿地非常有限。

在中世纪，特别是从文艺复兴时期开始，城市森林逐渐开始成为"娱乐中心"。它们为人们提供在此狩猎以及开展其他活动的条件。在 17 世纪，随着商人阶层的崛起，他们需要运动、比赛以及户外社交的机会，一个全新的、精英有闲阶级便出现了（Van Rooijen，1990；Lawrence，1993）。

例如，16 世纪，亨利三世伯爵（亨里克三世）建造了荷兰布雷达的瓦尔克堡公园（现在的瓦尔肯堡，也就是猎鹰山）。亨里克受到旅途中所见到的文艺复兴风格的影响。17 世纪早期的瓦尔克堡雕刻工艺显示出装饰与娱乐元素，如花坛、蓓尔美尔街、明星森林、玫瑰园和钓鱼塘。除了供生产之用，林地公园显然是作为消遣之用的，为人们提供各种各样的风景地貌和休闲体验(Dragt，1996)。

早期，市中心及周边自然区域的主要景点并不包括森林。最初(16世纪)来到枫丹白露的游客并不去参观黑暗、危险的森林，而是去欣赏当地城堡或是参加纪念活动(Kalaora，1981)。1681年，人们在汉诺威的埃伦泽溏森林建成了第一家"森林酒店"，随后便是酒店休闲娱乐设施的进一步完善(Hennebo，1979)。甚至在19世纪，来到伦敦汉普特斯西斯公园的游客似乎对令人愉悦的花园、旅馆和展会更感兴趣，而不是西斯的风景(A history of，1989)。

从17世纪末到18世纪早期，许多城市森林和林地公园——过去通常为贵族所拥有，并作为他们的狩猎场——现在则成为人们逃离城市，开展休闲娱乐活动的地方，非常受人们欢迎。例如，维也纳的普拉特公园，这是一个皇室最喜欢的狩猎场，在1766年终于向维也纳市民开放。然而，相对于"普通"人众，仍然有些地方仅面向上流社会人士开放(Buchinger，1967)。尤尔格丹岛是斯德哥尔摩曾经的一座皇家狩猎场，最终在18世纪归公众所有。但是在早期，它已经拥有许多娱乐设施、旅馆和咖啡馆以及大量的私人房产(Nolin，2006)。

在工业化时期，也就是19世纪后期，对大多数欧洲国家而言，现代意义的休闲概念涌现出来。与之相关的是分配时间的新方式以及工作观念的改变，赋予休闲活动一种"新鲜的"社会意义(Myerscough，1974)。不再是只有一个(富裕的)有闲阶级，而是整个社会开始发展成为一个"休闲社会"(Fairbrother，1972，第43页)。提供公共休闲场所成为私人和公共部门的一项任务。通常(从前)归皇家或私人所有的绿地，通过他们的努力现在得以保存下来(图6.1)。

在1849年的法国，当铁路从首都直达森林，枫丹白露便成为真正的"巴黎大道"(INRA，1979)——尽管它距离巴黎有60公里。卡劳拉(1981)谈到，"快乐火车"将成千上万的巴黎人带到了森林。巴黎的皇家狩猎场也成为非常受游客欢迎的地方。尤其是在星期天和节假日，如布洛涅森林会吸引很多游客的到来(Derex，1997a)。但是，由于长时间的工作和有限的流动性这些原因，仍然有许多人缺乏同样的休闲机会(Hennebo，1979)。正如在第五章"权力的森林"中所提到的，以前的狩猎场都属于私人所有。文森森林是一个满足普通百姓聚会的场所，布洛涅森林由于其更加世俗因而吸引了资产阶级的关注。而枫丹白露是一个适合休闲社交、培育社会精英的场所。因此，根据人们社会经济地位的不同，他们被划分在不同的区域，而这种状况是通过社会调控得以实现的(INRA，1979；Derex，1997a，b)。

1860年，汉普特斯西斯公园拥有了自己的火车站。再加上1871年推出的《英国银行假期法案》，这意味着公众假期的增加，有利于人们去绿地游玩，这最终导致工人阶级休闲娱乐活动的剧增。在有些日子，每天有多达5万人游览西斯公园(A history of，1989)。在1820年到1978年间，伦敦的埃平森林成为越来越重要的公共绿地。狩猎、展览会和体育运动仍然受到民众的广泛欢迎。位于该地区的庄园所有者决定用栅栏围住他们的土地，这导致庄园主与前来游览的民众爆发了激烈的冲突(Slabbers等人，1993)。

图 6.1　在 19 世纪的欧洲，城市森林的休闲游变得非常流行。吸引游客的项目包括乘坐马车。游览萨拉热窝附近的波斯尼亚之泉公园的游客也能享受到这种快乐（照片由作者拍摄）

　　在 19 世纪末，柏林的森林对于休闲娱乐活动来说开始变得越来越重要。在巴黎和伦敦，娱乐活动刺激了铁路网的发展。在 1849 年，格鲁内瓦尔德森林仍然是一个完全封闭的"皇家狩猎保护区"。直到 20 世纪初，它的公共娱乐功能仍然十分有限(Cornelius, 1995)。柏林也是如此，1844 年，在弗雷德里克二世古老的雉鸡苑原址，随着一座新动物园的对外开放，蒂尔加滕公园的休闲娱乐设施才得到进一步完善(Nehring, 1979)。19 世纪波兰的格但斯克，城市周边的短途旅行变得非常受"有产阶级"的欢迎。人们在城门口购票，乘坐马车和驳船，然后再乘火车出游(Cieslak 和 Biernat, 1995)。

　　奥斯陆市民对奥司洛马卡森林的使用也经历了一个非常类似的发展过程。从 19 世纪下半叶开始，独家经营的滑雪协会开始活跃起来。1889 年，奥司洛马卡的第一家咖啡馆开业(Aalde, 1992)。那时，斯堪的纳维亚半岛和其他地方的娱乐活动变得更加"大众化"，不同阶层市民的休闲时间和流动性都大大增加。例如，穆勒(1990)详细描述了哥本哈根不同阶层的市民是如何去鹿园完成一次"森林之旅"的。

　　诸如树木繁茂的纽约中央公园等地，为那些住在乡下没有条件度夏的成千上万的工人提供了庇护所，将其作为它们的明确开发目标(Lawrence, 2006)。还有一种高消费的休闲方式，例如，在怀特山或阿迪朗达克山脉，公园为那些富人提供一到两个月的度假生活。中央公园起到庇护所和度假村的作用，时至今日仍是它的"内在"取向。相对于城市，公园有些"复古"的感觉，它与城市分离，带给我们一种貌似大规模自然景观的错觉。

　　在 20 世纪，城市森林的休闲娱乐性使用得到进一步增长。如今，城市森林每年都会吸引成千上万的游客——其人数远远超过其他森林(Konijnendijk, 1999)。大多数城市森林主要用于开展步行、骑车及各种体育活动。当人们出现想去游览（城市）森林的动机，想去感受大自然或仅仅是想"逃离"城市时，有这些理由就已经足够了。例如，一般来说，丹麦人非常喜欢去森林、公园及其他绿地，特别是在森林中步行是非常流行的（Holm，2000；Jensen，2003；Kaae 和 Madsen，2003）。森林吸引了大约一半休闲游的游客来到大自然和绿地，其次是海滩和海滨（占到 28%；Jensen，2003）。超过三分之二的丹麦人认为，大自然是他们日常生活的重要组成部分，甚至视它为提高生活质量的重要贡献者（Kaae 和 Madsen，2003）。人们花时间来到大自然，主要目的在于感受自然，寻找平静与安宁，促进家庭关系的和谐。

正如第五章"权力的森林"所描述的，拥有良好的户外休闲条件以及周边和城市高品质的"绿化"环境，这些都是决定人们在哪里定居的重要因素。例如，缺乏绿地和儿童游乐场被认为是人们搬离比利时勒芬的一个主要原因（Van Herzele 和 Wiedemann，2003）。在赫尔辛基，一项针对全市范围的调查显示，92% 的受访者认为大自然非常重要（City of Helsinki，2005）。巴塞罗那的居民也认识到城市绿地对于提高生活品质的重要性。宁静以及能够与自然相接触，被人们视为生活在城市的主要优势（Priestley 等人，2004）。

尽管上文提到的论述有许多相似之处，但很显然，对于整个欧洲及所有使用者而言，以休闲为目的，对城市森林的利用还是存在很多差别。传统"普通人的权力"存在于北欧国家和东欧部分地区，这也刺激了常规的森林利用方式。城市森林的利用也可以由当地来决定。例如，在维也纳森林，人们在游览森林时常常也顺带去参观教堂（Bürg 等人，1999）。莫斯科国家公园的麋岛是一个非常受人们欢迎的休闲娱乐区，人们可以在这里散步、慢跑、野餐以及开展冬季滑雪这类短途游客偏爱的活动（Sapochkin 等人，2004）。在柏林的城市森林，散步也是人们首选的活动。梅尔于尔根（1995）的一项研究表明，60% 的柏林人喜欢去森林散步。然而，欣赏风景（40% 的受访者提到过）和骑车（25%）也普受欢迎。正如第四章"富饶的森林"所描述的，在欧洲大部分地区，狩猎仍然属于非常受人们欢迎的活动。城市森林也是如此。例如，朗布依埃的森林现在仍然是法国领导人的狩猎区（Widmer，1994）。

尽管城市森林非常受人们欢迎，但研究表明，并不是每一个城市居民都在享用当地森林。在某些情况下，人们表达出对城市森林不感兴趣或是没有时间去城市森林。在其他情况下，人们不去森林是因为恐惧（参见第三章"恐惧的森林"），缺乏意识或缺少途径、健康或流动性的原因。这意味着，大逃亡并不（仍然）适用于所有人。

世 界 之 窗

城市森林不仅给人们提供了休闲娱乐的条件，而且它们还提供给人们一扇了解"大千世界的窗口"，从而可以摆脱每日单调的常规生活。植物园让人们逐渐熟悉远离本土的其他树木。同样，动物园和狩猎公园也让人们熟悉了异域的（和较少异域的）动物。异域的猎物如黇鹿（Dama dama L.）和摩弗伦羊（Ovis musimon L.）被引进到西欧的狩猎区。尽管在某些情况下——如海牙森林中的动物园已经销声匿迹了，但在今天，许多城市森林仍然设有动物园（Anema，1999）。

城市森林里的游乐场和博览会向人们介绍来自世界各地的艺术家、艺术、美食、风俗等。在荷兰海牙的海牙森林里举办的一年一度的"森林博览会"很受当地居民欢迎。这项活动始于 1706 年，但到 1729 年就停办了，主要原因在于当地居民投诉出现了与博览会相关的不当行为（Anema, 1999）。露天博物馆则展示了从国家的文化历史到非洲村庄生活起居的方方面面。例如，在 20 世纪初，布诺涅森林里举办过"殖民博览会"，这里包括了对整个刚果村庄的展示。成千上万的游客也有机会品尝到来自不同国家的许多美食（Derex, 1997a）。城市森林有助于向人们展示一个城外、域外以及大洋彼岸的迷人世界。在城市森林里举办的艺术节、戏剧晚会和音乐会也可将世界不同地区的文化带给当地居民。

今天，大多数欧洲人享有足够的机会去旅行并体验世界。然而在不久前，旅行还只是专属精英的活动。例如，美国景观设计师弗雷德里克·劳·奥姆斯特德意识到，并不是每一个人都有同样的可能性去欣赏美国西部美丽的风景（Cronon, 1996a）。因此，他想到将这些美丽的风景带到普通居民的后院，如在后院模仿纽约中央公园的自然景观。在某种程度上，类似的想法也体现在人们将苏黎世基河森林开发为城市"荒野体验公园"的规划中（Bachmann, 2006；参见第八章"城镇的荒野一面"）。并不是每一个人都有机会体验"真正的"荒野，因此，荒野便被人们带到了家门口。"野生"城市森林是人们了解仅存的"野生世界"的一扇窗户（例如 BUND Berlin, 2007），或者说，完全没有被人们所触及的大自然已不复存在，而对城市森林的体验也许还能够实现人们最初的梦想。

城市森林继续向人们提供一扇了解世界的窗口。例如，在以色列，由于人们有着各种各样的文化背景，导致对森林的使用也有着不同的方式。宗教和文化节日被人们用来建立起文化多样性与城市森林之间的联系（M.Shaler, 2006, 私人交流）。此外，欧洲人口正在变得越来越多民族化，而作为公共场所的城市森林便可以满足不同文化的需求（例如 Worpole 和 Knox, 2007）。科特金（2005）指出，对于城市而言，培育和发展海纳百川的包容性相当重要。纵观历史，开放性的多元文化已成为最成功城市的驱动力之一。

大逃亡的新方式

随着时间的推移，城市森林和城市绿地的休闲娱乐功能已经发生改变，并将继续发生改变，例如，走向一种休闲型、信息化与生态型的社会（Bürg 等人，1999）。普勒布斯特尔（2004）指出，在欧洲，娱乐和休闲行为已经变得更加个性化与更少的组织性。人们期望选择参与在时间和地点上更便于自己生活方式的活动。例如，法国马赛的休闲活动已发生显著改变。大量居民乘坐通勤车来到更远的自然环境中休闲娱乐，这已经变得非常流行了（Werquin, 2004）。目前，三分之二的城市居民不再利用城市里较小的公共花园作为周末聚会和假日休闲活动的场所了。一项针对维也纳森林休闲娱乐用途的研究表明，更具活力和探险性的娱乐活动正在变得越来越受人们的欢迎（Bürg 等人，1999）。一项旨在评估芬兰的户外休闲在未来发展前景的研究中，波塔等人（2007）也指出，"传统的"活动正在走向衰落（如采摘浆果），而更加现代的城市活动则显著增加，包括机动车驾驶这样的休闲方式。更多的最新案例以及更具探险性的娱乐活动将在本节稍后做出介绍。

一项针对丹麦森林和大自然的休闲娱乐功能的研究（例如 Jensen, 2003），现已经确定几个发展趋势,这可能也与世界其他地方的情况相类似。从 20 世纪 70 年代到 90 年代末,游览丹麦森林和自然区域游客的数量逐渐增加,而游客的平均游览时间却逐渐减少。游览时间的减少也出现在长途旅行的团队游中。个人层面对城市森林的利用,荷兰的阿姆斯特丹森林公园就是一个例子。在 20 世纪 60 年代,日光浴、游泳和野餐是当时民众非常喜欢的活动,到了 20 世纪 80 年代末,散步、慢跑和遛狗成为最受人们欢迎的活动。那时,大约 75％的人每次待在森林中的时间只有两个小时甚至更少(Bregman,1991)。

　　另一个被提到的发展趋势是更多基于自然形式的娱乐活动(例如 Roovers,2005)。基于自然形式的娱乐和旅游,主要指的是亲身体验相对而言未被人为干预的自然环境(Valentine,1992,引自 Roovers,2005),特别是在最近几年,这种形式的活动得到了快速发展。

　　显然,城市森林与其他绿地受欢迎的程度以及它们的用途在很大程度上取决于人们如何看待这些绿地。在赫尔辛基,与当地绿地有关的一种最积极的观点是,将活动的可能性与可感知的美丽风景联系在一起。在最近一项针对赫尔辛基市区的研究中,人们还提到了"自由与空间"、"森林感受"以及"平静与安宁"这些理念(Tyrväinen 等人,2007)。游览英国雷迪奇镇林地的游客常常会表达出一种开心、放松与亲近自然的心理感受(Coles 和 Bussey,2000)。正如对美国克利夫兰城市公园的游客进行的一项研究所表明的,哈米特(2002)阐述了城市森林和公园如何起到"保护隐私权"的作用。某些公园的环境对游客隐私权的保护优于其他场所。而作为庇护所的公园也能够起到保护游客隐私权的作用,"反省思考"被视为其最重要的功能(图 6.2)。

图 6.2　正如德国康斯坦茨的洛雷托森林所显示的,许多城市森林可以为人们
提供一个平静、安宁与隐私的场所(照片由作者拍摄)

　　然而,人们对现代城市森林的利用不仅仅是将其作为安静地观察自然以及思考问题的场所。正如上面列出的几项研究所表明的,城市森林的利用趋向于更具活力及探险性的娱

乐活动。近年来，城市森林的基础设施，如山地自行车道、活动中心、天然广场等的建设，往往集中在靠近城市的森林地区。

莱曼(1999)记述了出现在德国的"充满危险的"森林用途。在过去，徒步旅行或"浪迹天涯"被认为是"逃离"日常生活的主要方式。然而，尽管这些活动曾经非常普及，但今天许多人认为，传统的"浪迹天涯"或徒步旅行已经过时。今天，更具活力的休闲方式，如山地自行车运动，更受到人们的欢迎。尤其对于年轻一代，在森林里开展迷彩漆弹生存运动和(半合法的)聚会更加受到年轻人的喜爱。城市森林再次成为人们成就梦想的地方。就像巴蒙贝丝森林(位于卢森堡最富有的地区之一)这样的城市森林，它已经变成为一个活动中心。它们为人们提供了各种各样的运动设施以及大面积的运动场(Millionærer og børns, 2006)。

荷兰艾泰拉研究中心的一项研究关注了在荷兰森林中开展的几种新型休闲活动：山地自行车、"山地行走"、"橡胶靴行走"、适合儿童和年轻人的森林游戏(参见下一节)、"野营"(在自然界中的原始露营，用撑杆搭起帐篷)和GPS定位行走。使用GPS(全球定位系统)的关键原因是被称为"地理寻宝"的活动越来越受到人们的欢迎。所谓的"储存物"或"宝藏"被人们藏在大自然的某个地方，它的具体位置被标注在某一网站上。在现代类型的寻宝游戏中，参与者可以利用GPS寻找宝藏。荷兰国家林业局已经开始为森林中的地理寻宝活动提供所需的条件(Romeijn, 2005)。

人们充分发挥想象力，装扮成精灵、巫师和骑士，角色扮演或冒险游戏已经成为许多城市森林里开展的活动，其灵感来自于广受欢迎的《指环王》电影。丹麦报纸上的一篇文章介绍了在哥本哈根森林里开展的一项非常受欢迎的活动，名为布隆德比森林(Dalum, 2002)。一家名为劳莉娅娜的俱乐部负责组织这一角色扮演游戏。然而，由于其他游客抱怨在游戏进行过程中产生的噪音以及游戏的"暴力"倾向，最近，当地市议会已经禁止人们在森林里开展这类幻想游戏。因此，劳莉娅娜俱乐部的活动转向了其他方面——在劳莉娅娜俱乐部看来，更有吸引力的当然还是森林。这导致该俱乐部在当地居民中开展"魅力攻势"，于是这一次，当地市议会便听之任之了。

在法国，另一种"森林逃避"的方式便是在树上搭建临时树屋(法语中称为"Cabanes")，这已经变得非常流行(Darge, 2006)。"精灵屋"或木制童话般的房子建在树顶，提供给人们一个实现自己童年梦想的机会。商业企业已经开始着手建造树屋，从小而简单到大而豪华的树屋，以满足不同客户的需求。人们可以租用巴黎朗布依埃城市森林的树屋，聆听马鹿的鸣叫。还有一些人将树屋作为他们的"爱巢"。

树木繁茂的主题公园、露天博物馆及其他"休闲景观"，有时具有和城市森林同样的特征，尽管它们大多是半开放式的，但还是要购买门票才能进入。鲁尔金(1992)介绍了如何在荷兰创建主题公园和动物园，以此带动后现代景观设计的发展。树木和森林有助于创建一个恰到好处的休闲娱乐环境。例如，荷兰卡茨赫佛尔附近的艾夫特琳主题公园便拥有一片特殊的"童话森林"。

不同的人，不同的逃避

　　许多人居住在城镇，这些人对城市森林有着各种各样不同的偏好。人们对不同种类休闲景观的评价也不一样，森林的得分往往最高，然后是海滩和沿海地区，再往后是湖泊和池塘（例如 Reneman 等人，1999；Jensen，2003）。为了协助森林管理者及其他人满足人们不同的需求，需要努力识别不同群体的森林利用者。例如，德·弗里斯和德·布莱恩（1998）将户外消遣的人分为几个类别："不情愿的"、"以家庭为中心的"、"满意的"、"忙碌的"和"疲倦的"。这种分类是根据人们的年龄、生活方式、社会偏好等来划分的。在维也纳，研究者依据人们典型的活动和行为，确定了若干"用户概貌"。例如，游览森林的游客类型包括："参观游览型"（占所有游客的 23％）、"观察自然型"（21％）、"社交联欢型"（16％）和"运动休闲型"（10％）（Bürg 等人，1999）。在赫尔辛基，43％的居民参与过采摘浆果的活动，30％的居民参与过采摘蘑菇的活动（City of Helsinki，2005）。不仅不同群体对森林的使用存在着差异，而且在一个国家内部也是如此。谢韦宁等人（2003）研究了在芬兰开展休闲娱乐活动存在的地区差异，例如，在芬兰南部——这里的城市化水平要比其他地方高许多——人们更喜欢住在夏季别墅里，进行户外游泳以及采摘浆果这些活动。

　　游览枫丹白露的游客——每年会吸引大约 120 万的游客，这里也成为法国游览森林人数最多的地方——可以将游客分为两个群体：巴黎人和旅游者。巴黎人主要在森林里野餐和徒步旅行，而旅游者更加关注名胜古迹，如城堡（Trébucq，1995）。普通人和旅游者之间的差异也得到了斯科夫·彼得森和延森（2007）的认可，他们将森林利用（在丹麦）分为三种类型，即日常利用、周末利用和旅游利用。

　　城市森林的一个重要利用群体就是儿童和青少年。霍尔姆（2002）发现，在丹麦城市7～16 岁的孩子去公园的频率要远远高于其他年龄段的人。一项针对丹麦 10～14 岁孩子的全国性调查发现，49％的人认为，大自然的主要用途就是可以在那里玩耍（丹麦自然保护协会和盖洛普咨询公司，2004）。11％的年轻人提到，在森林里开展的主要活动是角色扮演游戏。与此相反，荷兰的研究（例如 Verboom，2004）表明，荷兰青少年对森林的利用非常有限。在柯希·马基宁的博士研究中，她（准备）对赫尔辛基的青少年（14～15 岁和 15～19 岁）进行采访。这项研究的结果包括，通常成年人利用绿地的频率要高于年轻人，而年轻人对绿地的利用也有所不同。男孩和女孩对绿地的使用也不相同，男孩子更愿意在绿地参与体育活动。苏格兰的一项研究（Thompson 等人，2006）表明，年轻人认为，城市森林可以使其摆脱父母和社会对他们的控制。森林为年轻人提供了参与各种活动的机会，或许这些活动是（成年人）社会所不赞成的。

　　儿童的活动已经成为最近人们一直在讨论的热点问题。例如，以英国自然基金会为代表的开放空间研究中心针对苏格兰的研究，强调"野外探险空间"对于年轻人的重要性（Thompson 等人，2006）。野生环境能够在满足年轻人发展需求方面发挥重要作用。2007年 9 月，在谢菲尔德召开的城市野生景观会议上人们也强调了这个问题（Simson，2007b）。

　　然而，人们对野外探险空间仍知之甚少，并且它的发展还存在着许多问题，如成年人关心的安全问题。美国作家理查德·洛夫等人认为，人们对自然活动关注太少，只是因为仅可从中赚取很少的商业利润（与作家的谈话，2007）。一个名为"PLAYLINK"的英国组织主张为儿童创建玩耍的场所，"为孩子们提供机会：与自然环境建立友好关系，善于交际和独处，创造富于想象力的世界，测试边界，构建和改变周围环境，体验改变和持续性，挑战可接受的风险"（Spiegal，2007，第 29 页）。当前的玩乐文化看起来过于保守和规避风险。"可活动的场所"太少，导致现在的孩子缺乏想象力。

佛兰德森林组织与荷兰国家林业局等组织已经开始应对挑战，促进与开发所谓的"游戏森林"（Speelbossen；参见 Van den Berg，2000；De Vreese 和 Van Nevel，2006；图 6.3）。这些特殊的森林或森林里某片区域提供给 18 岁以下的孩子和他们的上级（如老师、童子军领袖）玩耍的地方。这些游戏森林在创建时受到早期"森林游戏场"的启发，如汉诺威埃伦泽溏城市森林里的森林–孩子–操场（Wald-Kinder-Tummelplatz；森林里供孩子们玩耍的区域；WAKITU）游戏场（Fachbereich Umwelt 和 Stadtgrün，2004）。在佛兰德斯，这些努力甚至促使佛兰德政府颁布法令，为游戏森林的建设提供资金援助。现在，在穿越佛兰德斯的专用森林里就可以找到这些特殊的游戏森林。佛兰德森林组织制定了游戏森林的建设标准，例如，找到合适的位置，避免建在脆弱的生物栖息地，确保一定的面积（不小于 2～5 公顷）以及森林要靠近居民点。显然，当人们要建设游戏森林时，必须要与森林所有者和当地居民达成协议。此外，在游戏森林的规划与建设过程中，也要确保其使用者（如儿童）的安全（Van den Berg，2000）。

图 6.3　城市森林是孩子们玩耍的重要场所。特殊的"游戏森林"能促使儿童
在户外玩耍，这对儿童的发展起积极作用（照片由作者拍摄）

促使儿童在户外玩耍能够产生很多积极影响，例如，就像前面以及第十章"学习的森林"所显示的，户外游戏能够促进儿童的自我发展以及提高儿童的自然意识。在荷兰，为难民的孩子在森林里组织了一个特殊的假日野营地（Geen Psychologisch Gedoe，2006）。孩

子们在大自然中建小屋、玩游戏，而重点在于当他们面对日常生活中遇到的问题时，锻炼他们解决问题的能力。

城市森林使用上的差异仍然受到收入水平、社会地位和文化背景的影响。例如，在20世纪初，赫尔辛基周边的公园和海滩更多被穷人用来晾晒衣物、清洗地毯，而且还是孩子们玩耍、裸泳及饮水的地方（Clark和Hietala，2006）。在当今的马赛，特别是享用内城区公共绿地的法国低收入群体和退休人员，他们中的大多数人希望能够来到周边的小山、更广阔的大自然以及当地海滩开展休闲娱乐活动（Werquin，2004）。如前所述，卡德（1992）的研究中也提到，人们的收入及社会特征在城市森林使用方面起着重要作用。这项研究表明，在阿姆斯特丹，较之"传统的"利用方式，越来越多的单身人士对城市绿地表现出了特殊的使用方式，体现出短期、频繁与活力的特征。单身人士对绿地使用所产生的积极影响，将会引导整个社会中人们的行为取向。

种族背景也会影响到城市森林使用上的偏好。例如，在阿姆斯特丹森林公园，野餐是土耳其和摩洛哥血统的人的首选活动（Dekker和Verstrate，1992，引自Van den Ham，1997）。荷兰艾泰拉研究中心（Buijs等人，2006）的工作着眼于研究不同群体，例如，少数民族和青少年如何评价不同景观类型的图片，包括森林、荒地、沙丘和泥炭草甸。少数民族没有非常明确地评价泥炭草甸这类文化景观，他们直截了当地表示"我不是牛"。仍然是在荷兰，研究表明，市中心的绿地主要受少数民族群体的欢迎；公园通常用于开展社会活动，参与群体的规模也更大一些。然而，有超过一半的少数民族甚至不知道城市周边的自然区域，包括城市周边的森林。第二代和第三代移民喜欢去更遥远的地方开展休闲娱乐活动。也许这是因为他们一直与荷兰文化和习俗相接触的缘故。此外，他们的经济状况通常比较好，因而可以花更多的时间在休闲娱乐上。对于这些少数民族而言，海滩和沙丘是城市以外最受他们欢迎的自然区域。尽管群体的偏好不同，但他们对森林的评价仍然很低。只有大约一半的土耳其和摩洛哥血统的人游览过城市以外的森林。但来自苏里南的人则更加频繁地造访森林（Jókövi，2000a，b；Raad voor het Landelijk Gebied，2002）。伯吉斯（1995）的研究显示，在英国，亚洲女性和加勒比黑人妇女几乎从来不去当地森林，因为她们不熟悉——她们曾经居住的地方很少或者几乎没有任何绿地，因而她们很少有在林地休闲娱乐的体验——并且感到恐惧（参见第三章"恐惧的森林"）。

最后，男性和女性看待森林与景观也有很大差别。男性倾向于更"长远"和整体的观点，而女性则倾向于更多的细节（Lehmann，1999）。女性频繁表达了对于森林及其他绿地利用的恐惧，特别是她们自己（Jorgensen等人，2006）。

逃离城市的规则

在前面的章节中，我们已经介绍了城市森林作为一种放松和远离日常生活的休闲娱乐方式的重要性。但是现在，我们将进一步拓展"逃离"的概念，从"空间"和"边缘感受"的视角来看城市森林。作为文明的边缘，甚至是不受城市控制的城市森林，其长期作用到底如何？正如第三章"恐惧的森林"所讨论的，作为开展活动的城市森林并不总是包容城市生活吗？

托马斯(1990)阐述了作为冲突、逃避、城乡交接的城市边缘的特殊作用。当面对城市边缘问题时,规划者往往采取"区域性问题方案"。城市边缘一直都是不同社会群体、不同生活方式(城市和农村)相碰撞的地方,常常会导致一些冲突。作为最大程度满足休闲娱乐需求的城市边缘——城市居民寻求"乡村慰藉"的地方——已经被人们体会到。

文学作品中有大量的故事情节,描写了城市森林如何庇护流放者和反叛者、不适应城市生活以及自愿搬到城市边缘生活的人。例如,伦敦的百姓都知道"吉普赛人和流浪汉"常去的一个地方(Reeder,2006b)。迪克·特平(埃平森林等地)和罗宾汉(与舍伍德森林有关)的经典故事象征着作为那些逍遥法外者庇护所的森林的重要作用(Porteous,2002;Muir,2005)。在传说中,这些人物被视为罪犯,被统治者所鄙视,而当地农民常常将他们视为英雄,他们勇敢面对那些不断减少人们森林使用权的当地贵族及其亲信。在莱曼(1999)书中,许多有关不法之徒、恐怖分子或流放者的故事都发生在德国的森林里,这也象征着城市森林作为庇护所的重要作用。

但是,不必成为流放者或违法者,人们也能享受到城市森林提供的自由,并且可以远离城市规则的束缚。首先,城市森林是个适合幽会的地方。当莱曼(1999)问到他的受访者有关他们的"森林体验"时,他们的谈话内容常常转向了爱与性。然而,莱曼指出,现在的森林不再具有"性的重要性"了,至少对年轻人来说,要在森林里找到一个适合恋人幽会的地方,这比以前困难多了。

地理上隐含的意义仍然涉及城市森林与性之间的古老联系。例如,荷兰南部布雷达的马斯特森林有一条"妓女街"。几百年前,伦敦的居民已经开始抱怨在海德公园之类的这些绿地进行的"夜间活动"(参阅:《妓女和顾客的交易》)。但是在维多利亚时代,伦敦却非常倡导清教徒精神,如禁止儿童裸泳以及控制情侣之间的行为(Reeder,2006b)。最近,在荷兰海牙席凡宁根森林公园附近的居民与城市森林使用者开始抱怨有人将森林作为性聚会的场所,如一些男同性恋者(Ramdharie,1995)。罗马附近的卡斯特弗撒诺森林里挤满了男人开的小车,车辆慢慢驶过蜿蜒通过森林的柏油路,而沿途则站着大量的妓女。

然而,针对苏格兰青少年的调查(Thompson等人,2006)显示,很重要的一点是,城市森林既为他们提供了"逃离的机会",也为他们提供了探险的场所。加拉格尔(1993)也阐述了作为"青少年聚集地"的城市绿地的重要性。在第八章"城镇的荒野一面"一章中说明了靠近居民区的某种形式的"荒野体验"非常受人们欢迎,这种体验既是人们灵感的来源又可减缓压力。而城市森林则可以为人们提供这种类型的逃离。充分认识到城市森林的这一作用以及其他作用——有时它们是自相矛盾的——就像大逃亡一样,这一点非常重要。正如加拉格尔(1993)所指出的,城市森林往往相对较小,特别是当城市森林成为人们"寻求庇护",同时又是其他人寻找"大众娱乐"——在公共场所,许多人一起狂欢——的场所时,人们不得不适应这种状况。但一些成功的例子显示,即使是小的城市森林也可以同时充当多种角色,事实上,森林环境可以比较容易区域化,从而为人们提供不同具备用途的场地,并且即使有很多人也不会产生拥挤的感觉。

第七章 艺 术 品

就像第三章"精神的森林"中对神话的描写一样，艺术是文化的重要组成部分。本章将着眼于城市森林与艺术之间的关系。正如下一节所显示的，城市及其周边的林地可以激发不同年龄段的作家、诗人、画家及其他艺术家的创作灵感。在 19 世纪，这种艺术情趣甚至导致最早的保护城市森林、反对城市压力的公民运动的诞生。本章第二部分将阐明，城市森林如何被认为是艺术品，并为它们的所有者带来声誉以及提供具有吸引力的休闲环境。随着时间的推移，依据偏好和时尚的改变，城市森林的规划与结构也在发生着改变。在现代，一些城市森林甚至成为所谓的"景观艺术"的一部分。

城市森林也为艺术提供了具有吸引力的环境，它们将自然环境与许多对艺术品具有相似志趣的人结合在一起。这是本章第三节的主题。本章的最后一部分将显示，艺术如何越来越多地被用来加强城市森林与当地居民之间的联系，艺术如何加强居处营造与社区建设的结合，这些内容也将在第十一章"社会的森林"中加以讨论。

作为灵感的城市森林

随着时间的流逝，许多作家和艺术家在森林里找到了他们的灵感。例如，在德国，森林与人们曾经的渴望相联系，并成为德国文化的象征（Lehmann，1999）。尤其是在 19 世纪，森林在许多故事、诗歌、小说、歌曲和绘画中得到反映。

城市森林在激发艺术家灵感方面发挥着特殊的作用。许多城镇的森林紧邻着艺术中心，从而构成了一个给予作家及其他艺术家产生"创作灵感的环境"。穆勒（1990）和卡德尔（1998）在他们的著作中分别阐述了哥本哈根鹿园和斯德哥尔摩尤尔格丹岛的城市森林对启发灵感的作用。两位作者讲述了丹麦和瑞典的许多著名作家、诗人在他们的作品中是如何描绘森林的。通过著名作家、诗人和艺术家的演绎，这些森林与民族文化以及随后形成的文化遗产联系在一起。例如，穆勒（1990）记述了曾经写过丹麦国歌的诗人亚当·戈特洛布·奥伦施拉格，是如何将他的名字刻在鹿园的一棵树上的。

对英国作家和诗人来说，自然、树木和森林是他们灵感的重要来源。塔普林（1989，第19 页）这样写道："像我们的土地一样，我们的文学枝繁叶茂。"对森林和树木的深刻描写出现在了莎士比亚的作品中。在《皆大欢喜》这部剧中，当杜克·西尼尔被其兄弟驱逐出法庭，他来到阿尔丁森林寻求庇护，作为自由与隐居象征的格林伍德森林因而声名远扬（参见Taplin，1989）。

在英国，城市森林及其他城市自然环境也是特殊的灵感来源。特别是在 19 世纪，伦敦附近的汉普斯特西斯公园激发了许多诗人、作家和画家的创作灵感。例如，诗人利·亨特

(Leigh Hunt)写过一系列名为"致汉普斯特"的十四行诗。著名作家如珀西·比希·雪莱(Percy Bysshe Shelley)、约翰·济慈(John Keats)和乔治·戈登·拜伦(George Gordon Byron)参观了位于西斯的亨特故居,他们也被这里的艺术魅力所感染。济慈发现,树木可以安抚他的忧愁,拓展他的思维。英国著名画家约翰·康斯特布尔(John Constable)也画过汉普斯特的风景。1863年,沃特金·威廉姆斯的诗歌"汉普斯特是个田园",讲述了人们在西斯新发现的开展休闲娱乐活动的重要价值(A history of,1989;Taplin,1989)。

最近,约翰·罗纳德·鲁埃尔·托尔金不仅受到莎士比亚的作品《麦克白》的启发,而且当他散步时,与被称为树精的巨树交谈,进而产生一些想法,最终创作出了他的《魔戒》三部曲。就像托尔金作品中其他森林里的树木一样,这些树精是生命与美好的象征(Taplin,1989)。但是,托尔金很可能也受到了伯明翰郊区乡村里古树的影响,因为他年轻时有一段时间就是在那里度过的(Muir,2005)。

激发荷兰艺术家与作家创作灵感的城市森林是荷兰的哈伦麦米尔林区。由希尔德布兰德(尼古拉斯·比茨的别名)创作的小说《暗箱》于1839年首次出版,书中对哈勒姆城市林地特征的细致描写被认为是荷兰文学中最值得称道的作品。其中一章凭借对细节的敏锐观察,描写了来到这片"漫步的森林"中的不同群体的访客(Guldemond,1991;Hildebrand,1998)。人们在森林里设立了一组雕像,以此纪念这本书的主要人物及其作者(Bos,1994)。荷兰的另一片城市森林——海牙森林——激发了葡萄牙作家拉马略·奥特戈(Ramalho Ortigo)的创作灵感。在19世纪,经历了一次荷兰之旅后,他在《荷兰人》一书中描绘了海牙的这片城市森林。按照奥特戈的说法,这片森林是整个欧洲最美的一片森林。相比海牙森林,布洛涅森林和海德公园只能算得上是"可怜的小花园"(引自Anema,1999,第19页)。

作家奥特戈等人的描述和画家的作品为人们了解城市森林的历史提供了重要参考——虽然并不完全可靠。19世纪,由荷兰作家艾萨克·安妮·奈伊霍夫(Isaac Anne Nijhoff)所写的《笔尖漫步》一书,描述了作者游览荷兰阿纳姆的森林与公园时的感受。作者记述了主要由一小群大片土地所有者所拥有的、未被开发的森林、田野和草甸。这既是一本记录详尽的旅行指南,又是一部文学作品。英国文学一直以来将雷蒙德·威廉姆斯(Raymond Williams)等人的历史研究作为其灵感的来源。在《国家与城市》一书中,威廉姆斯(1973)从城乡关系变迁的视角分析了英国文学。其他艺术作品也有助于我们了解城市森林的过去。在17世纪,荷兰画家扬·范·霍延(Jan van Goyen)等人在画作中描绘了阿纳姆的森林与公园(Schulte和Schulte-van Wersch,2006)。西蒙(2005)通过展示18世纪乔纳森·费舍尔(Jonathan Fischer)的许多画作,展现了贝尔法斯特附近贝尔沃公园的历史风貌。虽然这些画作并没有完全精确地描绘出当时的实际情形,但他们还是描绘出了城市森林的一些主要特征。

一般而言,艺术家和作家是最早强调森林与自然作为灵感的重要来源的一批人。例如,在古希腊和罗马文明就是如此。很久以后,在19世纪的法国,一群以巴比松学派而著称的艺术家、诗人和作家将枫丹白露的森林作为他们抒发情感的主要对象。该学派成功地创作和推广了欣赏景观与森林的艺术视野。这使得枫丹白露的森林,以其文化吸引力(如城堡以及它的传统节日)在19世纪下半叶成为巴黎人非常中意的一个地方(INRA,

1979；Kalaora，1981）。然而，巴比松学派不仅在枫丹白露找到了灵感，而且该学派还为保护他们的"缪斯"而战。他们成功抵制了砍伐森林以及所谓"优化"森林的经济用途之类的一些规划，使得森林得以保存下来。通过请愿书以及动员追随他们的巴黎人，他们成功地保护了某些地区的森林，包括他们自己最喜欢的地方，如特别的树-石组合以及一些独特的树木。一些人表示："枫丹白露的森林不是天然的，它是一件人工作品"（Kalaora，1981，第100页）。

在保护欧洲其他地区的城市森林方面，包括布鲁塞尔附近的索尼娅森林，作家、诗人和画家也产生了类似的影响力。在范德本（2000）那本图文并茂有关森林的书中，包括了许多森林和风景的素描及油画。特别是在浪漫主义时期，许多城市森林都有它们自己的艺术家"常驻群体"。现如今，常驻艺术家群体仍然与城市森林保持着密切联系，例如，在英格兰、苏格兰和北爱尔兰，各种各样的社区森林规划中都体现着这种联系（Konijnendijk，1998；Simson，2001a；Simon，2005）。

因此，在城市森林里，艺术和行动主义手拉手地共同前进。沙玛（1995，第123页）提到，被视为"德国最具创造性和斗争性的后现代艺术家"约瑟夫·博伊斯是如何鼓励德国画家及雕刻家安塞姆·基弗（Anselm Kiefer）用他的艺术与主流社会相对抗的。20世纪70年代早期，在杜塞尔多夫毗邻的格拉芬贝格森林里，博伊斯上演了一场戏剧性的（非常成功的）演出。这次抗议针对的是有些人试图将一部分森林变为网球乡村俱乐部的提议。"以一种布尔乔亚驱魔仪式的方式，博伊斯和他的50个学生及门徒用桦木扫帚在森林里挥舞，在受到威胁的树上画出十字架和环形，仿佛他是古日耳曼语宗教中的树精灵一般"（Schama，1995，第123页）。博伊斯还在德国城市中心发起了种植"7000棵橡树"的计划。这项计划的灵感源于英国等国开展的类似活动（A. Simson，2007，私人交流）。

设 计 的 景 观

我们已经看到，在法国，由于巴比松学派及其他组织和个人的努力，森林成为被人们所认可的艺术品。城市森林被以不同的方式称为"艺术品"，不仅因为它们的自然与文化—历史价值，而且因为随着时尚的变化，它们可以不断被人们设计及再设计。雷克汉姆（2004，第5页）写道："就像建筑或服装一样，植树成为一种时尚。"例如，在英格兰，维多利亚时代的人喜欢大西洋雪松，而格鲁吉亚人偏爱黎巴嫩雪松。劳伦斯（1993，2006）通过对法国巴洛克风格的花园与（英国的）景观风格到后现代设计的历史解读，说明了景观设计时尚是如何影响城市绿地的。包括城市森林在内，绿地的规划随着文化、偏好、时尚和自然观的改变而变化。然而，在更早的时候，从功利主义的视角看，自然被认为受到人们的控制，例如，浪漫主义引发人们重新欣赏作为自然显著标志的"野生"自然与树木，进而将这一观念反映在艺术上（例如 Jensen，1998）。伦托（2006）也提到，赫尔辛基的艺术家如何领导了一场重新欣赏自然的运动，并进而影响到景观的设计。在19世纪的德国，作为浪漫主义一部分的森林美学运动已经发展得十分成熟了。在18世纪末，汉诺威埃伦泽溏森林的设计重点已经放在了休闲娱乐方面，例如，人们对如何在森林里散步的问题所进行的讨论就反映出这一点。随着以浪漫主义的态度欣赏自然，艺术家的目标已经改变为要创造出一幅"美丽的森林图画"了（Fachbereich Umwelt 和 Stadtgrün，2004）。

对于许多城市森林而言，埃伦泽溏森林的发展是一个典型代表。久而久之，许多"野生"森林从当初的狩猎公园变成了如今的休闲公园（Rackham，2004；Muir，2005）。这些新的狩猎休闲公园通常位于城市中或靠近城市。亨内博（1979）以柏林的蒂尔加滕公园为例描述了这一转变。该地区从曾经的贵族狩猎区转变成一个类似于公园以供公众休闲娱乐的地方。这种转变包括了各种各样的装饰和桥梁、道路及其他典型要素的发展建设。显然，经过这番努力，蒂尔加滕公园完成了这种转变。统治者和贵族看到，由于城市公园和林地的转变能够提高他们的声誉，因此他们加快建设步伐，使其更加贴近当前的国际时尚并展示给外国客人。

缪尔（2005）强调，将"原始森林"重塑为狩猎公园，再到后来的景观公园，这是一个循序渐进的过程。他认为，作为英国景观风格的主要支持者如雷普顿和布朗，他们利用现有的景观——通常包括树林、空地及有吸引力的古树——而不是从头开始设计。

景观风格表现出了城市森林不断变化的某一阶段的风格，如荷兰的哈伦麦米尔林区（Brink，1984；Guldemond，1991）。该林区从最初的后文艺复兴风格（1584—1650 年），转变到依据规整式园林风格（也就是巴洛克风格）对树林的改造（直到 1780 年），再转变为景观风格（直到 1890 年）。胡特森林被人们以"花园般的"园林艺术风格重新设计——在二战结束后——依据理性的园林风格它再次被人们重新设计。另一片荷兰的城市森林，阿尔克马尔胡特森林也经历了类似的变化（Alkmaarder Houte Dupe，1992）。每种风格都有它自己的特点和"商标"。例如，巴洛克风格意味着这是所谓的"明星森林"，人们对它推崇备至，在此骑马纵犬（一种狩猎用犬）打猎。英国景观风格意味着，从法国和荷兰继承来的规整设计风格转变成有机的、蜿蜒的设计风格，设计师努力"模仿"更加贴近自然、半开放的景观，融合现有的（如大树等）自然元素。从一种风格转变为另一种风格，意味着许多前期元素将被摧毁。这引发了当人们试图重建城市森林与公园时，关注的将是某一时期特定风格的问题。正如段义孚（2007，第 195 页）所说的："人们对过去田园诗般景色的怀念愈发强烈。"但是，怀旧的森林规划就能满足现代社会的需求吗？无论是从历史的角度还是从静态的景观来看，我们都不认为应该是这样的，虽然这可能会导致文化—历史价值保护的冲突。

当今，后浪漫主义的景观设计已经成熟，其内部氛围并不会以任何方式影响到它的外部环境（Lörzing，1992）。像荷兰艾夫特琳的游乐场，当然还有迪斯尼世界，都是例子，动物园也是如此，尽管许多动物园都是在浪漫主义时期建成的。这些（后）浪漫主义的"娱乐景观"很多都建在城市森林里。

在 20 世纪的荷兰，为了满足不断增长的城市人口的需求，许多城市周边的林地和休闲娱乐场所得到了进一步建设。布洛姆（2005）说明了林地的设计是如何在一个世纪的时间里逐步进化、发生改变的。新林地的设计师受到了参观国外林地的极大启发，特别是英格兰、德国和比利时的林地。建于 20 世纪早期的林地，如鹿特丹的阿姆斯特丹森林公园和鹿特丹中央公园，其建设风格很大程度上仍然基于英国的景观风格。例如，阿姆斯特丹森林公园比起荷兰西部典型的开阔地景观，看起来更像是"旋转的"英国景观。也就是说，阿姆斯特丹森林公园以及类似森林的设计受到了更加现代的德国人民公园设计理念的影响，体现出在森林的规划与设计中人们更加注重其社会用途，而不是美学用途。现代主义的理性方法体现在（差不多）三个区域：林地、开放区和水域。在欧洲，毫无疑问，阿姆斯特丹森林公园是人们开发出的第一个后现代景观（Simson，2005b）。

二战后，荷兰的森林规划与设计风格继续发生着改变。新的森林（如弗莱福兰省的豪思特沃尔德森林）为适应现有的开阔地景观，被设计成直行路线和沟渠系统。农业景观元素也成为新森林的一部分。到20世纪末，林地设计更多地受到历史的影响。例如，祖特尔梅尔镇附近的德巴利芦苇林地和本特沃德被视为不断变化下的复杂城市景观的一部分。联系历史上已经得到人们认可的土地用途并将其体现在设计当中。例如，本特沃德的有些地方看起来就像几个世纪前的旧庄园（Blom，2005；Van den Berg，2005）。

从文化—历史的角度来看，城市森林是有价值的，不仅因为它们的设计与历史，还因为特定的文化—历史元素及相关的特殊事件与人物。科赫（1997）解释说，森林一定蕴含着许多文化—历史价值，因为它们通常被允许在很长一段时间内不断发展，其土地也得到了更好利用。还因为越来越强大的森林立法，其文化—历史价值被人们所"捕获"，进而得以保留下来。例如，在丹麦，森林地区登记注册的历史遗迹和纪念物是农业地区的大约三倍之多（Koch，1997，数据引自丹麦环境部）。

正如前面介绍过的枫丹白露，城市森林的文化—历史价值不仅与人类有关，而且也与其自然价值有关。许多城市森林里都拥有古老的和/或异常的（标志性的）树木。例如，在贝尔法斯特附近的贝尔瓦森林公园就发现有270棵周长超过3米的大树（Simon，2005）。树木被认为是"文化的存在"，象征着强大的生命，象征着死亡、永生，联系着天与地、公平正义，等等（Clifford，1994；Perlman，1994；Jones和Cloke，2002；参见第二章"精神上的森林"）。

今天，城市森林的文化—历史价值通常被人们所认可与珍惜。例如，枫丹白露的主要功能，人们可以列出如休闲娱乐、自然保护、生产制造及"艺术"价值（Kalaora，1981；Slabbers等人，1993）。依据休闲娱乐、自然价值和文化—历史价值的管理原则，人们对伦敦附近埃平森林的管理已持续了一个多世纪。森林拥有许多历史特征及较高的自然价值，由于古树种群及其所滋养的独特菌类和昆虫，使得森林的自然价值尤为突出（Slabbers等人，1993；The Corporation of London，1993）。自然与文化之间的联系也在维也纳的维也纳森林得到了人们的认可，这是一个联合国教科文组织的生物圈保护区。自然保护区旨在将生物多样性保护与社会经济发展及文化价值保护结合在一起（Umweltdachverband für das Biosphärenpark Wienerwald Management 和 Osterreichische UNESCO Kommission，2006）。在其他地方，早期神圣的树林也得到人们的认可，不仅是因为它们从前的精神价值，更是因为它们留下的文化—历史遗产和具有象征意义的景观（例如 Arntzen，2002）。

现代大地艺术着眼于草木丛生的森林及其他可以作为艺术品的景观（图7.1），艺术创作通常从这里开始起步。例如，从20世纪70年代开始，荷兰大地艺术的理念与思想就是通过土壤、水域和种植园表达出来的。大面积的开阔地被人们重新开发。一个大地艺术的例子便是有关弗莱福兰省的杨树大教堂。1987年，人们将箭杆杨整齐地种植在兰斯大教堂（Blok，1994）中。另一个森林环境中"大地艺术"的例子就是荷兰的"博物馆森林"，我们将在本章的最后一部分对此做出介绍。

图 7.1 　在德国鲁尔区，废弃的工业建筑结合新的森林，
创造出一种独特的景观艺术类型

为艺术而打造

　　除了为人们提供灵感和"艺术品"（或大地（景观）艺术）之外，城市森林还为展览艺术提供了受人们欢迎的场所。城市一直是文化与艺术的中心，正如伯格斯（2000）讨论的所谓"展示空间"，作为城市公共空间的城市森林具有重要的用途。城市森林能够为视觉艺术、戏剧等提供便利且有吸引力的展区及演出背景（图 7.2）。

　　城市森林的历史表明，这些森林过去常常被用来举办节庆、赛事、跳舞及唱歌等活动（例如 Gehrke，2001）。历史上的一个例子就是里斯·斯科乌，自从 1395 年，丹麦奥尔胡斯市的斯科乌便拥有了一片属于自己的森林。里斯·斯科乌开发了所谓的"快乐森林"，它具备许多与众不同的引人之处，包括在森林里举办现场音乐表演及其他夏季活动（Århus Kommune，2004）。今天，在奥尔胡斯的森林，艺术家将艺术品故意"隐藏"起来，如树雕，因此当游客突然发现这些树雕时，他们往往会大吃一惊。另外一个现代城市森林里关于艺术品的例子是，在北爱尔兰，城市林地里树雕的设计及节庆活动的举办，这些都是由贝尔法斯特森林联盟负责的（Simon，2005）。位于俄罗斯圣彼得堡的城市绿化带，木制的雕塑沿着一条受人们欢迎的"童话小道"直达托卡索沃森林。

图 7.2 许多艺术家习惯利用城市和休闲森林展示他们的作品。这件名为"古护林人二世"的作品是由大卫·肯普制作完成，安放在英格兰格里泽戴尔森林中（照片由作者拍摄）

在荷兰，如阿纳姆的桑斯比克城市森林，这里也有博物馆、雕塑公园和艺术展览。在桑斯比克，自 1949 年以来，每五年就要举办一次名为"桑斯比克展览会"的大型国际雕塑展，包括著名艺术家比如亨利·摩尔和奥古斯特·罗丹的作品（Van Otterloo，2006）。有时，城市森林里的艺术品会吸引相当多公众和媒体的关注，例如，詹卡洛·内里创作的高达 9 米、名为"作家"的雕塑，这件作品曾经在 2005 年伦敦汉普特斯西斯公园展出过（Kennedy，2005）。

在捷克布尔诺附近的马萨里克森林，人们将艺术、森林与历史紧密地联系在一起。一条小路引领游客经过一系列的历史遗迹，作为标志，它们分布在山丘和丛林中。这些历史遗迹纪念了著名的捷克艺术家、诗人及著名的护林员。同样在这片森林里，人们在 1938 年矗立起一座特殊的高达 7 米的"树木纪念碑"，上面雕刻了捷克诗人雅罗斯拉夫·维尔克里茨基的诗歌《树木》。纪念碑上还雕刻了取自世界各地有关"赞扬树木"的文本和语录

(Truhlár，1997)。

新城市森林的发展可以与艺术联系在一起，如德国鲁尔区的情况就是如此。废弃的工厂、煤矿、新森林与艺术共同构成了令人着迷的"工业艺术"（图 7.1）。例子之一是"关税同盟煤矿工业区"，是曾经的一座煤炭焦化厂，而现在它已成为埃森市北部的世界文化遗产。在总建筑师诺曼·福斯特和雷姆·库哈斯的努力下，建筑物被改造为一件艺术品。随着自然环境的逐渐恢复以及建筑物周边林地的出现，如今，其座右铭成为"诱人的绿色工业"。工业林地以及身处其中的建筑物为各种艺术创作提供了极好的创作来源（Zollverein，2006，2007）。

发展社区——森林相联系的艺术

现在，艺术仍然频繁出现在城市林业中。传统上，艺术仅仅是一个"附加物"，被人们添加到公共领域的城市林业及其他工程中，而经常在最后一刻它才被人们想起，如在满足规划条件时（Simson，2001a；Trodden，2007）。然而，艺术潜在的巨大作用远远超过其仅仅作为空间的装饰，在城市林业项目中更是如此，这一观点已经被人们认可与接收（Simson，2001a）。

近年来，面对城市所带来的巨大压力，艺术的作用则体现在创造出一个有意义的居处、创建认同以及营造氛围这些方面。也许更恰当的说法是，这是一个被"重塑"的地方。艺术通常有助于人们重新明确个人认同与当地社区之间的关系，同样地，它也有助于将空间转化为居处。艺术项目则有助于开发及重新开发居处身份等。但为了使其成为现实，艺术必须被视为城市公共领域及人们体验中不可分割的一部分（Trodden，2007）。

在城市林业方面，艺术有助于加强森林、城市与社区之间的联系（图 7.3）。戴维斯和沃恩（2001）认为，作为工具的艺术能够形成广泛的公民支持，创建一种属于当地社区"所有权"的文化，此种方法曾经广泛地应用于英格兰的社区森林。公民可以参与、了解森林，甚至可以将自己创造性的作品留在这里。克利福德（1994）认为，艺术家和工匠的参与以及演出、节庆、舞蹈、讲故事和诗歌的运用，有助于建立城市森林与当地城市社区之间的密切联系。西姆森（2001a，第 29 页）表示："在情感、直觉或心理层面，艺术具有非常强大的作用，它可以引发人们的好奇、娱乐、沉思或惊喜。"从长远来看，艺术可以为人们提供及加强对于一个地方的认同感和忠诚度，如城市森林。它可以在个人及社区中建立起这种归属感。

特罗登（2007）提到，在规划设计的不同阶段，例如，当人们进行商议时，艺术应当成为被考虑到的一个因素。在城市林业方面，西姆森（2001a）为艺术家提供了几种艺术创作的方法，目的在于增强人们对当地社区的归属感和自豪感。艺术家可以选择独立工作或者可以开展艺术家与当地社区之间的协同作业。艺术家可以从社区中"发掘"创意、思想、恐惧和愿望，将其反映在他们的艺术作品中。通过这种方式，艺术能够以一种正确的"途径"来实现当地森林的社区意识。人们还需要考虑到艺术通常具有的争议性特征，虽然这也有助于唤起民众的兴趣和情绪。

在这种背景下，艺术家便起到了中介者和推动者的作用。事实上，这一直是艺术家的重要角色，对于自然和森林的不同观点，艺术家起到了架起一座"桥梁"，修复裂痕的作用。

图 7.3　在荷兰阿纳姆的桑斯比克森林公园进行的戏剧表演有助于建立当地居民与城市森林之间的密切联系(照片由珍妮特·德克森拍摄)

特别是在工业时代，当功利主义的自然观开始与理想主义的自然观发生冲突时，艺术家的作用便显现出来。塔普林(1989)指出，随着大自然被过度开发，"树木被毁灭"以及传统乡村景观消失，英国作家对此表现出了越来越多的担忧(比较 Williams，1973)。作家和诗人展现了对自然的敬畏之心，他们认为，这种敬畏之心对于人类的健康、心灵和想象力极为重要。他们还指出，人类对自然的威胁并没有使得形势看起来那么令人绝望。或者用塔普林(1989，第 19 页)的话来说："只有艺术，特别是诗歌，虽然它可能会为我们带来可怕的事情，但它不会让我们绝望。"

不同的是，通常对立的自然观并不容易弥合。然而，在后工业时代，由于土地短缺以及需求旺盛，不同的观点和土地的使用不得不达成一致。林业工作者和景观建筑师等专业人士试图解决这个问题，但艺术家可以是其重要的推动者，协助人们重新与城市林地融合在一起。他们的作品显示出对于森林功利主义的、浪漫的以及其他一些观点，这些观点并不一定相互排斥。

最近的一个例子发生在奇格韦尔行木当地自然保护区，充当推动者的艺术家开展了名为"家庭生活"的项目(Green Places，2006)。该项目包含由艺术家牵头，联合当地社区，探索当地生境及其环境的活动。探索的地区包括古代的林地，因为从住宅区附近开始，人们就频繁地破坏林地，如毫无控制地倾弃废物。出人意料的是，对待林地社区持有的是一种相当矛盾的态度。在 2007 年的春季和夏季，随着一个名为埃平森林艺术组织的参与，充当中介者的艺术家试图建立人与人之间、人与"居处"之间一种更友好的关系。活动包括了景点舞蹈、制作音乐视频、在森林里用手机录音以及安装现场网络摄像机，以便记录下在森林里每一天不同时刻所发生的事情。

如前所述，英国社区的森林活动也异常活跃，艺术家们在人口密集区创建森林景观，开展各种各样的艺术活动。他们的主要目标是促进当地居民与当地环境之间有更友好的关系(Davies 和 Vaughan，2001；Simson，2001a)。其他像英格兰和爱尔兰都以同样的方式对待艺术。另外，佛兰德森林组织是一个比利时的环境非政府组织，他们积极利用艺术元素，创建了新的城市森林，而艺术元素能够创造出当地居民与森林之间更好的联系。例如，每年夏天，他们都会组织一系列的"森林电影"活动。

当人们创建新的城市森林时，居处营造或者更确切地说"重塑"居处成为一个重大的挑战。在鲁尔区，从工业遗产到现代林地，让人们意识到了当地环境的变化，而艺术在其中发挥着重要的作用。这有助于克服人们由于曾经的损失所带来的负面情绪，恢复他们在社区的自豪感（H.P. Noll，2007，私人交流）。如上所述，艺术项目如关税同盟煤炭工业区综合体的发展目标便是将新的工业林地打造成供全家娱乐休闲的场所（Zollverein，2006）。

在荷兰，艺术家被要求在林地的设计过程中做出应有的贡献，而不只是开发独立的大地艺术工程。设计工作室包括了森林规划师、景观建筑师和艺术家。有这样一个例子，艺术家参与到临近学校孩子们的活动中，艺术家要求他们画出心目中"完美的"森林和树木。法国艺术家参与到将城市森林作为一家超市，这样一种理念的设计中，即城市森林不同的休闲娱乐功能都有它们自己独特的、可识别的地方（Van den Berg，2005）。

有这样一个有趣的例子，城市森林设计与艺术之所以能够走到一起，是因为在荷兰阿尔梅勒附近的一个所谓的"博物馆森林"项目。2001 年，一家私人基金会联合荷兰国家林业局发起了一项比赛，要求艺术家和建筑师设计出 100 米×100 米的"森林房间"。艺术家被要求在他们的项目中用一种独有的、新颖的方式体现出"森林"的概念。最好的项目所得到的奖赏就是将其在阿尔梅勒城市森林中变为现实。后来，艺术家和建筑师总共提交了超过 100 个项目申请书，其中 8 个项目被选中（到目前为止，已经实现了 4 个项目）。其中一间中标的"森林房间"被命名为"节奏"，该项目提出，在房间的网格中每年种下一棵菩提树，持续 100 年。100 年后，最老的树可以被替换。2005 年，来自阿尔梅勒的小学生种下了第一棵树，他还在树底下埋了一个"惊喜"瓶，在未来，当这棵树被移走的时候，这个瓶子也将被一并挖出来（Baaij，2002；Museumbos，2007）。

最后一个例子带领我们回到了艺术与城市森林的历史联系。正如本章所述，城市森林不仅为艺术提供了灵感与环境。艺术家也回馈城市林业，他们可以协助人们进行居处营造和居处重塑，确保城市居民不远离森林和自然。这种互惠互利的关系对作为艺术品的城市森林而言是必不可少的。

第八章　城镇的荒野一面

　　1986 年，《城镇的荒野一面》一书由英国广播公司和环保人士克里斯·贝恩斯授权出版发行。这本书的内容与英国广播公司一部流行的电视剧不谋而合，它对英国人看待城市野生动植物的态度造成了重大影响。贝恩斯写道："城镇绿地不仅仅是一片单纯的、略有退化的战前农田。对于许多物种而言，城镇永远都是比乡村更适合生存的地方。"（Baines，1986，第 29 页）。各种研究已经证实，城市地区常常隐藏着种类惊人的植物和动物（例如 Cornclis 和 Hermy，2004；Gustavsson 等人，2005；Alvey，2006；Lorusso 等人，2007）。最近，一份期刊上的文章（Theil，2006）已证实，即使是在城市化程度最高的地区也会有一块自然区域。这篇文章指的是，慕尼黑工业大学的一项研究发现，在被选定的大城市里要比任何自然保护区的国家公园拥有更多的物种和更多样的生物栖息地。在德国，三分之二的鸟类栖息在柏林；在苏黎世，每平方公里拥有的狐狸、刺猬和獾的数量是周边乡村的十几倍。部分原因在于，城市为它们提供了小块的栖息地和微气候，从拥有池塘的花园到工业区的棕色地带，当然，还有城市森林。此外，城市绿地还隐藏着大量的外来物种。例如，一项针对南非城镇的研究发现，三分之二的木本植物是外来物种（例如 McConnachie 等人，2008）。

　　在城市及其周边的野生生物栖息地，不同大小的城市森林发挥着重要作用。但也许更重要的是，对于许多城市居民而言，他们也在靠近生活和工作的地方为野生生物提供着"真正的自然"。

　　但是，如何定义"自然"呢？相关术语如"荒野"和"原始"，又该如何定义呢？正如本章所显示的，随着时间的推移，自然观的改变，自然、荒野及其他术语的含义也已发生了改变。一般来说，自然通常被人们视为"他者"，也就是没有人类干预的非人类存在物。荒野通常与荒废、野蛮、荒凉、贫瘠这些概念相联系，处于文明的边缘，"由于精神的困惑与绝望，我们很容易在这里迷失自己"（Cronon，1996b，第 70 页）。然而，到了 19 世纪末，在浪漫主义时期，荒野被人们改造并使之理想化，荒野逐渐变得神圣起来，并与最深刻的文化核心价值观联系在一起，因而，针对荒野的消极观念已经彻底改变了。

　　在本章后半部分将详细讨论不断变化着的"荒野"概念与作用，体现作为"城镇的荒野一面"的城市森林的作用。首先，城市森林的作用体现在引发自然保护运动的兴起。然后，从一个旁观者的、变化着的、自然观的视角去看待城市森林。专家所定义的自然、荒野概念不够全面，特别是没有包含城市环境。重要的是，不同的城市居民感知与体验自然及荒野会有不同的感受。相关知识有助于规划者和管理者开发作为"城镇的荒野一面"的城市森林，而对于柏油、钢筋和混凝土所构成的城市环境而言，这是一剂急需的解药。这些相关知识是本章最后一部分的主题。

城市森林与自然保护

欧洲的城市森林在促进人与自然关系方面起到重要的作用。最初，正如第三章"恐惧的森林"中详细描写到的，它们隐藏着野生的和危险的因素。例如，1640年至1650年期间，在慕尼黑附近的佛斯腾里德公园，狼仍然被人们认为是一种瘟疫动物（Ammer等人，1999）。尽管森林和自然逐渐远离了城镇，然而在战争结束后，野生动物又开始返回城镇，例如，在德国，三十年战争结束后，狼和熊的种群数量开始逐渐恢复，而传染病的蔓延导致人口大量减少（Lieckfeld，2006）。

正如第四章"富饶的森林"所展现的，在历史上，城市森林的主要用途是为人们提供木材及其他产品。森林不仅要能够为人们提供大量的产品，而且还要适合人们狩猎，因而森林的生物多样性就极其重要了。为了能在森林中狩猎，贵族甚至从其他地方引进猎物，既要满足他们的追逐体验，又要满足他们的味蕾。

在文艺复兴时期，城市及其附近有一些"野生的"自然环境。很多乡村或自然区域与一些意大利别墅的花园相毗邻。人们给予这些包括小树林（称为"博斯克"）的自然区域及其生长过程更多的自由。正如劳伦斯（2006，第272页）所写道的："只有花园围墙外面的小树林或沿着道路生长的树木才被允许自由生长。"

正如前面章节所述，当城市开始发展，特别在工业化早期，许多周边的森林成为城市扩张及更多农业土地需求的牺牲品。城市成为掌控自然世界，横扫一切的权力中心（Merchant，1996）。例如，在斯德哥尔摩，尼尔森（2006a，第105页）写道："古老的森林、自然绿地及露天场所相继被房子、街道、公路、工业企业、购物中心和学校所取代，此外还包括公园花园、教堂院落、公共墓地、私人花园、运动场地等。""野生的"自然逐渐被更有"文化的"和受约束的绿地所取代。

一定程度上作为人们对附近的自然和森林遭受破坏的回应，对大自然的重新认识应运而生。在启蒙运动带来的工业时代之前，这场运动已经开启，但其快速发展阶段却处于工业化早期及浪漫主义时期。这场运动首先由上层社会发起，人们（重新）认识自然，将其作为一剂解药医治"堕落的"城市生活。例如，在18世纪出现的反向运动，它反对更加正统的景观设计风格（Hennebo和Hoffmann，1963）。大自然成为新的园林理念，正如亨内博和霍夫曼（1963，第19页）所述："花园和大自然是一样的。"园林景观设计师，如布朗、雷普顿和莱恩，他们依照（英国的）景观风格，基于对自然过程的透彻理解进行景观设计。有时，树木和森林残存的原始、自然景观，正是这种景观风格所必需的。

景观设计师弗雷德里克·劳·奥姆斯特德专注于"自然的设计"（Spirn，1996）。他将"荒野"的一些特征引入美国的城市公园，如优胜美地国家公园，为那些不能去那么远游玩的人带来了某些地方独特的自然风光。因而，大自然被带到了人们面前，供人们免费使用与享受。但这并不是说，奥姆斯特德只让大自然做这些事情。他精心设计公园及其他项目，将人工与自然、引进的外来植物物种与本地物种相结合。奥姆斯特德发现，在城市公园里人们可以对树木施以和乡村林地相同的管理方式。他还指出，景观在其建成后永远不会完工。

对奥姆斯特德来说，树木和森林相当重要。如上所述，作为地球自然保护与自然破坏的重要标志，树木和森林在重新审视自然方面起着重要的作用（Jones 和 Cloke，2002）。艾内格（1991）提到，早在 18 世纪末，人们在故事和诗歌中是如何描绘树木的减少，将其比喻为"对大自然的强奸"（比较 Taplin，1989）。

在 19 世纪下半叶，自然保护运动走向成熟。城市森林常常成为早期自然保护主义者特别关注的对象。巴黎附近的枫丹白露、哥本哈根北部的鹿园和布鲁塞尔南部的索尼恩森林都是最早得到人们成功保护的自然资源。在自然保护运动中，这些城市森林成为人们"广受关注的对象"（例如 Olwig，1996；Konijnendijk，1999）。艺术家、作家以及后来的自然主义者和景观设计师在重新审视自然方面扮演着重要的角色。就像第七章"艺术品"中所描述的，尤其著名的是巴黎南部的枫丹白露，在一群自称是巴比松学派的画家联合其他画家以及资产阶级成员的努力下成功地保护了森林，使其免遭过度砍伐及其他破坏。因此，（一部分）枫丹白露成为法国第一个自然保护区（Kalaora，1981）。在城市自然保护方面，其他地方的作家、画家及艺术家也发挥着主导作用。例如，在赫尔辛基，他们领导了 20 世纪 20 年代的城市浪漫主义与自然理想主义运动（Lento，2006）。艺术家主张在美国俄勒冈州波特兰附近建设一座森林公园，这一倡议得到了建筑师、生物学家及景观设计师如美国的奥姆斯特德"兄弟"（实际上是弗雷德里克·劳·奥姆斯特德的儿子和他的同父异母兄弟）的全力支持。他们认为，后代们将会在当地森林里喜欢上野外美丽的风景以及宏伟高大的冷杉树（Houle，1987）。

在这些艺术家、专业人员以及具有影响力的人士的共同努力下，欧洲及世界其他地区成立了许多自然保护协会。例如，在英国，1897 年成立的汉普特斯西斯公园保护协会，旨在维护伦敦附近这片自然区域的"野生"特征（A history of，1989）。

将绿色空间与"大自然联系在一起"的设计理念并不是一种新现象，正如前面所讨论的，雷普顿、布朗以及其他建筑师所体现出来的景观风格正是这一设计理念的体现。

城市当局逐步跟进。20 世纪初，城市规划中的"斯德哥尔摩风格"（参见第十章"学习的森林"）包括了以休闲娱乐为目的的自然保护以及关注于城市居民的自然体验（Nilsson，2006b）。从 20 世纪 30 年代开始，依照"天然的"荷兰森林理念，人们开始着手构建阿姆斯特丹森林公园，结果是，阔叶林占到了物种组成的 95%（Balk，1979）。

特别是在二战后，地方政府甚至是国家政府都参与到城市自然的保护与推动该项保护中来。城市及其周边保留下来的自然区域，如古老的林地，逐渐受到政府的保护。例如，伦敦的夏伊基特森林，这是一片占地 28 公顷的古老林地。1999 年，它被确定为城市自然保护的重要区域。这项决定直接引发了相关组织的关注，如伦敦自然历史协会，该协会长期致力于反对伦敦金融城将森林作为公园的管理方式，他们引进观赏类树木、铺设柏油路以及移走干枯林木这类做法（伦敦金融城，2007）。这个例子清楚地说明了人们对自然所产生的不同诠释，从培育和控制自然到更加"天然"和狂野的自然。

最近几十年，自然和环境已经被人们提到政治议程上来。城市可持续发展等概念已经影响到了城市的自然政策以及城市林业。1992 年召开的联合国环境与发展大会（UNCED），在提升城市自然的作用以及当地社区管理地方环境方面产生了相当大的影响力。而相关的进程，如欧洲森林保护部长级会议，也有助于将联合国环境与发展大会的核心理念"转化"到林业方面（Krott，2005）。可持续森林管理（SFM）已经是一个非常重要的概念了，它涉及林业的社会、文化、环境以及经济维度。城市林业在贯彻这些理念时通常没有太多的困难，因为它的发展是基于长时期多用途的原则（Otto，1998；Konijnendijk，1999；Krott，2004）。然而，在森林管理方面，有一个变化便是将森林转变为"更加接近天然的森林"，人们试图留给自然进程更多的空间，如枯木的自然腐烂、植物的自然重生（例如 Konijnendijk，1999，2003；Berliner Forsten，2001）。

在现代城市森林管理方面，如何提升森林的自然价值，荷兰阿姆斯特丹森林公园就是一个很好的例子。"Bos"（森林）一词从前被人们称为"Boschplan"，最初，人们开发森林将其作为休闲娱乐的区域，以此实现部分林地、露天场地和水域的生态平衡，并满足民众休闲娱乐的需要，这种传统更多体现在德国的人民公园。当时有一种很特别的做法，就是人们在建设城市森林时只种植本地树种（Balk，1979）。在 20 世纪 90 年代，根据发展政策规划，阿姆斯特丹森林公园被人们分成了四块不同的自然区域。在公园森林区，休闲娱乐及其他活动受到人们的欢迎。在这一区域，森林管理永远是必要的，特别是为了保护这片区域特定的景观结构。这同样适用于森林边缘地带。在自然森林区，关注的重点是在大自然里休闲的人。这里，森林管理措施将被限制在最低。在自然区，大自然是最受休闲者青睐的。由于这片区域涉及古代文化景观，因而总是需要有相当大的管理力度。最后一片区域是城市边缘区，在这里，人们对森林的利用也相当重要。这片区域的管理并不完全区别于公园森林区（例如 Van den Ham，1997）。这些新的政策规划概念是针对 2000—2010 年期间的进一步发展规划而构想出来的（Dienst Amsterdam Beheer，2002）。

在城市林业方面，自然价值的保护与开发获得了更多的成就。这也证明，拥有国家公园和自然保护区的城市，很多都位于森林的边缘或附近（Konijnendijk，1999）。例如，广阔的莫斯科麋岛国家森林公园，占地面积为 128 平方公里，其中四分之一坐落在城市。这意味着俄罗斯首都 10%的面积位于这座国家公园里（Sapochkin 等人，2004）。

城市与自然之间的联系不仅仅体现在自然保护这一方面。在最近几年，人们也努力试图将自然，特别是森林，带回城市。许多欧洲国家已经开始在城市或其周边绿化废弃的农业和工业用地。例如，丹麦的目标是到 21 世纪中叶，森林覆盖面积扩大一倍。在丹麦的造林计划中，人们优先考虑城市周边的区域，因为考虑到休闲娱乐、饮用水保护等因素，在这里造林被认为能够产生最大的效益（Kirkebæk，2002）。其他森林稀少的国家如比利时（特别是佛兰德斯地区）、英国、爱尔兰和荷兰都有非常类似的造林计划（例如 Van Herzele，2005；Nielsen 和 Jensen，2007）。从 20 世纪 70 年代末开始，这些国家一直是当时兴起的所谓"自然发展运动"的领跑者。随着人们对环境造成越来越多的威胁以及对"野生"自然越来越强烈的社会认同，作为工业化与城市化社会的回应，各种工程项目开始将土地"归还"给大自然。农业区脱离生产，河堤回归大自然。人们创造出了植被和生态系统自然发展的条件。在需要的地方，大自然会得到人们的"帮助"，如再次引入大型食草动物（图 8.1）。"新的大自然"出现了，甚至就在城市及其周边（例如 Blok，1994；Metz，1998；Koole 和 Van den Berg，2004）。针对荷兰阿尔克马尔胡特城市森林的一项研究表明，人类的干预能够促进森林的生物多样性（Alkmaarder Houte Dupe，1992）。人类的干预能够导致出现一个相当不同的森林，比通常情况下的森林拥有更多的古树——城市居民反对砍伐树木以及相对滞后的重新种植——和许多外来物种，如人们从临近园林移植过来的植物。

在某些情况下，新开发的大自然并没有受到太多人类的干预，就像德国鲁尔区的某些

图 8.1　在德国鲁尔区，自然进程对新林地景观的出现起着重要的
推动作用（照片由作者拍摄）

废弃的工业棕色地带。这些地区自然林地的发展导致了一种新型的"野生林地"，这里犹如自然或半自然的野生动植物栖息地，通常隐藏着一些濒危物种（Kowarik 和 Körner，2005；Keil 等人，2007；图 8.2）。

图 8.2　在荷兰等国家，大型食草动物被引进到许多城市森林，这有助于创建
一种更加天然的景观（照片由作者拍摄）

城市及其周边的自然保护与自然开发，如城市森林的保护与开发形式，也会存在一些缺陷。第三章"恐惧的森林"已经介绍了一些与城市森林和自然相关的消极方面，如城市周

边的森林火灾。在荷兰的一次林业论坛上，人们已经讨论了将（野生）森林和自然引入城市对健康产生的负面影响。例如，蚊子、扁虱、狐狸会成为各种疾病的传染源，而有些传染病对人的危害是非常严重的（Den Ouden 和 De Baaij，2005）。有时，城市当局不得不转向更激进的行动，以确保"野生自然"不失控。例如，堪培拉市政府开始给城市里大量的袋鼠喂食避孕药（Australia Eyes Pill，2006）。经历了五年的干旱，许多动物为了生存重新回到城市，然而这又导致对人类更大的伤害。

因人而异的自然

最近一则新闻故事（Mass Hysteria After，2006）描述了在尼泊尔的一所学校里一条蛇被人们杀死的事件，这所学校位于该国首都加德满都城外的一个村庄里。在这次事件中，许多学生当场晕倒，因为蛇被许多印度教徒认为是神圣的。最后，学校校长不得不为这次事件道歉。在荷兰发生过一起事件，动物权利保护组织指控荷兰国家林业局对动物保护的失职。具体来说，在莱利斯塔德附近的东法尔德斯普拉森自然保护区，为了使当地环境更加天然，林业局在高原上放养了许多牛和赤鹿。然而，如果没有他们当初的干预，这些动物绝不会死于 2004 年的寒冬——干预导致"反自然"——最终导致他们与动物权利保护组织之间爆发的冲突（Teletekst，1999；Vera，2005）。

这些例子表明，在提及自然时，人们会产生非常不同的观念和喜好。通过对荷兰"食草动物"的国际研究，维拉（2005）指出，在东法尔德斯普拉森放养的牛和赤鹿，其通常的死亡率并没有和那年寒冬的死亡率有什么不同。尽管这是一种"自然状态"，但很多人似乎并不欣赏。他们对于引进大型草食动物总的反应是积极的（Maasland 和 Reisinger，2007），但作为生态系统的一部分，最终导致这样的结果时，人们的反应并不相同。

虽然有人喜欢维护良好的私家花园，也就是所谓"整齐的"自然，但还是有人喜欢城外的天然林。对自然的欣赏有赖于个人特质及其文化背景。在不同的文化和不同的时代背景下，"自然"具有程度不同的含义。在物质领域及文化理念与规范领域，自然特征也存在着不同的含义（Olwig，1996）。

耶特·汉森·默勒（Cited by Oustrup，2007）将自然风景定义为，通过对自然和景观的塑造所表达出人们的共同理解或把握的含义，但其含义很难通过个体用语言表达出来。自然风景就是一面镜子，例如，文化社区居民便是其中的一部分。正如前一节所描述的，自然风景随着文化和社会的改变而改变。它影响着人们的体验方式，包括森林。森林体验可以是情感的（作为庇护所的森林，情感恢复的源泉，专注于感官方面）、身体的（提供展现的机会）和象征性的（给予森林相关的价值与含义）。

克罗侬（1996a）强调以更多历史和文化的方式理解自然的重要性。在现代和后现代的世界，对于自然的含义有很多自相矛盾的理解。存在不同意义的"自然"，而所有这些自然都不是"真正的自然"，因为它们都是文化建构的产物，反映了人类的判断、人类的价值观以及人类的选择。换句话说，自然是什么，全由人来定义。这导致对自然作为"朴素的实在"这一观点的批判以及对自然没有任何文化背景的批判。在一个堕落的社会，作为道德律令及本质上是"善"的自然，它是欧洲启蒙运动的产物，并成为自然保护运动的基础。由于人类的不当行为导致环境退化和道德危险，因而，自然被人们视为逝去的"伊甸园"，逝去的原始自然（比较 Kockelkoren，1997；参见第二章"精神上的森林"）。这激励着人类尝试"恢复"自然，为作为"世界花园"的特殊景观而庆贺，去寻找"完美的"景观，如此亲切、美丽和良好的地方必须被保留下来。

克罗侬（1996a）表明，人们试图找寻这些"新伊甸园"，但由于看待自然的视角不同，因而可能会导致发生冲突。一群城市居民想通过植树创建一片社区林地，但另一群人反对这样做，因为这些树木会遮挡住他们的视野。当双方都在捍卫自己版本的伊甸园时，因有争议的自然而形成的冲突就有可能上升为暴力冲突（参见第五章"权力的森林"和第十二章"冲突的森林"）。考特哈尔斯（1998）提到，针对自然的"斗争"在加剧，自然变得更具争议性。在现代西方社会，不同群体和个人对自然的认知、伦理及审美的"评价视角"差别很大，不再是某些固定的、主要原则。人们各自的自然观与他们的身份、他们认为自己是谁，以及他们想要什么样的生活有关。"理想的"自然通常采取极端的建构形式，也就是高度"人工化"，就像许多城市公园、动物园一样，迪斯尼乐园等主题公园更是如此。自然的理想化版本成为消费主义、消费体验的一部分。大自然成为一种商品。

另外，还存在激进的"他者"自然（Perlman，1994；Cronon，1996a，c）。这种"他者"不断超越我们语言世界的边界，以至于我们无法定义它。麦钱特（1996）使用非人类的自然这一术语，将其视为一位自主行动者。这个观点也被琼斯和克洛克（2002）所阐述，他们将自然归于树木，它们是自主的行动者，如在居处营造方面（比较 Rackham，2004）。在地理学及其他领域，人们需要识别并适应非人类行动者的存在及其积极作用。自然不仅被镌刻在人类的文化与实践上，而且它还"向后推"，为人们提供了创造性的认知。在特定的地方，人类与非人类共同体之间的联系必须加以考虑并保持平衡，通过经济和生态交流，将这种联系扩展到更广阔的领域。自然也被人们视为是"恶魔"，是一位无法控制的复仇天使（Cronon，1996a，b），给人们带来了飓风、洪水、火灾。"恶魔"还表现在美洲狮或棕熊对慢跑者的致命袭击，甚至是通过森林扁虱传播的疾病等（参见第三章"恐惧的森林"）。

普罗克特（1996）阐明了不同的人和不同的文化中存在着截然不同的自然观。作者引用了1993年凯文·林奇的一项研究，即对生活在美国纽约的加勒比地区的拉丁美洲人的调查。这些城市居民与其他纽约人相比，对待城市自然有着非常不同甚至是更加功利主义的观点，例如，他们习惯在公路隔离带种植蔬菜。对他们而言，自然体验就是从渔船上抓起一条青鱼。通过对新西兰基督城的居民和绿地管理者的研究，人们证实了"荒野"和"自然"具有不同且令人困惑的含义。作为生态学术语的城市植被被认为至少应该尽可能多地出现在社会和文化术语中。但外来植物与本地植物的相关问题几乎没有被这些研究所提及（Kilvington 和 Wilkinson，1999），虽然在城市森林的背景下这一问题经常会被人们讨论到（Gustavsson 等人，2005）。保加利亚旧扎戈拉春天公园的例子也说明，所谓"真正的自然"并不需要与天然植被存在着更多的共同之处。一份针对居民的未公开的调查显示，这个人造森林公园里隐藏了许多外来树种，它被视为保加利亚森林中具有"典型"野生特征的公园（F. Salbitano，2002，私人交流）。在德国的研究表明，德国人（特别是步行者）欣赏具有一定程度的野生环境，但这需要平衡"清洁"经济和休闲森林带给人们的感受。野生环境是不错，只要它得到明确的管理（Lehmann，1999）。

当人们谈到城市森林时，不得不提到的一个问题是：我们谈论的到底是谁的自然？如果城市林业要获得成功，需要识别和对待不同的自然观。我们对不同"自然"的定义，将不可避免是人为的，但是，正如普罗克特（1996）也强调的——这和人类中心论并不一样。普罗克特引用迈克尔·波伦的作品，赞成在当代实现一种人与自然之间的花园伦理关系。波伦（1991）指出，一个与自然发生合法纠纷的园丁，不会过于浪漫，并且不会想当然地认为人类对自然的影响将永远是消极的。这与人类已经毁掉伊甸园的观点形成了鲜明的对比。而是，人类也可以与自然结盟，去寻求"更好的"景观。

"谁的自然"这一问题也与公平问题有重要的联系。随着时间的推移，（城市）精英已经表达了支配自然的观点，城市绿地——包括城市森林——其创建与管理所依据的都是这些观点。这一观点的结果之一便是今天城市森林的设计，无论是其狩猎场还是种植着外来树木的、著名而宏伟的休闲娱乐场。在19世纪，人们赞赏弗雷德里克·劳·奥姆斯特德反对在利用与塑造自然时精英的统治地位，例如，在他讨论优胜美地国家公园的时候。奥姆斯特德将英国作为一个反面例子，因为他认为，在英国，最美丽、最独特的自然风光被非常少的富人所垄断（Spirn，1996）。

怀特（1996）描述了另外一种在不同人之间产生的自然观冲突，也就是工作与娱乐的冲突。也许除了某些传统的工作之外，环保主义者常常将在自然界中开展的工作视为一种对大自然的破坏，极具代表性的就是农民开展的小规模农业生产，展现出人们对大自然的深入了解与密切联系。但工作也就意味着认识自然，确立对物理自然的依附且创新知识，正如波伦（1991）所提出的关于园丁的认识。与森林一起工作和生活，为人们遵循森林的节奏与季节性变化提供了良好的机会，并且让人们与自然之间建立起更加紧密的联系（Oustrup，2007）。

据说，当人们谈到城市森林时，"谁的自然"这一问题至关重要。例如，在比利时（佛兰德斯）、英国、丹麦、德国、冰岛、爱尔兰、意大利以及荷兰这些国家，对这个问题的回答将会影响到靠近城市的新森林中正在开展的建设活动。谁能决定这些森林将会是什么样子？谁更喜欢开放型的、主要体现为人文景观的森林，以取代它原来的样子？有些人会争辩说，这一决定取决于林业工作者、景观设计师及其他专家。另外一些人则认为这需要由当地居民来决定。但是，当然没有所谓的"具有代表性的"当地居民。因而人们必须识别与对待各种各样的自然观。

寻找城市荒野

当人们想找到他们自己所定义的"真正的"自然时，他们在城市森林里能找到什么呢？正如前面提到的，人们的自然观非常不同。不过，也有一些相似之处。莱曼（1999）发现，在他采访的德国森林使用者中，对于一些难解的问题，人们往往将其归因于森林。森林黑暗而稠密。人们尽量避免在夜晚时分待在森林里，步行者和游客通常会在黄昏前回家。一方面，有一种担心就是人们害怕迷路，但是另一方面，"真正的"森林需要一定的最小面积。每天清晨，温度适宜，鸟儿在森林中鸣唱。中午时分，当一切都变得安静下来，（还有人在森林里工作）此时的森林常常被人们描绘成不那么舒适的。森林表现出不同的季节，尽管森林的季节性已经没有过去那么重要了。然而，对于蘑菇和浆果采集者、养蜂人、猎人而言，季节性却十分重要。麦克那腾和厄里(2000)的研究着眼于人们所认可的森林的关键特征。答案是，摆脱日常生活的机会，从紧张的工作中跳出来以及亲身体验自然。森林被认为是一个"适合"人们体验色彩、四季、成长、韵律与声音的地方(比较 Oustrup，2007，体现在第一章)。森林体验被人们反映在神话故事、文学作品和诗歌中。这些体验被认为与人们的某些童年记忆有关。乔根森和安托波罗(2007)针对英国老年森林使用者的一项研究发现，森林对老年人而言具有特殊的价值，森林可以将他们的思绪拉回到过去，可以为他们提供沉浸在自然世界中的机会。亨伍德和皮杰昂(2001)针对威尔士居民的一项研究表明，在一个过度城市化的世界中，森林和树木永远象征着大自然。

位于城市及其周边的城市森林往往被人们视为可以最靠近"荒野"的地方，尽管这里的"森林"指的是一个具有更多人工痕迹的自然形态。城市森林为人们提供了狂野的、大范围的自然，人们很有可能会在这里迷路。但是，究竟什么是"荒野"？它与城市里的荒野不自相矛盾吗？如前所述，克罗侬(1996b)讨论了荒野概念的发展，强调它是文明的产物而不是一片没有受到污染的区域。它根植于浪漫主义时期，由社会精英所倡导，荒野渐渐变得神圣起来，与最深刻的文化核心价值观联系在一起并得以创建与理想化。例如，在北美，在超自然的表面之下，荒野首先是崇高的。崇高唤起人们强烈、常常无法抗拒的情感，然而，荒野并不总是令人非常愉快，尽管崇高的荒野已逐渐被人们驯服和驯化，如在国家公园。北美的荒野也处在(消失的)边缘，顽强个人主义的最后堡垒，代表着更多的自由与更加天然的野生环境。今天，人们试图去寻找"真正的"荒野，如在亚马逊或南极洲。斯莱特(1996)谈到了人们的期望，人们不仅满怀深深的怀旧之情，试图寻回失落的天堂，回归自然，而且希望建设一个新的伊甸园。荒野从一片缺乏实用性、荒废的、无人居住之地，逐渐成为人们开展探险活动，唤醒人们最初情怀的地方。

有趣的是，荒野与丛林的概念还有区别(例如 Slater，1996)。丛林源于梵文("Jangala")，它的意思是"干涸"或"沙漠"以及"野兽的居处"(也就是说，非常像荒野)。但是与荒野一词不同，它还代表着曲折的复杂性、迷失、危险；它具有比荒野更消极的含义，也不像荒野那样象征着深刻的反思。这印证了"城市丛林"是作为一个消极的概念来使用的，并与迷失、危险等联系在一起(Lehmann，1999)。

按照定义，荒野位于文明的边缘。其核心悖论是荒野体现出一种二元论的观点，即人类完全处在自然之外(Cronon，1996b)。所以，我们在自然界的存在是逐渐减弱的。然而，今天的现实是，荒野是一个迥然不同并且非常宽广的概念，它甚至位于城区，靠近我们的家，但是，人类干预荒野，导致荒野受到人们严格的控制，进而形成人工环境，主宰着我们的城市(例如 Kowarik，2005)。

很明显，在城市里有一处既是"野生的"又受到更多人为控制的自然环境。乔根森等人(2006)的文献综述表明，在生活和工作的地方，人们既需要受到管理的区域又需要"野生的"环境。靠近他们的房子，他们更喜欢受到更多管理的景观，但是，在区域附近，他们也需要"野生的"绿地，包括林地。卡普兰(2001，引自 Jorgensen 和 Anthopoulou，2007)指出，呵护自然与"社区满意度"有关，而野生自然与"自然满意度"相联系。他还表明，精心呵护自然可以体现出社区的地方认同；野生环境可以培育个体的地方依赖。换句话说，发展邻里公园更多的是社区目标，而城市森林野生的那部分则针对的是个人以及个人与自然的关系。

虽然人们对"荒野"的概念和看法有所不同，但很明显，城市森林与"野生的"自然之间还是存在着一定的联系。正如第一章"引言"所描述的，城市森林是"空间"，也就是说，这是一处受到较少控制，人们不太熟悉的地方，在这里人们可以体验到全新的探险活动。作为空间的城市森林与人们熟悉的居处之间存在着某种张力，就像芬兰的一项研究表明的，人们喜欢将森林作为大自然来对待，但同时他们仍然想管理森林（Tyrväinen等人，2003）。城市森林里通常拥有高档次的（休闲娱乐）设施，这也不同于森林曾经带给我们的"荒野印象"。因此，埃平森林的管理者选择了将森林里的信息标志和指示板的数量降到最低。利普萨宁（2006，第245至246页）对赫尔辛基周边的森林地区进行了研究，得出的一个结论是"在某种程度上，人们需要考虑该地区的自然形态与修建路径、庇护所及其他要素，来强化现有的自然形态，而不会削弱它们"。

既然荒野常常与"未受破坏的"自然和没有人类的干预联系在一起，也许最好是称之为"野生"。显然，城市森林的管理可以使其保持"野生"状态，为城市森林发展的自然过程、林木枯腐、自然更新等留出空间。

与 自 然 共 处

可以预期的是，人们对公园、荒野及其他保护区需求的增加，其结果必然是人们对大自然体验的日益增长。在城市社会，倡导一种更好的生活与环境质量将促使这方面的进一步发展。本章表明，作为"城镇的荒野一面"的城市森林得到人们的赞赏，即使我们还不完全清楚"荒野"的真正含义，并且其在不同的背景与观点下还会有所不同。

荒野、自然与城市地区之间存在着明显的联系，然而，这种联系需要进一步加强，使远离我们城市生活环境的那片区域成为"真正的"自然。克罗侬（1996b）提到，我们更喜欢"野生的"自然，城市工业文明并不是我们的归宿，那么，我们就不必对我们生活环境所产生的风险承担责任。将一片遥远的荒野理想化，通常意味着对我们实际生活环境的不满意，但不管景观是好还是坏，我们都得回家。在（重新）联系社会与自然、我们的工作与生活方面，城市绿地和城市森林发挥着特别重要的作用。克罗侬（1996a，b）强调大自然的"他者性"，在家附近也可以体验到非人类的大自然。这不是一种低水平的体验。有必要采取一种积极的价值观，将荒野带入到我们的生活之中。为了使我们的家融入自然，人们关注的重点应是野性而不是荒野。

如前所述，在城镇的荒野这一方面，城市森林往往要比绿地体现的更多一些。但是，当人们开发附近的（野生）自然时，首先要讨论以下这些问题，这是非常重要的。这些核心问题是：我们讨论的是谁的自然，谁的"荒野一面"？这些人如何定义"自然"、"荒野"和"森林"？他们更喜欢什么？我们如何平衡许多不同的自然观，例如，是维护还是开发森林的植物及动物的生活？科尔威顿和威尔金森（1999）强调，在城市环境中开展恢复生物多样性的行动，必须考虑到人们对城市植被景观所持的不同价值观与态度。

在开发未来的"野生"城市森林时，对人们偏好的研究可为研究者提供一些有价值的帮助。前面已经讨论过一些有趣的研究。英国雷迪奇林地的游客表达了他们喜爱混合林地胜于松树林地。同时，他们认为，至少要有两公顷的林地面积才能为游客提供一种"真正的"

林地体验（Coles 和 Bussey，2000）。在维也纳维纳伯格的游客休闲区，人们在从前的工业区上建设了一座人造休闲景观，当人们在 1983—1995 年期间开发这片区域时，十分欣赏并继承了"自然主义方式"的景观建设（Arnberger 和 Eder，2007）。一般而言，更加原生态的环境要比城市环境更受人们的欢迎（例如 Herzog，1989；Relf，1992）。在城市环境中，对绝大多数城市而言自然环境是首选。不受管理的自然被人们认为没有景观区域那么受欢迎。最后，在所有的情况下，树木是具有高环境价值的因素。卡普兰（2007）针对工作场所中雇员对周边环境的反应所做的研究表明，自然环境仍然是工作环境的首选——如果工作场所周边有一片适于步行的区域，这样的工作环境将优于主要是建筑物或停车场的工作环境。有一些大树是导致更高环境价值的重要因素之一。

　　虽然自然和"荒野"是首选，但研究还表明，在一些"线索"下去管理与呵护环境也非常重要。纳索尔（1995，比较 Kaplan，2007）提到，很多自然景观展现出粗糙的、原始的一面，看起来"乱七八糟"，因此它们需要"在这些线索下进行呵护"以提高人们的可接受性。在前面提到的研究中，新西兰基督城的受访者可以接受在他们的城市有"野生"植物的存在，虽然他们觉得许多地方看起来"太乱了"（Kilvington 和 Wilkinson，1999）。在加拿大尼亚加拉大瀑布进行的一项研究显示，废弃的工业用地通常看起来是"杂乱的"，但是，当增加了一些"本地的呵护"，例如，增加一些鸟窝，这样的状况将会显著改善（Hands 和 Brown，2002）。

　　术语"野生空间"与"野生景观"越来越多地被人们用在城市绿地的语境中（例如 Simson，2007b）。爱丁堡开放空间研究中心的成果（Thompson 等人，2006）表明，年轻人似乎特别需要"野生探险空间"。这种类型的空间被定义为室外空间，年轻人可以在这里自由开展各种形式的活动与体验。正如第十章"学习的森林"所描述的，人们发现，这能给年轻人带来很多好处。年轻人自己也声称，野生探险空间为他们提供了一个远离家人或同事得到喘息的机会，提供了一个可以参与探险和挑战的地方，可以和朋友玩得愉快并且完全放松、感受自由的地方。"城镇的荒野一面"因而与大逃亡联系在一起。

　　促进"城镇的荒野一面"的开发的一个有趣案例是苏黎世 1100 公顷的基河森林（Irniger，1991）。在 20 世纪 80 年代，人们计划将这片森林开发成"野外度假圣地"（例如 Seeland 等人，2002）。因此，森林砍伐被叫停（这片森林长期以来一直都是苏黎世的"薪材森林"），森林的自然价值受到人们的青睐。目前，基河森林的大部分区域不再受人们的管理，它可以带给苏黎世居民体验"天然森林"、荒野区域以及观察自然过程的机会。最近，在基河林地自然中心的一场展览会上，这种抱负通过展览会的名称体现了出来："从原始森林到生产森林，再回到从前。"基河森林的发展目标是取得国家"自然体验公园"的地位。在瑞士，根据新的立法对这些区域的保护，这种类型的公园将成为国家公园的"小兄弟"。它们位于城市中心附近，面积相对较小（但是至少也要 6 平方公里），能够在自然区域为人们提供娱乐和教育的机会（Bachmann，2006；Zürich will Naturpark，2006）。一项研究表明，虽然最初会受到一些阻力，但是多数用户群体还是支持创建"城市周边荒野"的想法，尽管人们在开展娱乐活动时会受到一些条件的限制（Seeland 等人，2002）。

　　对于其他类似的试图努力发展"城市荒野"的地区，基河森林的发展是一个很好的例子。例如，在柏林，非政府组织环境联盟在"荒野柏林"的口号下，为开发柏林的野生森林和大自然做出不懈的努力。探险假期、生态旅游、参观国家公园诸如此类活动的上升，表明人们对荒野体验需求的不断增长。基河森林的野生森林的风格有助于城市居民保持与大自然的密切联系。此外，在城市中当人们（至少看起来）主宰自然时，对于荒野，城市中的人们会产生一种文化上的需求（BUND Berlin，2007）。

另一个在城市里开发"野生"自然的有趣项目便是英国的荒野空间计划（Preston，2007）。在 2001 年到 2006 年期间，这个项目由彩票机构资助支持，这一计划致力于创建和改善所谓的当地自然保护区（LNR）。英国自然，一个非政府组织，其目标是让更多的人能够享受到荒野生活，将它作为人们日常生活的一部分。因此，在许多城镇，当地自然保护区得到了进一步的发展。本地居民在当地自然保护区的创建与发展过程中表现出了积极的兴趣。在彩票机构资助的那段时期，英国共创建了 330 个新的当地自然保护区，77000 名志愿者以及超过 20 万名学生参与其中。

废弃的棕色地带也可以为人们提供一种荒野体验。拉福特扎等人表达了从生态学及美学的角度，"重新认识"棕色地带为人们提供良好体验的观点。其中一个例子就是鲁尔区新的"野生工业森林"。在当地政府财政困难以致不能负担建设诸如公园这样的经典绿地这一背景下，与建设经典绿地相比，在密集的城市化进程中，这些城市中新的"荒野区域"能够为我们提供一种解决问题的思路。政府不是去建造一座新的公园，而是将资金投于那些呵护荒野区域以及管理参观者的林业工作者身上（Kowarik，2005；Lohrberg，2007）。

希斯（1990）指出，当人们希望寻求荒野体验时，重要的是在主要城市及其周边能够为人们提供进行危险程度较小的探险活动所需要的场所（图 8.3）。例如，鲁尔区的工业林地就为人们提供了开展各项活动的条件。当离家较近的地方有这类场所时，人们就会选择去

图 8.3　野生城市森林能够在家门口为人们提供一些探险活动，如瑞典延雪平市的这片自然区域（照片由作者拍摄）

这些地方，从而减轻一些国家公园的压力以及对其他更遥远、更热门的自然保护区的压力。在荷兰，靠近城区的索莱沃尔沙丘区吸引了非常多的来自邻近城市海牙的、开展休闲娱乐活动的游客，以至于在这里必须实施严格的规定，并通过许可证制度限制每年游客的最大数量。通过这种方式，该区域的自然价值和水资源保护功能也可以得到很好的维护（Duinwaterbedrijf Zuid-Holland，2007）。针对莫斯科麋岛国家公园的情况，萨波奇金等人（2004）也指出在城市及其周边，城市森林的娱乐用途和其他"野生"自然区域必须受到相应的监管。研究表明，公园大规模的娱乐用途已经对该区域的自然价值产生了相当大的负面影响，公园的休闲娱乐承载力通常远远超出了它的实际承载力。

这些例子中值得称道的努力使得城市森林变得更加"野性"。但是之前已经提到，有些障碍必须要克服，尤其是当它涉及人们的偏好和隐讳时。沃普勒（2006）写道，在大伦敦，许多居民对周边的荒地持有不同的看法。一些居民惧怕城乡结合部，便以某种方式做出城乡边界标记。

创新的城市森林管理既能够提升自然的价值，也能够使当地社区把握住发展未来城镇荒野的关键。正如科浩（1998）指出的，今天，万物都与人类和管理发生着联系，久而久之，驯化的自然不断得到发展。自然和管理相互需要。在城市化的社会，大自然不再自行发展，如当着眼于风险管理的需要时。以费尔布拉泽（1972）的话来说，在其发展进程中，自然需要帮助。或者按照西姆森（2007b）描述柏林南地自然公园的说法，"设计"荒野，既是可能的，也是可取的。作为城镇荒野的一面去发展城市森林，这是一个有趣的课题。

第九章　健康的森林

世界卫生组织(1946)将健康定义为身体、精神和社会福祉的良好状况，而不仅仅指的是没有疾病或不虚弱。因此，健康是一个相当宽广的概念，明确包含了民生方面。尽管在医学和公共卫生处置方面取得了进步，但在现代社会，人们仍然会在健康方面出现各种各样的状况。在欧盟，引发健康状况不佳的原因主要是疾病和早逝，而在其他工业化国家，主要与生活方式、习惯和环境有关(Nilsson 等人，2007)。导致健康状况不佳的因素包括：越来越多的人久坐不动、与城市生活和当代工作实践相关的日益严重的心理压力、暴露在污染的空气及其他环境危害中。例如，缺乏体育锻炼和抗压能力可导致某些疾病发生率的增加，药物治疗只可能减轻症状而不能战胜疾病、提高生活质量。丹麦的研究表明，严重超重的成年人比例大幅上升(例如 Heitmann，2000)。年轻人也受此影响。在比利时，肥胖青少年对体育锻炼的态度往往不那么积极，较少参与体育活动，因此，他们的健康状况不容乐观(例如 Deforche 等人，2006)。肥胖状况并不是均匀分布在社会的所有人群中。例如，在奥地利的研究显示，与其他女孩相比，年轻的移民女孩肥胖率明显偏高(Kirchengast和 Schober，2006)。

不同的研究表明，治疗疾病的花费是昂贵的，特别是与预防相比。例如，阿连德和雷纳(2007)估计，在英国，与肥胖相关的疾病每年会花掉英国国民健康服务体系 32 亿英镑(约合 44 亿欧元)。

很明显，人们需要采取行动。更多的关注应放在呼吁人们寻求改变，以预防疾病并促进人类的健康与福祉。此外，残疾人和慢性病人的日渐增多，也需要人们从慈善机构照顾的方式转变为社会照顾的方式(Nilsson 等人，2007)。

户外的自然区域和自然元素，例如，森林、花园及树木可以为人们的户外活动提供有利条件，并可以提高公众健康和福祉水平(欧洲景观公约，2000；Stigsdotter 和 Grahn，2002；Gallis，2005；Nielsen 和 Nilsson，2007；Nilsson 等人，2007；Worpole，2007)。从人体健康的角度来看，在众多的自然及绿地资源中，城市及其周边的森林已经发挥了重要的作用。开始的时候，森林通常为人类的生存提供所需。后来，特别是城市森林，开始充当从有害身心健康的城市环境"逃离"出来，为人们提供大范围(体育)活动的角色。此外，一些医院和康体中心也建在了和睦、宁静、空气清新的城市森林里。随着当前压力、肥胖及其他疾病的增加，作为人类健康与福祉的贡献者，森林和自然的作用再次被人们"重新发现"。作为户外的自然区域，靠近多数人生活和工作场所的城市森林则是这一成就的关键。

首先，本章从更普遍的、历史的视角将(城市)森林和人类健康与福祉联系在一起。在此之后，将分别讨论城市森林对心理健康、身体健康的影响。最后，将思考如何进一步促进城市森林的贡献以期其更好地为人类健康与福祉服务。

对自然与健康的看法

　　将自然与健康联系在一起并不新鲜。根据缪尔(2005)的说法，人们将"景观治疗"定义为通过景观促进人们的身心健康，自圣经时代开始，人们便创建了这种疗法。作者举了些例子，如修道院附近种植着药用植物的花园、中世纪城堡的狩猎公园，而古希腊和罗马文明也认可自然与景观的潜在治疗作用。有些景观对人们的生活会产生多方面有益健康的作用，随着时间的推移，这些景观受到人们的喜爱并不断被"重现"。20世纪90年代初，赫斯莱尔进一步发展了"景观治疗"的概念——参见赫斯莱尔(2005)、米利根和宾利(2007)的综述。赫斯莱尔还强调，某些自然和建筑环境能促进人们的身心健康。在这些景观、环境、社会和个人因素的共同作用下，人们的身心健康得到了进一步的发展。日常景观的重要性，如靠近人们居所的城市景观，这方面不应该被人们所忽视。

　　露天场所会对公众健康产生积极的影响，促使其发展的一个重要因素是持续的社会工业化进程。塔姆(1980)描述了在英国，基于或组织起来的大量劳动人口，工业是如何顺理成章、快速发展起来的。这些工业城镇的扩张和大量工人阶级的出现，与那些拥有大量景观别墅和公寓的新富豪形成了鲜明的对比。1848年的《公共卫生法》承认，工业城市及其快速发展造成了对人体健康的危害。大部分人生活在非常糟糕、有害健康的环境中。最初，市政当局的介入旨在改善这种状况，然而他们的态度犹豫不决，充其量只做一种局部的改善。事实上，慈善家、保护协会和实业家通常会采取最古老的方式，如建设新的公共绿地（参见第五章"权力的森林"和第六章"大逃亡"）。由于工人的健康及其满意度，实业家因而能够获取到更大的利益。连同其他有影响力的人——如市长（Hennebo 和 Schmidt, s.a.)——他们都倡导绿色空间。在英国，所谓的都市花园协会促进了环境的改善，影响了政府的干预，推动1875年修订版《公共卫生法》的出台。新法案使很多公园得以建立，这被看成是改善工业城市"衰弱的环境"的关键因素(Tam, 1980)。

　　沃普勒(2007)提到，从19世纪开始，英国政府便认可公园能够起到对城市各阶层"恢复其身体和精神"的作用。维多利亚时代的政府认为，公园是为公众利益提供更广泛承诺的一种象征。身体健康显然是重点，但也有一个性格形成和身份确认的过程(参见第五章"权力的森林")。从19世纪90年代开始，在乡村和海边开展的休闲活动，如步行、骑车、野营、旅行与政治及医疗改革联系在了一起。在英国，这一改革——由草根组织推广——呈现出"正确生活的艺术"的特征。在德国，漂鸟运动推动的也是类似的改革，促进了人们户外徒步旅行的发展，这项运动被人们称为"生活改革"。

　　19世纪，在欧洲其他地方，人们也认可了健康、户外运动与绿地之间的联系。城市绿地被称为城市之"肺"(Lawrence, 1993)以及呼吸空间(Clark 和 Jauhiainen, 2006)。像在英国，那些支持建设公园和花园的人认为，它们能够为减少城市的社会冲突提供额外的帮助(Lawrence, 1993)，因为它们有助于城市居民形成"高尚人格的文化价值观"(Clark 和 Jauhiainen, 2006)。在法国，当巴黎的绿色建筑建成后，人们更加关注步行有益身心健康的方方面面(例如 Kalaora, 1981)。也是在19世纪，荷兰学者强调，公园可以使人更快乐、更健康(Dings 和 Munk, 2006)。在荷兰，大城市周边建起了森林休闲区，供人们休闲及

"方便"之用（例如 Buis，1985；Van Rooijen，1990）。考虑到一系列公众休闲活动，德国人民公园原则上也强调了广阔绿地的重要性。

里德（2006b）描述了伦敦在过往岁月里的发展。露天场所对人们健康和生活质量的价值逐渐被所有伦敦人所关注，而不仅仅是精英。社会上的各行领军人物都强调公共绿地有益于"适当的"娱乐和工人阶级的健康。里德（2006b，第 43 页）写道："自然，就像艺术一样，被人们认为具有一种道德上有益的影响以及自我恢复的力量。"尽管规划师和设计师关注于将更多的"技巧"带入到自然中，如园景树、花坛等，但在其发展过程中，城市森林和平民百姓也是需要重点考虑的因素。

20 世纪早期，有时在国家政策的支持下，政府加强城市管理，积极从事城市绿化和健康发展。例如，在那些日子里，特别是在 20 世纪 30 年代，斯德哥尔摩的公园政策取得了巨大的成功。城市公共绿地扩大到了超过 4000 公顷（Nilsson，2006a）。显然，公园被视为改善公共卫生的重要手段。在欧洲其他类似的地方，如斯德哥尔摩的环保政策就包括了花园城市运动，人们认为，生活在这些绿色空间中是非常重要的。这些政策也影响到了城市园艺专家，如斯德哥尔摩的霍尔格·布劳姆（参见 Treib，2002）。其灵感来自于世界其他地方，包括美国的城市美化运动。

根据沃普勒（2007）的说法，20 世纪后半叶，至少在英国，露天场所、户外活动和公共卫生之间的联系并没有得到政府足够的重视。健康越来越被人们认为是一个私人问题。然而，最近几年，大自然对健康的影响再次凸显出来，正如在本章的引言中所提到的，这并不是社会变迁导致的结果。

在发展过程中森林的作用到底如何呢？有趣的是，森林始终没有被人们视为一个健康的地方。在 18 甚至 19 世纪，由于潮湿、污浊，森林里的空气被人们认定是不健康的。因而许多森林茂密的国家被认为存在着"糟糕的空气"（Lehmann，1999）。这也许可以解释为何最初人们试图将绿地和公共卫生联系在一起的关注对象是公园而不是"野生"自然。然而，在 20 世纪 60 年代，健康以一种更加积极的方式与森林联系在了一起，例如，在 1967 年召开的国际林业研究组织联合会（IUFRO）大会上，与会者讨论了在森林里开展户外活动的必要性——在所有的休闲时间里，将其作为城市生活的"附属物"。当今时代对人们造成了越来越大的压力，例如，比以往更高的家庭期望。而户外活动被人们认为是可以改善身心健康、减少犯罪与不良行为的一条途径（Arnold，1967）。

由于缺乏影响健康的科学依据及起作用的机理，因而，促进与发展户外环境（包括森林）与公共卫生及福祉的联系将会遇到很大的阻碍。虽然人们普遍的感觉是森林有益于健康，但政府当局仍然没有将自然广泛应用于促进健康之中，部分原因在于缺乏"铁的事实"。周边的绿地仍然被人们视为奢侈品而非必需品（或公共设施），特别是在城区，对土地的竞争异常激烈。虽然我们凭直觉可能会觉得自然能够促进人类健康，使我们感觉更好、更快乐，但在很多方面，自然与健康之间的机理仍然在很大程度上不为人所知。然而，因果关系是什么——如果有的话——自然景观与我们的健康和幸福之间到底是一种什么关系呢？哪种类型的景观具有最积极的影响？广泛科学领域里的经验知识被人们缓慢但稳步地积累起来，包括环境心理学、园林建筑学、林学和流行病学（Bonnes 等人，2004；Gallis，2005；Nilsson 等人，2007；Velarde 等人，2007）。例如，近期的研究调查了易于接近与利用自然的人群，通过（自陈报告）阐述了自然对人体健康与福祉的影响。研究比较了丹麦、英国及荷兰人的健康指标，发现那些易于接近绿地的人所获得的健康与福祉要好于那些定期去周边大自然和绿地的人（Maas 等人，2006；Mitchell 和 Popham，2007；Nielsen 和 Hansen，2007）。

城市森林与身体健康

自古以来，森林作为人类食物的基本来源，为人类的生存做出了巨大的贡献（参见第四章"富饶的森林"）。在传统的、现代的以及替代疗法中，树木及其他植物作为药物及其他化学药品的来源，也被人们广泛利用（例如 Perlis，2006）。在某些情况下，特别是热带国家，城市森林仍然是替代疗法的重要来源（图 9.1）。例如，最近一项针对马来西亚吉隆坡附近亚依淡森林保护区的研究表明，居住在这片城市化森林里的原住民仍然在采挖药用植物（Konijnendijk 等人，2007）。

欧洲的一份报告将户外环境和人类健康与福祉联系在了一起（Nilsson 等人，2007），报告认为，在当前医学中林产品仍然有值得肯定的作用。作为复合的化学防御系统的一部分，树木包含了生物活性，保护性物质如黄酮类、木质素、芪类、萜类、植物甾醇、脂肪酸和维生素，它们具有（潜在的）促进人

图 9.1　在一些国家，当地居民仍然利用城市森林采集药用植物。在以色列的罗斯艾因城市森林，这位阿拉伯人正在展示他的收获

体健康的作用。树木的生物活性化合物可以被人们用作营养保健品，也就是说，它们是营养品和药品的结合。这些林产品有助于公众健康，它们可以作为膳食的补充、促进健康的（"功能性的"）食物以及药品。例如，木糖醇产品可以促进口腔健康（例如 Mickenautisch 等人，2007），人们还发现，紫杉酚是一种强大的抗氧化物，可用于治疗不同类型的癌症（例如 Walsh 和 Goodman，2002）。

作为生物的缓冲区，树木和森林通过帮助减少其他地理环境因素的影响，也直接影响着人类的健康与福祉。树木和森林可以过滤潜在的有害空气污染和太阳辐射，它们阻挡大风，为人们提供自然的庇护，它们还可以使空气变得凉爽与湿润（例如 Nowak，2006）。希斯（1990，第 118 页）援引巴黎人的说法，如果没有城市中心两侧布洛涅森林和文森森林对灰尘的阻挡，这座金碧辉煌的城市其光辉将不复存在。由于气候变化，城市森林对气候和环境的这些影响将变得更加重要，这种持续的过程也将影响人类的健康。科姆里（2007）记

述了气候变化的影响可能会导致降水、气温及其变化的增强，而健康问题则有可能持续恶化。这些变化将导致越来越多的疾病，如与酷暑相关的疾病。例如，2003 年欧洲的夏天，许多人的去世就与酷暑有关。此外，这也会导致与空气污染、空气过敏原、真菌和霉菌、水源和食源相关的疾病以及流感的增加。很明显，自然和树木都与这些发展变化有关。例如，城市里高大的树木能够增加树荫、降低温度，因而缓解温度的增高（例如 Graves 等人，2001；Nikolopoulou 等人，2001）。

城市森林和树木并不只是通过它们的产品及环境提供的服务来促进人类身体健康的。由于森林及其他自然环境被人们认为比建筑环境更具吸引力（例如 Velarde 等人，2007；参见第八章"城镇的荒野一面"），绿化区能够激发居民开展健康的体育活动，如步行或骑车。居民也可以选择将这些活动作为一种出行方式，以及在城市森林及其他绿地里享受更多的美好时光（Groenewegen 等人，2006）。人们认可这种观点有一段时间了。1957 年，瑞典运动生理学家建议在北尤尔格丹岛建设纵横交错的小道和有利身体健康的运动设施（Schantz, 2006）。

乔根森和安托波罗（2007）在文献综述中也表达了在大自然中开展有规律的体育活动可以改善人们的身体健康状况这一观点。例如，众所周知，步行可以遏制或预防肥胖症和冠心病的发生。在适于步行的绿地生活能显著提高人的寿命。研究发现，在英国，3％的发病率和死亡率其直接原因在于缺乏体育锻炼，进而导致国民医疗服务体系每年的支出估计超过 15 亿欧元（Allender 等人，2007）。体育锻炼可以降低社会上经济贫困的老年人急诊入院和住院的概率，也可以减少老年退休人员的医疗费用。尼尔森和汉森（2007）也提供了充分的证据，证明缺乏体育锻炼导致过早的高风险慢性疾病的发展。

在最近的另一项研究中，施赖弗（2006）着眼于身体受伤后，在康复和理疗过程中林地的使用问题。通过对病人病历的了解、观察病人的身体状况以及与病人进行交谈，表明林地的使用会对治疗产生积极的效果。例如，在受伤后，根据病人的现状，在康复的过程中，通过林地影响他们的认知、情绪和感受，将此作为治疗的重要因素。

城市绿地，包括城市森林，也有益于工作场所人们的身体健康。看起来最有发展潜力的写字楼和知识产业都位于商业区，写字楼是最容易和休闲活动结合在一起的地方，这里的人们大多久坐不动，从事脑力劳动（Jókövi 等人，2002）。例如，在荷兰，73％的员工认为自己从事的是办公室工作（Hendriksen 等人，2003）。研究表明，在午休时间，鼓励员工散步有助于改善他们的身体及心理健康，虽然到目前为止，只有很少的研究关注这个特别的主题。有鉴于此，荷兰政府最近进行了一项针对工人的全国范围的调查。这项调查显示，73％的从事办公室工作的员工中只有34％的人定期在午休时间散步。具有吸引力的环境则被认为是让人们出去散步的至关重要的因素。这个观点被荷兰的另一项研究所证实，这项研究特别关注员工在"绿色"商业区的工作，也就是工人在可以享用、具有吸引力的环境中的工作。这项研究显示，89％的员工说他们会偶尔享用周边的绿化环境，92％的人非常欣赏这些绿化和休闲环境。他们通常会用 16 到 30 分钟的时间，呼吸一下新鲜的空气，在大自然中放松身体，这是他们来到绿化环境中的主要动因（Jókövi 等人，2002）。

医院及其他医疗保健机构与绿地之间的联系已经存在一段时间了（图 9.2）。例如，在 19 世纪，由于人们相信森林环境和清洁空气有益于病患，因而好几家医院都建在了巴黎的文森森林（Derex, 1997b）。乌尔里希的（1984）一项被广为引用的研究显示，当患者从医院的窗户能够看到一片"绿色"的景象时，他们便能很快从胆囊手术中恢复并出院。医院和医疗机构常常利用绿化环境和"康复花园"来达到促进健康的目的（例如 Stigsdotter 和 Grahn，2002）。在某些情况下，医疗保健机构与森林及自然的管理者合作，使患者能够参与管理活动，以此达到促进患者身心健康的目的。荷兰的一项研究（Oosterbaan 等人，2005）表明，曾经的吸毒者、精神病患者和残疾人中参与森林、自然及景观管理的人数呈增长态势，大约 1500 到 2000 家卫生机构中的以上人员在自然组织和国家森林中工作。

图 9.2　就像德国的康斯坦茨一样，许多医院及其他医疗保健机构都位于或
　　　　靠近城市森林（照片由作者拍摄）

　　当谈到自然、森林和身体健康的联系时，儿童是一个特殊的群体。美国作家理查德·洛夫（Louv，2006；与作者交谈，2007）强调了儿童在户外玩耍的重要性，在儿童健康成长的过程中，直接接触自然将会对儿童产生重要的作用，这可能是一些健康问题——儿童多动症、儿童肥胖症、精神压力以及创造力和认知功能减退——解决方案的一部分（比较 Taylor 和 Kuo，2006）。

　　老年人是另外一个重要的群体。一项针对英国老年人的研究发现，那些生活在"更便于"步行的环境中趋向于多步行的人和高水准的步行者更可能拥有健康的身体（Sugiyama 和 Thompson，2007）。社区环境应当被设计成能够开展活动的场所，此外，还需要提供更多的场所以供人们互相交流、享受自然。

　　森林和自然也被人们视为健康（与疾病做斗争）的象征。在比利时的佛兰德斯，一年一度的"小树周末"（一项全国性的植树活动）与全国抗癌运动相互合作并被组织起来。人们可以购买一个"树包"，以此支持此项基金活动。2007 年，人们在 6 个新的森林开展了植树活动，而且这些森林都靠近城市（Cnudde，2007）。

　　最后，自然、森林与身体健康之间的联系并不总是积极的。在第三章"恐惧的森林"一章中，它的一些消极方面被简单提及，如通过动物传播的疾病以及野生动物给人们带来的恐惧。英国的老年人表达了在森林里害怕受伤的担忧，如行走在路上可能会被树根或其他凹凸不平的路所绊倒(Jorgensen 和 Anthopoulou，2007)。汤普森和汤普森(2003)关注过敏问题，他们证实，在城市地区，随着植物多样性的增加，潜在的植物过敏人数将迅速增长。人们已经知道，在城市地区，一些最常见的树木已成为花粉的最大制造者。

城市森林与心理健康及福祉

现代社会引发人们压力的增大及心理疾病的增加。在英国，根据 2004 年的统计，5 到 16 岁的儿童当中，十分之一的儿童经临床诊断患有心理疾病(Milligan 和 Bingley，2007)。尼尔森和汉森(2007)援引的丹麦国家公共卫生研究所的数据显示，在 2000 年，44％的丹麦人表示很有压力，相比之 1987 年这个数字为 35％。

对许多人而言，与大自然直接接触可以起到强大的治疗或预防作用。与绿地接触包括直接的身体接触及其心理过程，将影响到人们的健康与福祉。正如前面所讨论的，除了改善体质，接触自然还可以减少压力，有助于提高人的心智能力。描述流行病学研究表明，生活环境中绿地的数量，不仅与身体健康及寿命，而且与心理健康都有着积极的关系。眺望远方，身处其中，周围景观的绿色元素似乎会影响到我们的健康、福祉及社会安全感(Groenewegen 等人，2006)。

维拉德等人(2007)研究了景观与健康效应之间的关系以及重点关注欣赏风景对健康的积极影响。作者们发现，总的来说，自然景观比城市景观对健康具有更强的积极影响。大多数的研究都证实了这一点，但没有太多不同的观点可供借鉴。欣赏风景对健康的影响主要体现在三个方面：① 从压力或精神疲劳中的短期恢复；② 从疾病中更快的身体恢复(参见上一节)；③ 从整体上长期改善人们的健康与福祉。

环境心理学的实验研究表明，通过压力与注意力疲劳的恢复，进而增进人们的福祉，自然环境在这方面起到了积极的作用。这背后的两个主要理论分别是罗杰·乌尔里希的压力恢复理论(例如 Ulrich，1984)及蕾切尔和斯蒂芬·卡普兰的注意力复原理论(例如 Kaplan 和 Kaplan，1989；Hartig，2004)。第一个理论认为，自然场景能够减轻人们的压力，同时，建筑环境中的设施往往会阻碍压力的恢复。证据表明，身处自然环境之中可以减少人们愤怒、挫折和侵犯的感觉。进一步讲，自然环境还可以增强人们的社会安全感，甚至可以减少攻击行为和犯罪活动的实际发生率(Groenewegen 等人，2006)。第二个理论侧重于自然环境对人类心理疲劳恢复的影响。复原是一个在不断努力以满足自适应需求的前提下，恢复身体、心理和社会能力减弱的过程。斯蒂芬·卡普兰表示(In Gallagher，1993，第 214 页)，自然体验可以发挥至关重要的作用并且有助于人们应对市中心的通常是受到过度开发的环境问题。卡普兰提到了身处"全面受到攻击"、杂乱城市环境中的北美城市贫民，这意味着他们很难集中注意力。那里的人们急需一些恢复健康的体验，如通过城市自然来提供这样的条件。

自然景观还被人们用来治疗疲劳综合征和抑郁症。正如前面所讨论的，治疗景观与为保持健康和福祉相关区域的使用有关。传统上，这些区域被人们视为疗伤之地(例如

Gesler, 2005, 还有 Velarde 等人, 2007), 现在其定义则更加广泛。人们也在使用"恢复性景观"这一术语, 它指的是帮助人们恢复情感和身体健康的治疗性景观 (Milligan 和 Bingley, 2007)。例如, 精神病患者的治疗通常是在一个安静(和隔离)的自然环境中进行。威特斯(2006)描述了在荷兰对病患的一种治疗趋势, 就是将精神病患者的治疗地点从传统意义上偏远的、安静的自然界转移到繁忙的城市环境中, 以便患者能够融入"正常的生活", 使他们更具自主性。在 20 世纪 70 年代, 传统的自然疗伤环境被患者视为是一种"监狱"。然而, 让患者来到城市又常常导致健康和福祉的下降。现在, 人们正在探索一种将自然治疗环境与患者一定程度的自主权结合在一起的治疗方法。

前面提及的报告是由欧洲科学与技术研究合作委员会(COST)委任, 尼尔森等人(2007)完成的。该报告指出, 到目前为止, 减轻压力和恢复注意力的实验研究主要集中在短期的减压, 其压力是在实验环境中产生的。此外, 一个明显的区别是, 一种压力是在自然环境中产生的, 另一种压力是在人工环境中产生的, 报告通过幻灯片或视频呈现出来。然而, 在此基础上的研究很难说明: ① 身处住宅或工作环境附近的自然环境, 对人体健康的长期好处是什么; ② 什么类型的自然环境最有利于人们工作; ③ 需要多少这种类型的自然环境; ④ 是否有额外的需求应当得到人们的满足。

置身多数人居住的城市绿地, 如作为自然景观的城市森林, 对促进人们的健康与福祉发挥着重要的作用。此外, 城市森林因其特征显著, 因而成为人们最喜欢去的地方(例如 Lipsanen, 2006)。科尔佩拉和哈蒂格(1996)发现, 最受人们欢迎的地方往往能够提供与恢复性环境相关的体验。冯德尔公园, 阿姆斯特丹参观人数最多的城市公园, 来这里参观的游客将城市环境中的自然体验视为积极感受和有益服务的来源。例如, 冯德尔公园的绿地被人们认为可以产生许多社会和心理上的成效; 使用者可以视公园为恢复性环境(Chiesura, 2004)。在赫尔辛基, 包括城市森林在内的绿地一直被认为会对城市居民的"心理稳定"产生积极的影响(Lento, 2006)。在英国, 许多人都经历过在城市林地进行的恢复性体验, 从减轻压力到深刻的反思与自我调节(Bussey, 1996, 引自 Jorgensen 等人, 2007)。还是在英国, 心理健康慈善机构"理智"开展了一项研究, 比较了分别去国家公园和购物中心的两类人群(Mind, 2007)。71％的受访者声称, 在公园里散步后沮丧的心情会显著减少, 与此同时, 22％的受访者声称, 在商场购物后会变得更加沮丧。此外, 在当地协会"理智"的网络上, 定期的参与者声称, 将自然与运动结合在一起会对他们产生最积极的影响。94％的受访者表示, 绿色活动有益于他们的心理健康, 能够解除他们心中的苦闷。

米利根和宾利(2007)重点研究了 16 至 21 岁的英国年轻人。研究人员发现, 林地经常被年轻人作为疗伤之地。当人们感到心烦意乱时, 林地就可以提供一个供人们静静坐下, 回忆往事的地方。在某种程度上, 林地的疗伤作用不仅在于树木的大小与树龄, 而且还在于它们具有安全、呵护及冷静的品质。树木被人们视为稳定性与连续性的象征(参见第二章"精神上的森林")。研究还指出, 童年时期在林地里玩耍将对随后青年时期的心理健康产生长期的效应。那些经常在林地里玩耍的年轻人, 当他们还是孩子的时候更愿意将林地视为疗伤性景观。

在丹麦, 一家洗衣粉公司调查了 630 名 5 至 15 岁儿童的父母, 目的在于了解家庭的脏乱状况与体育活动之间的关系。研究表明, 83％的家长认为, 当他们的孩子去户外活动的时候, 他们就会变得很轻松。然而, 调查发现, 孩子们在室内活动的时间要多于在室外活动的时间。大多数家长认为，电脑游戏和网络聊天是孩子们待在家里的主要原因。超过三分之二的丹麦孩子的房间里有电视和/或电脑（WEBPOL，2006）。

大自然对心理健康影响的一个特例是由荒野体验所带来的。例如，在心理和修复效果方面，大自然和荒野会起到不同的作用（例如 Kaplan 和 Kaplan（不同的两个人，同一个名字），1989；Gallagher，1993）。正如第八章"城镇的荒野一面"所描述的，荒野体验与一系列心灵的和卓越的体验有关，它能够为人们带来比如更强的自信心、更强的归属感以及再次明确"什么才是真正重要的事情"（Kaplan 和 Talbot，1983；Relf，1992；Gallagher，1993）。克内希特（2004）指出，人们也可以在城市周边被称之为荒野或野生自然的地方开展荒野体验。显而易见，城市森林正是提供这种体验的地方。荒野体验可以以一种更加持久的方式，通过日常的自然体验帮助人们减少压力以及恢复注意力。有趣的是，尽管荒野通常与"宏伟"的野生自然中的个人体验联系在一起，但事实上，我们中的许多人是与其他人一起体验荒野的。例如，在北美，只有 3% 的游客是独自到大型自然公园游览的（Gallagher，1993）。

在很大程度上，虽然自然景观的利用与感受之间的联系看起来是积极的，但在德国，曾经有关森林减少（"生态灾难"，指森林中的树木因污染而病死）的讨论显示，当人们看到这些森林或其他自然景观时，也可以诱发人们的负面情绪（Lehmann，1999）。例如，当森林被人们视为"死亡"时，死亡和失败的感受便与森林联系在了一起。珀尔曼（1994）的工作也证实了这一点。在经历了一场严重的飓风侵袭后，许多城市树木被吹倒，他采访了美国佛罗里达州的居民，了解了他们的感受。此外，在欧洲许多地区，当地森林和树木受到威胁也会导致当地居民激烈地抗议并产生高涨的情绪。第十二章"冲突的森林"给出了涉及城市森林冲突与抗议的例子。

促进健康的森林

前面各部分内容显示出，自然景观包括城市森林能够对人们的身心健康及总体幸福感产生积极的影响。此外，自然环境比之城市环境更受人们的青睐。在城市地区，更加原生态的环境显然是人们的首选。周边的大自然，特别是城市森林产生的影响所起到的作用是什么呢？针对这个问题人们已经有了一些答案，但需要做更进一步的探讨。根据哈蒂格（2003，引自 Milligan 和 Bingley，2007）的说法，快速增长的医疗保健费用与下滑的环境质量、公共卫生及健康促进策略所构成的自然环境将会对日益增多的城市人口产生特殊的价值。人们会充分利用周边的室外空间，它能给人们带来一种安全感和归属感，并且非常具有吸引力（Nilsson 等人，2007）。靠近绿色区域，（结果是）更多的人来到绿地减轻压力（自我报告）。此外，研究发现，拥有属于自己花园的人较少受到压力的影响（例如 De Vries 等人，2003；Nielsen 和 Hansen，2007）。正如乌尔里希等人的工作所揭示的，靠近意味着并没有实际使用森林和绿地。韩国最近的一项研究表明，靠近窗户、能够看到森林景色的办公室职员有着较低的压力和较高的工作满意度（Shin，2007）。

周边的大自然如城市森林，在联系室外环境和人类健康与福祉方面起着非常重要的作用。"周边的大自然"由自然元素及其特征所构成，人们的日常生活就在这里及其周边度过，包括居住的环境、工作场所及学校（Nilsson 等人，2007）。不具危险性的大自然通常受到人们的喜爱。然而，我们也看到，某种形式的"荒野体验"也会对我们的心理健康和全面福祉产生积极的影响。人们通常希望有机会能够身处周边的荒野。而短时间的自然体验就能够产生一定的效果，比较典型的就是短暂地亲近自然所带来的好处，重复短暂的体验便能产生累积效应（图9.3）。

图9.3　享受在城市绿地如城市森林里度过的美好时光，这有助于减轻压力。研究发现在绿地里度过一段时光后，人们会变得更加专一与专注（照片由作者拍摄）

　　如何促进这样的体验？周边的自然如城市森林怎样才能为城市居民的健康与福祉做出更大的贡献？当然，特定的行动取决于特定类型的绿地与不同类型的健康危害之间明确的联系。但正如前面所讨论的，人们缺乏知识，特别是缺乏与起作用的机制相关的知识。显然，利用自然元素吸收粉尘将导致一种与众不同的最佳绿色结构，然后利用这些元素创建一片绿洲，人们便可在此放松身心和恢复注意力（Groenewegen 等人，2006）。

　　环境应被视为远离人们日常生活能够体现出潜在的魅力环境，环境的发展应与人类的需求相一致（例如 Jorgensen 和 Anthopoulou，2007）。正如第六章"大逃亡"所展示的，林地提供了很好的机会，让人们感到似乎"远离"城市。正如前面章节所述，它们可能相对较小，但仍然能够为人们提供某种"森林"体验（Coles 和 Bussey，2000）。

　　为了在周边的自然环境中通过鼓舞人心的活动实现公众利益，需要考虑如何协调人们各自的利益与他们的时间。此外，需要激励和维持特定的行为，设计和促成合适的地点，识别和区分不同的群体（如市场细分）以及这些活动能够在更广泛的健康目标下实现的合适条件（Nilsson 等人，2007）。

可及性是一个关键问题。城市绿地——包括城市森林——并不是每个人都可以到达，至少没有达到每个人都相同的程度。由于各种因素如交通走廊、所有权问题、位置、设计和基础设施的存在，人们去往城市绿地这一城市社会的重要组成部分将会受到很大的限制（例如 Nilsson 等人，2007）。信息障碍也是存在的，人们不知道城市绿地到底在哪里，或者根本不知道享用它们的可能性。人们来到绿地参与活动，这被认为是一项运动，如"哥本哈根在行动"。哥本哈根市政府主要负责开展这项运动，针对的是那些预期寿命相对较低的城市居民（Lee 和 Pape，2006）。作为城市的"绿色脉搏"，绿地提供了一种相对廉价的方式以促进公众健康，如果人们能够比较容易来到周边的绿地，那么绿地将在这项运动中起到非常关键的作用。哥本哈根市政府的一个重要目标是，哥本哈根所有的居民生活在距最近的绿地 400 米的范围内，这一标准已经被越来越多的欧洲国家所接受（例如 Van Herzele 和 Wiedemann，2003）。同时政府也努力使社会弱势群体能够参与到各种活动中。这项运动包含了一种"绿色"与医疗行业的独特合作关系（Lee 和 Pape，2006）。

必须将吸引使用者和建设恰当的设施作为其发展绿地的主要目标。在丹麦，为公共空间而开发的"创意目录"，给人们提供了合适的、令人兴奋的环境及设施，以此鼓励人们参与体育锻炼。该目录着眼于推广各项活动如游戏、户外运动及户外教育（Hansen，2005）。在这方面，差异性是很重要的。它既能够为个人提供活动的空间，也能够为社会群体提供相应的条件。这也与"社会健康"这一主题相联系，虽然在本章没有得到太多的关注，但在第十一章"社会的森林"一章中将给予进一步的解读。身处一个群体或当地社区中，对人们的健康与福祉将是非常重要的。例如，加思赖特等人（2007）认定，在日本，康乐攀树能够产生积极的社会影响，家人、朋友的积极体验和他们乐意参与当地的保护行动很好地结合在了一起。作为"领土"和居处的城市森林在促进社会健康方面也发挥着重要的作用。

社会健康和打造强大社区是城市森林及其他自然环境起到的多重作用中的一部分。正如在本章前面所讨论过的，许多这样的作用，包括提供环境服务，对人体健康都会产生积极的影响。琼斯和克洛克（2002）谈及的"治疗树"，不仅有助于减少人们的压力，而且还可以清洁空气和水资源，减少太阳辐射，降低洪水暴发的风险，有助于恢复受污染的土地等。城市森林也能够以许多不同的方式成为健康的森林，促进人类健康与福祉的方方面面。

第十章 学习的森林

随着时间的推移，城市森林也逐渐产生了各种各样的教育作用。因此，这些森林可以被人们看成是学习的森林。本章着眼于广义上的"学习"，包括专业教育、培训与提升、国际间的思想交流、环境教育以及保持社会与自然、林业之间的联系。

一直以来，城市森林都是重要的试验场，例如，在森林中引进外来树种以及林业开发的新途径与方法，这种作用将在下一节中做以介绍。再之后的一节则要思考，那些城市森林的拥有者和设计者如何从林地、公园以及国外的发展动向中汲取灵感。城市森林也可以协助改善森林管理者与城市公众之间的沟通。本章还将介绍示范森林所起到的一种作用，也将会讨论到城市森林更加广泛的教育作用。它们为人们提供了一扇"世界之窗"，并成为环境教育的场所，特别是面向儿童和青少年。

不仅如此，人们还可以进一步开发城市森林的教育作用，具体内容将在本章最后一节进行讨论。面对一个日新月异的城市化社会，提高对学习森林的认识，这将有助于人们应对许多具有挑战性的林业与景观管理。

作为试验场的城市森林

当统治者和精英阶层开始引进外来树种时，例如，出于其观赏性等原因，他们经常在自己的庄园里种植这些树木。而正如前一章所述，许多庄园后来都变成了面向公众开放的城市森林。外来物种的引进和试验也是林业科学与专业出现并发展的重要组成部分。城市森林在这一过程中发挥了重要作用。它们为人们提供了便利的——即靠近城市和教育机构——试验场，例如，为木材生产而确定种植哪些合适的树种以及权衡不同造林制度的利弊。

在欧洲，从 16 世纪末到 17 世纪初，人们逐渐开始引进外来树种（Spongberg，1990）。私人收藏家、庭院学会和植物园都对搜集并试验新的物种产生了浓厚兴趣。例如，伦敦的特拉德斯坎特家族从欧洲各地以及新殖民地广泛搜集各种植物。他们还将异域的欧洲树木推介到北美。在 18 世纪，越来越多的亚洲树种，如银杏树和金雨树被人们引进到欧洲。荷兰的东印度公司，当时亚欧贸易的主导力量，在树种的引进过程中也发挥着其独到的影响力。勃洛克（1994）描述了在 17 到 18 世纪期间，这些与众不同的外来树种如何被人们引进到今天的荷兰。开始是马栗树，接下来是英国梧桐、美国水松和黎巴嫩雪松等树种。到了 18 世纪中叶，在荷兰及其他贸易国的许多庄园和植物园里已经拥有了大量引进而来的树木及其他植物。

从 18 世纪末到 19 世纪初，被人们引进到欧洲的外来树木及其他植物达到了一个顶峰。在维多利亚时代，英国贵族尤其对引进外来的新物种感兴趣，并且支持由一些私人组织（如园艺学会)开展相关的培育、探索活动(例如 Spongberg，1990；Muir，2005)。这是一个属于伟大的植物探索者的时代，如苏格兰人阿奇博尔德·孟席斯和大卫·道格拉斯。在林赛和豪斯(2005)的著作《树木收藏家》中提到，他们曾为后者提供了一笔相当可观的生活费。道格拉斯曾先后数次被园艺学会派往北美，搜寻观赏性的植物及其他植物，并将它们引入英国。最终，他取得了巨大的成功，许多植物都以他的名字来命名，如道格拉斯冷杉。

科塔尔斯(1998)提出了一个有趣的观点，即西方社会对外来树木及其他物种的态度经历了三个阶段。18 世纪可以看成是一个对物种地理起源的鉴赏阶段。19 世纪的"驯化运动"加快了物种在全球范围内的流动，这与当时兴起的帝国主义思想相一致。物种应该生存在它们能够给人们带来益处的地方。20 世纪可以看成是一个反对这种观点的逆潮流运动阶段，特别是体现在国家社会主义的政治运动中。许多本地物种受到人们精心的保护，在某种程度上，人们甚至希望通过人工培育技术将已灭绝的物种"复活"，如海克牛(类似于已绝种的野牛，Bos Primigenius Bojanus)。

有时，城市森林自身也会"孕育"出新的树种。在贝尔法斯特附近的贝尔瓦森林公园，有一种被称为"罗宾逊黄金"的杂交柏树首次被人们发现。这种受人喜爱的树木被人们广泛种植，并体现在当地卡斯尔雷自治市议的会标中(Simon，2001，2005)。

外来树木不只是被人们引入到私人庄园。随着人们对树木和植被科学研究的蓬勃发展，植物园的重要性也与日俱增。人们建立了三种类型的植物园，一种植物园位于城市及其周边，通常作为树木繁茂庄园的一部分。在所谓的地理植物园里，树木被人们从一个或多个不同的地方种植在一起。通常，植物园强调其发展目标就是将尽可能多的(特殊)物种汇集到一起。最后，人们还建起了森林植物园，目的是为测试外来树种是否能适用于林业生产的目的(例如 Van der Ben，2000)。随着时间的推移，最后一种植物园变得越来越重要，特别是当林业成为一种行业出现后。

虽然布鲁塞尔索尼恩森林的特尔菲伦植物园(图 10.1)是一个地理植物园，但它也曾经被人们作为森林植物园。从 20 世纪初开始，人们依据树木的原产地及其生存环境，特别是北半球的环境，在这里种植了大量树木。通过试种，人们可以判断出这些树木是否适合比利时的林业用途(Van der Ben，2000；Geerts，2002)。

所谓"合理的林业"和森林科学影响到了整个欧洲甚至全世界的林业发展，早在 18 世纪末的德国就体现出了这一点。柏林地区便是林业发展的中心地带之一。柏林的城市森林通常被作为试验和教育的场所，因而它们被人们认为在林业开发方面起到相当重要的作用(Cornelius，1995)。一些德国林业的权威专家就生活或工作在柏林，包括"普鲁士林业"的缔造者格奥尔格·路德维格·哈蒂格。另一位关键人物弗里德里希·威廉·利奥波德·普法伊尔，他是柏林"森林学校"的第一任校长，这所学校成立于 1821 年，后来迁到了附近的埃贝尔斯瓦尔德森林，直到今天依然还在。柏林周边的森林被人们用来开发林业发展的新方法，例如，提高树木的成活率、培育再生林以及找到实现林业经济效益最大化的途径。柏林森林学校试种了许多外来树种，如刺槐(Robinia Pseudoacacia L.)、(欧洲)落叶松(Larix Decidua Mill)和臭椿(Ailanthus Altissima (Mill.)Swingle)，以探究它们对德国林业的经济潜力。

德国林业工作者也应邀前往其他国家分享与践行他们的专业知识。例如，在 1762 年，丹麦国王聘请了德国的林业专家冯·朗根，专门委派他在丹麦的自然环境下试种不同的树

森林与城市：城市林地的文化景观

(a)

(b)

图 10.1 从地理构成上来看，布鲁塞尔索尼恩森林的特尔菲伦植物园是一个森林植物园。插图
展示了一张植物园的地图（a）以及该地区的一张风景照（b）（照片由作者拍摄）

种，并制定一套适合丹麦的森林管理系统。曾经的皇家狩猎场鹿园，这座城市森林已成为
冯·朗根的重要试验场。直到今天，鹿园里还有一块地方被人们称为"冯·朗根种植园"
（Møller，1990）。

城市林业的试验作用逐渐增大。当然，这并不意外，许多曾经建在城里的森林学院、
学校及研究所后来都迁往附近的森林地区，以便开展相关的试验与教学工作。卡德尔
（1998）提到了斯德哥尔摩的北尤尔格丹岛对瑞典林业专业发展的重要意义。直到 1977 年，
在该城市森林中成立了瑞典第一所高等林业教育机构——"森林高中"。这所学校利用周边
的城市森林从事相关的测试、调查与实验研究。巴提珂森林企业位于土耳其伊斯坦布尔的
边界，它已被附近的伊斯坦布尔大学森林系作为研究与教育的用途。这片森林中有一块典
型的灌木林（Eker 和 Ok，2005）。

在某些情况下，一些大学、学院及研究所甚至直接利用它们自己的城市森林从事研究与培训工作。圣彼得堡的国家森林技术学院就是一个例子，这所学院位于一个大型的森林公园里，该森林公园也被用于教育目的（Anan'ich 和 Kobak，2006）。位于科热基尼的"马萨里克森林"培训森林企业是另一个城市森林与大学密切联系的例子，它管理的森林面积超过一万公顷，并与捷克共和国布尔诺的孟德尔大学保持着密切联系。这座森林位于布尔诺的东北部，邻近阿达莫夫工业小镇。人才培养是马萨里克森林的主要功能之一（Konijnendijk，1999）。在瑞士，霍斯切尔（1973）提到，苏黎世的瑞士联邦理工学院所拥有的森林被作为试验场，而从木材生产中所获得的收入又资助了林业研究。

作为试验和教育场所的城市森林不仅有助于推动林业向前发展，而且在大部分时间里它们都广受公众的关注。许多城市森林最先都采纳了多功能的林业原则以及贴近自然的林业原则（例如 Krott，1998；Otto，1998）。例如，在斯洛文尼亚便是这种情况。在斯洛文尼亚首都卢布尔雅那的周边，超过 1500 公顷的森林被宣布为城市森林，导致管理的重点放在了多功能的森林利用和贴近自然的林业开发方面（Pirnat，2005）。荷兰的城市森林在该国林业发展以及在提高对林业问题的认识中发挥了重要作用。在 20 世纪下半叶，哈勒姆哈伦麦米尔林区的恶劣条件，引发了人们对荷兰森林整体生存状况的担忧。一场被称为巴恩斯森林的针对城市森林管理的大讨论就此展开，这场讨论由一家名为"批判性森林管理"（荷兰语称为"Kritisch Bosbeheer"）的环保组织发起，导致人们更加关注"贴近自然"的森林管理方式。在北爱尔兰，贝尔瓦森林公园有助于提高公众对林业生产目的的认识（Simon，2005）。比利时（佛兰德斯）、德国、荷兰和英国等国的城市森林最初也是授权给森林管理委员会及其他组织进行森林管理的（Konijnendijk，1999）。

国 际 启 示

在许多方面，城市森林已经成为学习的森林。在第七章"艺术品"一章中，城市森林被人们描述为艺术品，因为一直以来，人们都是根据当时的时尚对城市森林进行规划和（通常是巧妙的）设计的。在此过程中，国际启示发挥着重要作用。早在中世纪，欧洲贵族之间通常保持着密切的联系并相互效仿，如在开发狩猎场、建造享有名望的庄园等这些方面。他们也极尽所能去讨好那些尊贵的客人。例如，巴伐利亚国王就曾经邀请他们的客人来到慕尼黑附近的佛斯腾里德狩猎公园。在一片广阔的场地上，数以百计的鹿和野猪被赶向客人，然而他们只用舒服地坐在正面看台上，准备好射击就行了（Ammer 等人，1999）。

在第一章"引言"中我们也曾讨论过，民族文化及特征主导着绿色空间设计。荷兰人拥有林荫运河、法国人拥有林荫大道、英国人拥有广场（Lawrence，2006）。然而，渐渐地整个欧洲都在模仿着同样的时尚与风格（例如 Clark 和 Jauhiainen，2006）。这种情况始于文艺复兴时期，许多国家（如意大利）的贵族和商人，他们在广阔的公园（包括森林）里建造别墅。后来，法国巴洛克风格被人们广泛应用于宫廷花园和狩猎森林中。同样的情况出现在随后浪漫主义时期的英国景观风格中，这个时候自然风格脱颖而出。那些大规模、久负盛名的绿化工程，例如，位于巴黎、由豪斯曼设计的大型绿色建筑工程也都模仿了贯穿欧洲各个时期的建筑风格。德国人民公园运动意味着又一次国际化的"时尚"浪潮出现在了城市森林和公园的规划及设计中。私人花园也出现在许多城市中。

从 19 世纪末到 20 世纪初，一场声势浩大的国际规划运动出现在北美洲，并且其影响力持续扩大。例如，像埃比尼泽·霍华德的花园城市和新市镇理念便在欧洲及其他地方得到了广泛推行。在 19 世纪，由于受到西方思想的影响，日本的一些城市如其首都江户（现在的东京）也已开始了城市绿化工作（Treib，2002）。而在此之前，在日本的皇城并没有什么森林或其他公共绿地。树木和绿地主要存在于皇宫的围墙之内，而对于仅有的"公共"植被，人们也只能趴在贵族私人庄园的围墙上才能看得到。

在欧洲，另一个颇具影响力的理念是斯德哥尔摩公园系统，它也被人们称为斯德哥尔摩风格。正如第八章"城镇的荒野一面"所描述的，这一理念是在 19 世纪末，由城市园艺家霍尔格·布劳姆倡导并推广起来的。在国际上，它被人们公认为绿色空间发展的模板（Treib，2002）。其主要原则包括通过公园来"缓解"城市的压力，它是一个供人们户外游憩及聚会的地方，也是一个通过公园来保护自然与文化的地方。瑞典城市公园的董事希望尽可能多地保留原始的地形与植被。例如，在斯德哥尔摩，城市的许多绿化区里都保留着看上去像是自然残存的一片区域，虽然这并非总是如此。顺应自然及当地自然条件是将这一理念"出口"到其他国家的根本原则。布诃（2002）强调了彼此交流国际启示及相互"学习"的重要性，因为瑞典城市公园规划反过来也受到了英格兰和德国的影响。例如，这种影响体现在为那些下层社会的民众提供"合适"与健康的休闲环境时，创建公共绿地需要考虑"道德的"因素。

久而久之，那些被决策者、设计师和绿地管理者所拜访，并被大加赞赏为成功的城市森林，也为其他国家发展城市森林和公园提供了灵感。例如，在 20 世纪初，鹿特丹克拉林根博斯森林的设计就受到了德国人民公园理念和美国公园系统运动的启发（Andela，1996）。他们试图将"自由自然"的新理念与能够促进积极户外休闲活动、更加天然的公园结合在一起。在 20 世纪 20、30 年代，阿姆斯特丹森林公园的规划者与设计者参观了英国的景观公园和汉堡的人民公园（Bregman，1991；Blom，2005）。许多年以后，那些曾经负责建设英国社区森林的专家参观了阿姆斯特丹森林公园，他们认为，该森林公园具备了所谓成功的城市森林景观应有的一切特征（C. Davies，2001，私人交流）。在 20 世纪 90 年代，荷兰的景观设计师在本国设计新的林地时也至少从国外获得了一些启示。报告分析了伦敦附近的埃平森林、柏林的格鲁内瓦尔德森林和巴黎附近的圣日耳曼森林，将其称为成功城市森林的典范。为了设计好新的荷兰城市森林，设计师对这三座城市森林的优缺点都进行了详细的分析（Slabbers 等人，1993）。

因而，随着时间的推移，阿姆斯特丹森林公园等一些著名的城市森林已成为整个欧洲（城市）森林建设与管理的典范。埃平森林是另一个"城市森林典范"的例子。根据其管理计划，它将被打造成一个国家认可的生态与自然保护研究中心（伦敦金融城，1998）。枫丹白露又是一个例子，由于它距巴黎有超过 50 公里的距离，因而比起城市森林来说，它也许更应该被人们称为"城市化"森林。在法国，这片森林不仅是自然保护的试验场，而且在一些人眼中，它更是一座"国家博物馆"（Kalaora，1981）。法国国家林业局也认为，在法国及海外，枫丹白露可以作为森林管理的典范（Trébucq，1995）。这体现在国际项目中它所起到的核心作用，如其主要目标在于协调森林保护与休闲娱乐需要之间的关系（Progress，2007）。

面向公众阐释林业

我们已经看到，人们如何将城市森林作为试验场，以此促进现代林业的发展以及专家之间的沟通。它们也反映了国际化的发展与潮流，如在森林和景观的设计与管理上。然而，城市森林还具备另外一种作用，就是在林业工作者与公众之间起到沟通作用。在森林里，林业工作者可以向大多数居住在附近的人们解释到底什么是林业，难道还有比这里更好的地方吗？

在林业发展中，沟通并不总是占据着重要的位置。传统上，林业工作者通常宁愿通过技术性报告和计划来传达他们的管理决策与行动。通过森林所有者的授权，他们能够开展工作的地点主要是在一些偏远地区，那里不受城市民众的关注。然而，随着对多种森林商品和服务的社会需求的不断变化以及日益发展的城市化进程，这种现象已经在逐渐发生改变。另一种驱动力是民主化进程，它倡导林业专家与社会之间更多的互动，人们渴望参与到决策之中，以期能够影响到他们的生活环境（Kennedy 等人，1998；Konijnendijk，2000；Van Herzele 等人，2005）。在 1962 年美国康涅狄格州召开的一次关于城郊森林与生态的会议上，已经触及到这种挑战（Waggoner 和 Ovington，1962）。在这次会议上，林业及其他方面的专家强调，他们需要与城市居民之间进行更多的沟通。在康涅狄格州人口数量不断增长，公民希望过上一种全新的、城市化生活方式的背景下，林业工作者还需要更好地了解当地的自然环境。

研究表明，在与其他专家及公众进行恰当的沟通时，通常来说需要选择一些新的方法（例如 von Gadow，2002；Tyrväinen 等人，2006，2007；Janse 和 Konijnendijk，2007）。例如，对于柏林的森林和布鲁塞尔的索尼恩森林，实际上，人们可以通过互联网参观这些森林，专家也可以在网上向公众解释不同的森林管理方式（Berliner Forsten，2006；Région Wallonne 等人，2007）。然而，有证据表明，城市林地的管理需要选择那些能够被人们演示出来并且可以在"现实生活"中进行讨论的管理方式，也就是说，如果人们能够置身于森林，那么相关问题就会变得更加易于理解和讨论（例如 Tyrväinen 等人，2006）。

如前所述，靠近城市的森林能够为林业工作者提供展示技能的良好机会，并且对于那些逐渐失去与自然联系的城市人口而言，森林的重要性也不言而喻。北爱尔兰贝尔法斯特附近的贝尔瓦森林公园被人们喻为"北爱尔兰林业的缩影"（北爱尔兰林业局，1987）。1961年，这座公园面向公众开放，并且那里依然保留着商业性林业，这为当地林业工作者向公众展示到底什么是林业提供了绝佳的机会（Simon，2005）。

当人们建起了特定的示范林，在城市林业方面，它甚至可以进一步加强人们交流的机会（Von Gadow，2002；Tyrväinen 等人，2006）。由于示范林为其他专业人员、利益集团和广大公众提供了一个可以讨论管理措施的平台，因而示范林便能够将这几方面联合在一起。在这种方式下，森林管理将变得更加具体和透明，并且还可以避免冲突的发生。重要的是，示范林还有助于向社会展示森林的多种功能以及在提供这些功能时林业所起到的重要作用。在本章前半部分已经提到，将城市森林作为试验场是其传统意义上的作用，示范林可以被人们用来开发创新的管理方法，如在应对城市压力方面。根据当地的环境和当地的需求，示范林可以是不同的面积大小及结构组成。然而，为了获得与公众沟通的最佳效果，它们应当建在靠近人口稠密的地方。通过人们的精心设计，能够在一个相对较小的区域内展示各种各样的森林类型和管理方案。在那里，可以提供良好的教育理念、娱乐设施和具有吸引力的活动，以提高森林的使用效率。只有当林业工作者和公众联合起来共同使用示范林，它才能更好地发挥其应有的作用，这一点至关重要。

在某种程度上，植物园就是最早的"示范林"，因为它们通常面向公众开放，并且展示出不同的树种及其生长过程。像之前提到的特尔菲伦植物园，不仅在测试不同树种的组合中起着重要的作用，而且向游客展示了跨越整个世界的森林形象。然而，它并未完全满足公众对获取充分信息和体验休闲活动的需求。

在过去二十年左右的时间里，一些示范林逐渐在世界各地建立起来。其中的一些示范林规模很大，但并没有明确针对城市游客，如加拿大标准林业网络。波兰的国家计划"森林促进系统"与加拿大的国家计划有着非常相似的地方，也就是发展与展示林业创新方法。然而，它更多地强调了城市居民的娱乐和教育需求。因此，在靠近城市中心，大量具有广泛教育和娱乐作用的基础设施"促进站点"被人们纷纷建立起来（Konijnendijk，1999）。

其他地方的示范林被建在靠近大多数人生活的地方。其中的一些森林属于大学所拥有或由大学进行管理，它们被大学作为教育及试验场。在 20 世纪 90 年代，瑞典农业科学大学的森林研究人员创建了被称为"未来城市森林"的示范林，以展示新建城市林地在森林培育措施方面的新原则（Rydberg 和 Falck，1998）。其目标受众是专业人员，但也特别针对普通公众。在森林中向游客开放了 12 个不同的区域，而游客的偏好对于引导森林管理至关重要。

其他城市的林地所有者也建起了示范与参照林区。德国吕贝克和哥廷根的市政森林在其部分示范区里实施了营林管理战略，而荷兰的阿纳姆也留出了部分森林向公众展示不同的营林方案及其体系（Konijnendijk，1999）。还是在荷兰，在 20 世纪 80 年代，为了满足公众了解更多有关森林管理方面信息的需求，人们在埃德建起了一座示范林（Lub，2000）。几年前，人们在莱利斯塔德镇的附近建起了一片弗莱福胡特林地，为了能够生产出欧洲的高品质木材，人们在这片林地论证（测试）了各种管理体系。弗莱福胡特林地将其作为"独特的集合点"，也就是将加强林业工作者与森林—木材链条的所有环节之间的联系作为其发展目标。此外，刺槐基金会（即促进欧洲高品质木材生产与使用的一家基金会）和荷兰国家林业局负责优先考虑公众对弗莱福胡特林地的使用及相关信息的了解（Jongheid，2000）。在俄罗斯圣彼得堡，丹麦专家协助当地的林业工作者共同开发了拥有 142000 公顷森林绿化带的托卡索沃示范林（Nilsson 等人，2007）。

与公众沟通并不只是为了向他们阐释林业。人们必须找到一些途径，从而能够更好地吸收并整合当地林业方面的知识与技能。针对瑞典龙讷比的龙讷比布鲁恩林地公园，古斯塔夫松等人（2004）强调了所谓"内行"的重要性，也就是对当地森林某些方面具备很深的利用方法或管理方面相关知识的人。行家通常是"非专业人士"，如业余鸟类学家、当地探险俱乐部的领队或森林的残疾使用者。他们的知识以及他们对其喜好的正确理解对于发展"良好的"、令人赞赏的城市森林至关重要。琼斯和克洛克（2002）列举出了一些当地人如何与林地建立起一种特殊的亲密关系的例子，他们也强调了当地知识在城市森林管理中的重要性。如果森林规划者和管理者没有认识到这些联系及其特殊用途，那么将很容易发生一些冲突（参见第十二章"冲突的森林"）。

　　在丹麦、瑞典及其他地方，示范林这一主题通过专家之间、专家与公众之间真正的双向沟通，已经被进一步开发成一个个的"景观实验室"。这些实验区域与包含代表性的林地以及其他景观元素的本地景观规模相当（Gustavsson，2002；Tyrväinen 等人，2006）。除了能够显示长期管理战略的重要性以及强调运用创新管理区分景观之外，景观实验室还能够为人们提供一些"生活参考"。这些景观实验室是在瑞典奥纳普农业科学大学景观规划系的罗兰·古斯塔夫松的领导下建设起来的。例如，瑞典的斯诺格霍恩（Snogeholm）景观实验室，成立于 1994 年，其重心放在了植树造林和林业实践这些方面。它包含了超过 60 种不同的国内及边缘地带特征类型的林地，其中有许多种并没有应用到林业当中。最近，在丹麦霍尔斯特布罗镇也建起了一座实验室。这座斯莱滕景观实验室是目前景观实验室中最"城市化"的一座（图 10.2）。它由三片新的住宅区共同开发，为新房子提供了一个"绿色构架"。

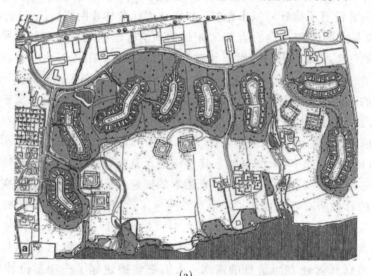

(a)

(b)

图 10.2　丹麦霍尔斯特布罗的斯莱滕景观实验室，它由新房子所构成的一座座"岛屿"组成，位于不同
　　　　类型的林地中（a）。在房子周围，许多曾经的（私人）花园已顺利过渡到（公共）林地（b）
　　　　（地图由霍尔斯特布罗市政当局提供，照片由安德斯·尼尔森拍摄）

景观实验室为城市与乡村之间架起了一条"绿色纽带"。另一座景观实验室将被建在德国鲁尔区的埃姆舍景观公园里(Lohrberg, 2007)。这座实验室将被人们建在由厂房和煤矿矿山废石堆改造后的地方。通过这片新林地的物质生产及其娱乐性使用,能够加强该地区独一无二的特征与形象,也有助于该地区的再次复兴。它还为附近丁斯拉肯地区四分之一居民生活质量的改善提供了可能性,目前,这一地区面临着许多社会问题。

景观实验室的发展表明,城市森林的教育功能正在逐步扩大。它们作为科学与专业试验场的传统用途已经被整合为专家和公众"共同学习"的森林。这还联系着城市森林的另一种教育功能,也就是儿童与青少年的自然教育。

城市森林、自然教育与儿童

由于缺乏接触自然及自然进程的机会,今天的城市居民可能会对森林和自然产生许多错误的想法。许多人不再与林业和乡村生活保持"联系",他们对自然和森林的认识也都来自新闻媒体(Otto, 1998)。因而,自然教育正在努力试图将人与自然"重新联系"在一起,并且要向人们阐明自然的重要价值及其运作方式。在自然教育方面,城市森林发挥着重要作用——它已超越仅仅是为人们提供一个讨论森林管理的场所之类的作用。

在许多城市森林里都有一些教育设施,如游客中心(图 10.3)、自然步道和信息展板。在柏林的森林里,自然教育扮演着重要的角色。那里有各种各样的游客中心,包括格鲁内瓦尔德森林的"生态中心",它由一家试图使人们认识自然与环境的专业基金会所运营(Konijnendijk, 1999)。奥地利的第一条"森林教育路径"建于 1965 年,它位于维也纳附近的莱茵泽蒂尔加滕公园(Ballik, 1993)。斯德哥尔摩的尤尔格丹岛拥有种类繁多的教育设施,包括一座露天博物馆(Nolin, 2006)。许多城市森林的管理者都亲自参与指导和演示。

儿童和青少年是自然教育的非常重要的目标群体,因为研究表明户外活动对儿童的发展至关重要(例如 Taylor 和 Kuo, 2006;O'Brien 和 Murray, 2007)。幼儿园概念的创始人弗里德里希·弗勒贝尔也承认户外学习和玩耍的重要性以及城市孩子对"农村"生活需求的必要性(Hiss, 1990)。荒野体验和户外挑战项目看起来尤其重要,因为人们已经发现,这些活动可以促进儿童和青少年自尊及自我意识的形成(Taylor 和 Kuo, 2006)。英国的一项研究发现,对于 12 到 18 岁之间的年轻人而言,"野外探险空间"有助于强化个人发展以及提高他们在社会和社区中的技能。而北美的研究表明,经常在自然环境中玩耍的儿童能够参与更具创造性、多样化以及充满想象力的游戏(Taylor 和 Kuo, 2006;O'Brien 和 Murray, 2007)。

斯宾塞和伍利(2000)提到了培养儿童参与城市社会生活的重要性。但是,在城市地区的规划和管理过程中,儿童通常是不被人们关注的局外人。在儿童形成自我认同的过程中,场所依赖是一个非常重要的因素。这需要儿童能够更直接地融入到周边的自然环境中去。森林和树木是这一周边自然环境的重要组成部分。著名建筑师及作家凯文·林奇整理了对来自阿根廷、澳大利亚、墨西哥和波兰的儿童所做的采访,孩子们直言不讳,普遍表达了他们对林木的渴望(Hiss, 1990)。

但是,孩子们真的会享用大自然和他们当地的城市森林吗?在最近的一次采访中(与

图 10.3　位于荷兰阿纳姆桑斯比克林地公园的水磨游客中心，它由一家
非政府组织所运营（照片由索菲娅·莫伦迪克拍摄）

作者交谈，2007），畅销书《林间最后的小孩》（Louv，2006）的作者，美国作家理查德·洛夫谈到了"自然缺失症"这一概念，他认为，这是判断儿童与自然是否失去联系，是否会对（儿童及地球的）健康造成影响的一种简单的方法。今天有越来越多的儿童久坐不动，很明显，他们不再像过去的孩子那样花大量的时间在户外玩耍。一项针对丹麦 10 到 14 岁的儿童的调查显示，他们对大自然的态度证实了人们有理由表示关切，尽管在孩子们偏爱的活动中大自然仍然特点突出——甚至有 15％受访者的首选是"研究大自然"（Danmarks Naturfredningsforening 和 TNS Gallup，2004）。

　　丹麦及其他北欧国家所开展的环境教育，就是要让儿童与大自然保持近距离的亲密接触。所谓的"森林学校"是由市政当局和国家林业局管理的，在这里，儿童和青少年可以在大自然中学习与活动一整天、一个星期甚至更长时间。森林学校为孩子们提供了定期造访森林的机会，孩子们逐渐熟悉林地，同时还能学到一些理论知识与实践技能。其他国家也逐渐引入了森林学校的理念。1998 年 5 月，奥地利的第一所森林学校在维也纳森林成立（S. Redl，1998，私人交流），而柏林的林业局则运营着六所森林学校，它们都是以位于苏黎世附近的"基河森林学校"为典范而建设起来的（Berliner Forsten，2006）。想要前往这些森林学校学习往往需要提前数月甚至数年来预订。奥布莱恩和默里（2007）发现，英格兰和威尔士的森林学校能够为儿童带来很多的帮助，如对儿童的自信心、社交技能、语言和沟通能力、积极性和专注度、体格能力以及知识和理解力等方面都会产生积极的影响。

　　在斯宾塞和伍利（2000）的大力推动下，儿童也能够积极地参与到当地环境与当地森林的管理中去。穆瓦涅（2001）描述了位于巴黎郊区一片占地面积为 140 公顷的林地——瑟纳特森林的情况。这片国家森林曾经遭受过人们严重的破坏，而破坏者主要是周边那些具有高失业率、充斥着犯罪与暴力的居民区的人们。针对这一点，法国国家林业局（ONF）联合当地学校，实施了一项所谓的"初级林业工作者教育计划"。很大一部分来自多种族居民区的儿童都加入了这一计划，他们与专业林业工作者和大自然讲解员共同参与到各种各样的林业活动中，从砍伐树木到安装休闲娱乐设施。从该项目"毕业"的儿童将会得到一张毕业证书并被授予"初级林业工作者"称号。该项目获得了巨大成功，它实现了更好的社会管制，减少了破坏公物行为的发生，并且改善了林业工作者与当地社区之间的关系。据称，参与其中的儿童，他们的生物学成绩也得到了大幅度的提高。

　　如前所述，对于幼儿园和学校的孩子来说，组织他们定期参观城市森林以及周边的大自然非常重要（图 10.4）。卡德尔（1998）指出，从 20 世纪 70 年代到 90 年代，斯德哥尔摩的北尤尔格丹岛就曾经被当地幼儿园很好地利用过。瑞典户外生活促进协会在这一积极态势中发挥了重要的作用。霍尔姆（2000）在丹麦的一项研究证实了这些发现，确定日托中心及其他机构对城市绿地的使用频率在逐步增加。然而，学校却在各种压力之下使用绿地，因为这需要花费时间、需要绿地资源，并且还会引发父母的关注，如对儿童人身安全的担忧。尚茨和斯兰德（2004）提到，自 1994 年以来，由于对在校生的"户外"活动不再有国家规定的固定天数，因而实际上，瑞典在校生前往森林和自然区域参加活动的次数在不断减少。这是一种令人担忧的发展现状。

图 10.4　环境教育对于儿童来说是最重要。如图所示，在以色列，城市森林为开展教育活动提供了一个良好的、离家很近的场所（照片由摩西·谢勒拍摄）

学习型森林的明天

　　作为学习型森林的城市森林已经发挥了并且还将继续发挥重要作用。首先，城市森林在促进林业发展中的作用需要得到人们的认可并加以推广。正如荣格（1998，第 37 页）所述："城镇林业工作者——传统上，因为他们通常与其他人有更多的直接接触——因而较之于大型国家森林或私人林场的普通林业工作者，他们与民众之间发生冲突的可能性要小得多。"城市林业确实已经走在林业创新的最前沿（Krott，1998，2004；Konijnendijk，2003）。与其他类型的林业相比，城市林业工作者与公众的沟通方式往往更加丰富。这可能是基于一个简单的事实，即城市林业工作者往往不得不应对大城市居民和当地政策的许多要求。如前所述，教育通常被城市林业工作者视为他们在大自然中所从事的一项工作，从为游客做讲解到组织在校生参观森林，甚至是运营森林学校。此外，城市林业的工作还必须与其他领域紧密配合，如在保护与开发整个城市的绿地资源方面。

城市森林将继续作为林业和景观管理的试验场。考瓦里克（2005）提到了一个"城市林业创新"的例子，作为一种新型的森林，他将其描述为"野生城市森林"，在那里，森林可以在原先的工业旧址上自由生长。更多关于这些野生城市森林的介绍详见第八章"城镇的荒野一面"和第十三章"未来的森林"。

在城市林业的背景下，景观实验室的含义得到了进一步发展。对于当今的城市林业所面临的主要挑战，景观实验室也为其提供了一种令人关注的方法：如何规划、设计与管理新的城市林地。整个欧洲的林地覆盖率持续增长。人们通常在靠近城镇的地方开展植树造林活动（例如 Nielsen 和 Jensen，2007）。专家不确定是否要在视觉方面和设计方面给予这些新林地足够的重视（例如 Gustavsson，2002；Wiegersma 和 Olsen，2004；Nielsen 和 Jensen，2007）。古斯塔夫松（2002）强调，人们需要采取一种整体化的方法对城市林地进行规划、设计与管理。他指出，管理是一个整体的、创造性的及长期的发展过程。当森林被人们建成，林地也具备了它明确的身份特征，但人们对森林的设计并不能就此停止。而进一步的设计只能在与当地人密切合作的过程中才能实现，也就是那些即将成为新的城市森林的主要使用者。还有一个具体的问题与几十年前种植的森林有关。为了避免所有的森林看起来都是一个样，以至于对在此开展休闲娱乐活动及其他用途的人们失去足够的吸引力，这些"少年森林"需要人们悉心的开发与修整。尼尔森和延森（2007）为提高城市林地的视觉品质提供了一些有价值的方法。例如，利用树种、树龄和树间距的演替与变化，即使是在年轻的林地上，也可以提高森林的生物多样性以及体验到一种自然天成的感受。

作为试验场的城市森林，其未来的"教育作用"可能与全球变暖所带来的巨大挑战有关。泰尔（2006）提到了如何在大城市创建一种栖息地与微气候相结合的自然环境，从拥有池塘的花园到工业化的棕色地带。为了研究动物的习性及其进化，城市正在变成庞大的实验室。此外，由于出现了被人们称为城市热岛效应的现象，城市通常要比周边乡村的气温高上几度（例如 Akbari 等人，1992），随着日渐生长的树木和植被更好地适应了热压力，人们也因此获得了许多宝贵的经验。城市森林也有助于人们提高对气候变化问题的认识，为减缓气候变化做出（往往是象征性的）相应的贡献。例如，在荷兰，一项全国性的运动倡议人们创建所谓的"气候森林"，其中包括每个人至少要种下三棵核桃树。如今，许多学校和企业都已经建起了自己的气候森林（Zuid-Hollands Landschap，2006；Nederland Klimaatneutraal，2007）。

如前所述，与公众进行沟通是学习森林的一个重要方面。在今天的信息化社会，人们不断受到各种信息的轰炸，人们对时间的竞争也比以往任何时候都要激烈，因此，为了进一步提高人们对城市森林重要性的认识以及更好地利用它，必须要开发教学与沟通的创新方法。在美国芝加哥的林肯公园，新普里兹克家族儿童动物园的例子说明，创新性的自然教育并不需要什么高科技。动物园的设计团队试图营造出一种"身临其境的森林体验"，模糊了动物栖息地与游客空间的界线。该动物园只喂养本地的动物,整个动物园看起来就像是一片自然景观。人们也需要有各种机会去学习动物园的设计(Dennis,2006)。

城市森林及城市周边的其他绿地也可被人们用来建立起城市居民与该地历史用途的联系(例如 Dietvorst,1995)。例如,许多露天博物馆便坐落在城市森林中,它们展示了在历史上定居点中的人们是如何生活的,此外,它们还可以提高人们对传统农业、园艺和林业的认识。

如前所述,作为大自然周边的"荒野"(参见第八章"城镇的荒野一面"),城市森林对未来的环境教育工作,特别是针对儿童和青少年的环境教育起着至关重要的作用。城市森林可以被称为"城市的野生景观",在那里,没有太多的集中管理,它可以提供给孩子们玩耍、探索与探险的机会。在这种方式下,他们了解了大自然、认识了自我以及学会了如何与他人相处。但是,也有必须要克服的一些障碍,如由于父母担心自己的孩子在森林里玩耍可能会受到伤害或走失所引发的社会恐惧。最近,欧洲有一项称为"邻家森林"的计划,在瑞典的赫尔辛堡,当地一所学校同意与林业工作者、自然讲解员和科学家携手合作,共同参与到当地城市森林的教育计划中。因此,小孩子们便可以亲自参与到森林管理活动中去,并且被允许在菲波娜林地中自由地搭建属于自己的空间。研究人员注意到,在这一过程中,孩子们提高了他们的创造力,加深了对森林的认识,同时也学会了如何与他人相处(Gunnarsson 和 Palenius,2004)。然而,当一部反映这一项目的影片在一次国际会议上放映后,来自其他几个欧洲国家的与会者对此反应强烈,因为他们看到这些小孩子们在穿越森林时,手里拿着锯片及其他一些工具。他们说,由于父母的担忧以及许多涉及相关责任的规章制度,这种情况绝对不会在家里发生。这表明,利用作为"荒野景观"的城市森林开展环境教育工作将是任重而道远的。

第十一章　社会的森林

　　前面的章节已经从不同角度考察了城市森林的文化景观。本章将突出城市森林的另一重要作用，即这些森林（能）为当地城市社区的发展及形成认同做出应有的贡献。在当地社区进行"居处营造"、提供居处认同、作为聚会场所，以及加强居民与当地环境之间的联系这些过程中，树木和森林都起到重要的作用。

　　本章第一部分将着眼于传统公共林地向城市森林的演变，这一主题在前面的一些章节中也作过相应的讨论。这里将重点关注公共林地的社会与社区身份。曾经，大多数的公共林地由国家所拥有或者将其私有化。然而，作为一种新型的"大家的森林"——城市森林出现了，这些区域被规划成公共空间，主要为人们提供休闲娱乐的机会。这些社会森林具有高水准的休闲娱乐用途这一特点，尤其是在周边的居民区，这些内容将在第二部分做出介绍。本章第三部分将关注作为"社会舞台"的城市森林，这是一个城市居民可以进行聚会、开展社交活动的地方，也是一个有助于（重新）巩固社区关系的地方。最后，本章将特别着眼于城市森林在居处营造、社区建设以及为城市提供认同等方面所起到的作用。它所要强调的是，包括社会的方方面面的城市森林的规划与管理对于发展社会森林都是至关重要的。

从公共林地到大家的森林

　　前面各章节从总体上描述了社会发展与城市林业的一些相关性，比如权力与社会关系的改变，自然景色的改变以及休闲社会的出现。城市森林，它们的所有权及其利用是这些社会演变的一面镜子。

　　城市林业在产生之时具有高度的民主性与公共性，因为后来出现的许多城市森林都是由曾经的公地演变而来，它们由当地社区共同管理与使用。由于存在着遍及整个欧洲的传统权利，农民可以使用森林用于特定的目的，包括在此放牧以及为牲畜收割草料。对于穷人而言，他们认为这些权利非常重要（Holscher，1973；Westoby，1973；Jeanrenaud，2001）。在许多欧洲国家，大多数村庄都有自己的公地，如它们是以村庄绿地的形式而存在的（Olwig，1996）。通过举行镇民大会来规范这些公地的使用。人们用公地来放牧，但也许更重要的是将其作为举办社区活动及节日庆典的场所。奥尔维格（1996）认为，公地不仅要发挥重要的经济作用，而且也要有助于加强社区的团结及形成认同。

　　正如第五章"权力的森林"所讲到的，渐渐地，统治者开始宣称，这些森林及其他公地应归国家和私人所有，而主要目的在于限制对它们的使用，人们只被允许在这里开展很少的活动（狩猎以及后来的伐木活动），也只有很少一部分群体（如精英）能够在这里开展活动，并且也反对人们对森林的过度使用。靠近城镇，传统上属于公共使用的森林也被栅栏围了起来。市政当局开始更加积极地扩张他们的森林财产。显然，渴望从森林中获取到更多的木材及其他林业产品是他们最重要的动机。但是，正如前面第六章"大逃亡"所显示的，能够在森林里开展休闲娱乐活动也是他们的动机之一。

城市发展，特别是工业化进程导致许多欧洲城市环境状况的逐渐恶化。由于人口的快速增长，人们不得不去其他地方来度过他们的休闲时光。从历史上看，大城市中那些无地的工人很少有地方能够去娱乐放松。如今，工业化进程及大型工厂的建筑物导致许多曾经的空地被占用。最后，市政森林及环绕城市的乡村成为人们逃离城市环境唯一可去的地方（Holscher，1973；参见第六章"大逃亡"）。因此，城市森林以及其他地方（如公墓），作为人们"逃离城市、休闲娱乐"的场所发挥了重要的作用，其作用甚至超过了之前建造的公共公园。在许多欧洲国家，特别是在欧洲大陆的北部和中部，传统上，每个人都拥有享用森林的权利。人们（在许多情况下，现在仍然）可以自由去往任何他们想去的地方，只要他们没有造成对森林的任何破坏，或者在大多数情况下尽量避免从森林中砍伐木材（Jensen 等人，1995）。

在许多大城市，除了公地之外还隐藏着许多广阔的绿地，但是，这些绿地主要被贵族和资产阶级所拥有，而且绿地的使用通常要受到严格的限制。所谓的"公共用途"（为休闲娱乐）最初仅仅指的是供社会上某些"行为端正"的阶层人士所使用的绿地。例如，在俄罗斯的圣彼得堡，当涉及皇家公园和花园的休闲娱乐性用途时，会在精英与大量的"乡巴佬"之间划上一条清晰的界限（Anan′ich 和 Kobak，2006）。大多数普通人都被禁止进入公园，但还是有些"卑微的"人被允许进入公园，如妓女。

在欧洲大陆的许多国家向公众开放森林之前，甚至在工业化之前，许多英国的皇家园林和森林已经向公众开放。早在 17 世纪，海德公园和圣詹姆斯公园就（至少是有限地）面向公众开放（Hennebo，1979，第 74 页）。1661 年，伦敦第一家面向公众的"娱乐花园"沃克斯豪尔花园正式开业，但为了入园，人们还是不得不为此支付一笔入场费（Reeder，2006b）。而其他公园只是在节假日期间偶尔向公众开放。然而，这并不能使每个人都满意。在 18 世纪，仍然有人请求——毫无疑问是精英——限制公众对皇家园林的享用（Hennebo，1979）。根据里德（2006b）的说法，英国维多利亚时期的精英非常讨厌参加埃平森林一日游中的那些游客的所作所为，通过乘坐火车，那些来自伦敦东区的工人阶级很容易就可以来到这里。人们也表示，他们非常不喜欢有些人在汉普特斯西斯公园里面"嬉戏"，"这些人"似乎已经忘记该如何正确地取悦自己。在 1860 年该地的火车站建成后，只要是晴朗的日子，每天都会吸引成千上万的游客来到西斯，到 19 世纪末，伦敦的这片露天场所也许是最受游客欢迎的地方了（A history of，1989）。因此，城市森林以及其他更多的自然区域似乎比城里的市政公园能够为工人阶级带来更多的自由与更少的"社会管制"。

在法国，1789 年法国大革命爆发，为建设更多的公共绿地铺平了道路。造访曾经的私人公园和花园的游客增多了，新的绿地也被人们纷纷建成。在欧洲其他地方，这种发展趋势也同样出现过。这些位于城市及其周边曾经的狩猎森林和公园，现在已面向公众开放，供人们休闲娱乐之用。例如，在法国巴黎附近的狩猎森林很快便成为受当地市民欢迎的旅游目的地，像在布洛涅森林里就有许多人们喜爱的梅花鹿。在每个星期日及公共假期，游客的数量都会达到顶峰（Hennebo，1979）。在哥本哈根北部的鹿园皇家狩猎公园，梅花鹿也是吸引游客的一个主要因素。自从 1756 年向公众开放后，该公园已成为最受哥本哈根居民欢迎的休闲娱乐区之一(Møller，1990)。在 18 世纪末，柏林的蒂尔加腾公园被人们改造成一个类似公园的地方，当地市民可以在此开展各种活动(Nehring，1979)。

除了向公众开放曾经的皇家(狩猎)区，为了公众的利益，人们建起了许多新的绿地。19 世纪，德国的"人民公园"面向各阶层人士开放，因而这才是真正意义的社会绿地(Hennebo 和 Hoffmann，1963)。人民公园里空气清新，它带给人们自由与美丽的天空以及供人们享受的美好景观。人们可以在这里开展体育活动、做游戏或者只是待在这里，人们最初认为，这些作用要比基于审美方面的考虑重要得多。

随着人们建设出更多的市政公园或者从现有的绿地开发而来，这些原则也被人们应用到了欧洲其他地方。曾经的狩猎区不断地转向公共用途，例如，坚守这一原则的人民公园。这不仅有助于保持皇室在该领域的良好形象，而且使得绿地的休闲娱乐功能及其对公共健康的作用突显出来。柏林的格鲁内瓦尔德森林也经历了这样的转变。在德国皇帝做出这一决定后，20 世纪初，它逐渐丧失了作为皇家狩猎区的功能，进而成为柏林地方政府管辖下的人民公园。他还起草了一份特殊的称为"永久性森林协议"的法令，以确保森林永久归公众享有。喜爱格鲁内瓦尔德森林的人们征集到了 3 万个签名，以反对在森林里开展大规模砍伐树木的计划(Cornelius，1995)。由于柏林为当地民众提供了很少的户外休闲的机会，因而人们还是需要像格鲁内瓦尔德森林和蒂尔加滕公园这样的活动场所。

在欧洲其他地方，也可以看到类似的更加"社会化的"森林及绿地这一发展趋势。市政当局获得了更多的权力和行政资格。在瑞典斯德哥尔摩，城市当局在 1869 年便接管了对公共公园和绿地的管理。在 1880 至 1930 年期间，人们建起了很多"社会的"公园(Nilsson，2006a)，并且这些公园都与德国人民公园运动有密切的联系。这些新公园是对现有(主要是皇家的)绿地的必要补充。在体现其休闲娱乐功能方面，尤尔格丹岛的皇家林地公园继续发挥着至关重要的作用(Nolin，2006)，尽管有了新公园，但它仍然是城里仅存的最重要的一片露天场所。尤尔格丹岛上各项设施有了明显改善，如增加了很多体育活动的设施。剩下的自然区域，例如，哈马比霍耶登新城区附近的海拉斯禁猎区，由当地政府收购并用于户外娱乐活动的目的(Nolin，2006)。芬兰赫尔辛基的民众非常幸运，因为那里的自然区域一直以来归全体民众所有。主要由城市精英主导，对市区绿地的讨论一直持续到了 19 世纪末。然而，在工人阶级社区，缺乏对绿地问题的公开讨论。有趣的是，一直到 20 世纪 60 年代，城市公园仍然由专门的官员进行严格的管理(Clark 和 Hietala，2006)。

除了人民公园以及公共公园的总体发展，社会的和户外的休闲要素也在其他方面有所体现。随着绿色郊区和新城镇的建成，私人花园遍及整个欧洲。关于赫尔辛基的私人花园，伦托(2006，第 198 页)写道："改革者们认为，他们不仅给工人阶级提供了一种乡村的生活方式，而且加强了他们与'祖国'的联系。"如此一来，社区和国家的建设及其带给民众的自豪感便成为一个清晰的发展目标，在本章的后半部分将会对这些内容给予更多的关注。

20 世纪为人们带来了进一步的城市化进程以及社会福利和休闲时间的增加。正如第六章"大逃亡"所描述的，随着城市人口的不断增长以及更多的休闲时间，人们尤其需要城市森林为他们提供一个休闲娱乐的场所。为此，森林道路和基础设施必须得到改善，城市森林也必须转变成为真正的"社会森林"。在荷兰，基于 1928 年的规划，从 1934 年开始，一片新的休闲娱乐区在阿姆斯特丹的南部破土动工。人们设想要将这个阿姆斯特丹森林公园建成为一个真正的"社会森林"。"森林规划委员会"负责任地强调道，阿姆斯特丹森林公园归民众所有，对其使用没有任何限制。该委员会表示，与其他西方国家的森林不同，该地区的民众不喜欢那种一次性的告示之类的东西（Balk，1979）。二战后，阿姆斯特丹森林公园连同鹿特丹的克拉林根博斯森林为荷兰发展大规模的休闲娱乐项目提供了一个非常重要的实例，从 1963 年开始，国家政策一直强调"荷兰休闲空间"的重要性（Konijnendijk，1994；Blom，2005）。

大众利用的社会森林

正如第六章"大逃亡"所描述的，在 20 世纪，随着人们休闲时间及其流动性的进一步增加，城市森林的休闲娱乐用途得到了快速增长（例如 Fairbrother，1972）。森林道路和基础设施得到改善，人们达成强烈的共识——这些绿地能够为人们提供"健康的"休闲娱乐活动，并且它们在其中起到重要的作用。例如，柏林森林里的休闲娱乐活动发展迅猛并逐步转向供大众享用（Cornelius，1995）。

如今，大量的城市人口在享用当地的城市森林，进而使得它们成为真正的"社区森林"。伯格等人（1999）通过电话调查发现，在 1993—1997 年期间，维也纳有 66% 到 80% 的人游览过附近的维也纳森林。每天，有不少于 28% 的维也纳人造访维也纳森林。受到人们欢迎的类似的城市森林还出现在汉堡，在 1994 年，80% 的汉堡人每年至少造访当地森林一次（Elsasser，1994）。在柏林，被调查的受访者中——被视为可以代表整个城市的人口——36% 的人每个周末都要游览一个城市森林，而 3% 的人每天都要去城市森林转一转。23% 的受访者说，每个月他们会去森林里逛一次（Meierjürgen，1995）。

相比之其他森林和自然区域，由于城市森林更多的是被当地居民所享用，因而它才是真正的"社会森林"（图 11.1）。这也导致了非常高的游客量。亚蒂宁（1973）指出，早在 1973 年，每年就有大约 200 万人游览赫尔辛基的城市森林——中央公园。一项针对欧洲主要城市的研究表明，位于城市或其周边的城市林地，每年每公顷面积能够吸引 2000 名甚至更多的游客，这比游览"常规"森林的游客造访率要高出许多（Konijnendijk，1999）。

针对丹麦的森林、大自然及其他露天场所的休闲娱乐用途，所做的一项全国性调查，其调查结果已被证实（Jensen，2003）。该调查显示出，游览大哥本哈根地区森林和绿地的游客数量是最多的。"最高分"是哥本哈根北部的鹿园和赫庚，每一年，这里都会吸引接近 750 万的游客，一个惊人的数字是，每年每公顷的平均游客数量竟然达到了 4460 人。在 20 世纪 60 年代的荷兰，如果遇到一个阳光灿烂的星期天，将会有超过 10 万人来到占地面积 900 公顷的阿姆斯特丹森林公园，人们在这里晒日光浴、野餐和游泳（Balk，1979；Bregman，1991）。到了 20 世纪 90 年代末，每年会有超过 450 万人游览森林（Van den Ham，1997）。至于欧洲的俄罗斯，据估计——取决于季节和每周的休息时间——在任何特定的时间，都有将近三分之一的人利用（主要是城市边缘地区）森林开展休闲娱乐活动（Barr 和 Braden，1988）。事实上，许多俄罗斯人在夏季的大部分时间里都住在他们的"达恰"或夏季别墅中，这一事实显然对俄罗斯的统计贡献很大。

正如第六章"大逃亡"所提到的，在城市森林里，最受人们欢迎的活动通常是步行、骑

图 11.1　像阿纳姆的桑斯比克公园这样的城市森林才是真正的社会森林，当地居民来此
开展各种各样的休闲娱乐活动（照片由索菲亚·莫伦迪克拍摄）

车以及欣赏大自然。但是，在这些森林里，人们也会开展一些更加"社会化的"和更大规模的休闲娱乐活动，前面提到的鹿园和阿姆斯特丹森林公园的例子就清晰地表明了这一点。许多城市森林都拥有开展大型休闲娱乐活动的设施，例如，人们游泳、野餐、参与特别的活动诸如音乐会（图 11.2）或者游览一些特别能吸引人的景点（游乐场、动物园）。博览会也不是什么新奇的事情，例如，在埃平森林里举办的一年一度的邓洛普干酪博览会（Green，1996），早在 18、19 世纪，博览会就会吸引大量的民众来到城市森林里。如今，与海牙森林接壤有一大片称为玛利广场的露天场地，人们在这里已经举办了许多场政治、娱乐及其他类型的活动。1988 年，86000 人在这里欣赏了一场滚石乐队的摇滚音乐会（Anema，1999）。在柏林，万塞湖露天游泳场位于一片城市森林里，截至 1907 年，万塞湖已成为欧洲最大的湖泊（Cornelius，1995）。在城市森林休闲娱乐基础设施的建设过程中，体育组织也产生了很大的影响力（例如 Lento，2006 年的赫尔辛基）。斯德哥尔摩的北尤尔格丹岛逐渐成为了一个举办大型商业体育比赛的场所，它能够吸引多达 15000 名参赛者（Schantz，2006）。

开发商和企业家得益于城市森林及城市公园的大众休闲娱乐用途。谢苗诺夫（2006）提到，"休闲热潮"如何导致开发商也卷入到圣彼得堡的绿地建设中。1900 年前后，人们在这里建设了一个专业的游乐场。历史上，图利德花园曾经被人们作为商业休闲钓鱼场。今天，斯德哥尔摩尤尔格丹岛的格罗纳隆德游乐场和前面提到的位于哥本哈根附近鹿园的巴肯游乐场，吸引了许多前来游玩的游客。它们也吸引人们来此唱歌与跳舞，带给人们一种传统与现代相结合的感受（例如 Nilsson，2006a）。城市森林里其他付费的景点包括动物园，这是一种很常见的元素。城市森林与动物园相结合的例子还包括，都柏林的凤凰公园（Nolan，2006）、维也纳美泉宫花园那片树木繁茂的地区以及荷兰阿培尔顿的伯格博斯城市森林（例如 Konijnendijk，1999）。

城市森林的社会角色和它们的大众休闲娱乐用途已经在战后得到了当地及国家政府的政策支持。这些机构不仅提高了人们对公共城市森林的可接近性，改善城市森林的基础设

森林与城市：城市林地的文化景观

图 11.2　城市森林是一个人们之间进行互动的社会大舞台。它也能够为人们提供一个举办
各种活动的真实的大舞台，比如在这里举办的音乐会就能够吸引大量的观众。这
张照片展现了在荷兰阿纳姆的桑斯比克林地公园举办的一场音乐会
（照片由索菲亚·莫伦迪克拍摄）

施，而且在私人森林地区，相关方面也有所改善。在许多欧洲国家，人们进入森林时一直
是畅通无阻的，因为传统意义上这被认为是每个人的基本权利。然而，在许多西欧国家，
公众造访特别是一些私人森林并不总是那么一帆风顺。目前在荷兰，政府通过补偿森林所
有者的方式，促使他们能够向公众开放他们的森林。在丹麦，只有在白天，公众才被允许
步行或骑车进入私人森林，并且只能在规定的道路上通行（Konijnendijk，1999）。

　　甚至远离城市的森林也已成为了"城市森林"，其用途由特定城市的公民所决定。例
如，本书中频繁提到的一个例子——枫丹白露的森林与巴黎的联系。然而，对于森林而言，
距离是一个重要的因素。显然，一般来说，步行时间已被认定为人们是否享用城市绿地最
重要的一个先决条件（例如 Farjon 等人，1997；Van Herzele 和 Wiedemann，2003；
Tyrväinen 等人，2005）。这也意味着，大多数的城市森林都得到了当地居民的利用（例如
Hörnsten，2000）。因此，诸如城市森林这样的绿地应该靠近人们的居处，以便于人们能够
定期去到那里，这也被视为是日常生活的一部分。"接近"一词的主要含义是便于步行（或
者有时是骑车）的距离，如 300～500 米。

　　一项针对北欧城市的比较研究提到，赫尔辛基 85％的人口和奥斯陆 95％的居民前往占
地面积至少 0.2 公顷、离他们最近的绿地，平均距离不到 300 米（Silfverberg 等人，2003）。
不幸的是，并不是所有欧洲城市居民的生活环境都是如此。例如，在荷兰，30 个最大城市
中的 26 个城市都缺乏合适的可供民众享用的公共绿地（Gerritsen 等人，2004）。

　　该研究也特别关注了可供民众享用的城市林地。针对英国雷迪奇镇林地使用情况的研

究表明，超过 70％的使用者只需不到 5 分钟的步行时间便可到达他们想去的林地（Coles 和 Bussey，2000）。最近，通过对林地基金会（Cooper 和 Collinson，2006；Woods for People，2007）的调查显示，在英国，所有的林地中只有 46％的林地可供民众利用。根据国家林地使用标准，人们应当居住在这样的环境中，即 500 米的范围内至少要有一片占地面积在 2 公顷以上的林地，同时，在 4 公里的范围内要有一片占地面积至少为 20 公顷的林地。按照这一标准，55％的英国人可以享用到大片林地（占地面积至少为 20 公顷的林地），但是，只有 10％的英国人在其住所周边拥有小片林地（占地面积为 2 公顷以上的林地）。在比利时的安特卫普，在合适的距离范围内，只有 15％的人可以享用到城市森林或城市林地（Van Herzele 和 Wiedemann，2003）。如上所述，在发展城市社会方面，城市森林起着关键的作用。因此，如果不是每一个公民都能很好地享受到绿色环境，那么这就可以被称为景观的"社会断裂"了。第五章"权力的森林"从环境正义的角度关注了这一问题。

尽管在一些城市以及一些阶层中存在着对城市森林利用的种种限制，但城市森林已经逐渐成为真正的"社会森林"。大多数的城市居民可以频繁地享用它们，有别于其他森林，它们提供很多供大众休闲娱乐的用途。今天，当人们思考"社会的城市森林"时，经常会被问到是否仍然存在某种公众权利的问题。答案是，在某些情况下还存在着，但也只是在很小的范围内。例如，在埃平森林，仍然存在着公众的权利，但也只是很少的权利，如在森林里放牧的权利（伦敦金融城，1993）。

作为社会舞台的城市森林

显然，如今的城市森林大多面向公众开放，并且吸引了大批的休闲游客，特别是来自邻近或最近的城市游客。无论如何，相比之其他类型的森林，城市森林能为公众提供更多的休闲娱乐体验，作为公共露天场所的一个元素，城市森林也起到了重要的作用。在许多方面，它们通常是城市生活不可分割的一部分。

卡德（1992）研究了 20 世纪 90 年代阿姆斯特丹公共绿地休闲娱乐用途的变化，当他强调市场（Market）作为一个象征性的聚会场所、一个运转良好的公共空间的重要性时，他引用了德国社会学家巴尔特的观点。市场或者说"集市"的作用是如此重要，可将城市定义为一种社会与经济现象，在城市所包含的私人与公共领域之间，始终存在着一种张力。它需要城市行为：人们之间的联系主要体现在快速、表面、清晰以及在一定程度上不露身份、明哲保身这样一些特征上。对每个人而言，作为市场的城市公共空间非常重要。每个人都可以利用它们，而整个社区拥有这些空间。例如，由于特定的事件，人们聚集在一起，进而可以促进人与人之间面对面的交流，否则人们将会很少有机会见面。在这之中，公共空间起到了至关重要的作用（比较 Van der Plas，1991）。作为公共空间，市场也是革命活动的诞生地，市民可以在此开展抵制贵族及其他统治者的活动。因而，它便成为社会民主化运动的重要组成部分（例如 Clark 和 Jauhiainen，2006）。

城市公园之类的绿地为人们带来了一种类似市场的感受。由于它们的环境更加"自然"、安静与悠闲，人们通常喜欢去公园及其他绿地聚会，或者只是待在那里，看看别人。

卡德（1992）描述了阿姆斯特丹的绿地作为越来越多单身一族的约会场所，表现出不可替代的重要作用。丁斯和芒克（2006）谈到，如今（荷兰的）城市公园仍然非常受人们的欢迎，尽管它们通常都是在 19 世纪设计建成的。作者将城市公园与剧院相比较，在那里，游客都是主角。公园为每个人，包括其他一些边缘群体，提供了一种民主的田园生活环境。像城市公园这样的公共空间，它里面的最佳地点看起来似乎不受某些社会群体的控制（Van der Plas, 1991）。一方面，它们是一个非常"反城市"的空间，与城市形成鲜明的对比。另一方面，它们又是城市生活环境的一部分。里德（2006b）认为，在伦敦就存在着这样一种张力。他将城市的公园与公地描绘为一个"另类空间"，"一处远离拥挤的城市街道的庇护所，由伦敦市议会促成的'绿岛'，甚至是'仙境'。但是，由于不同年龄段的人们在此开展不同类型的活动，城市公园也成为城市生活多样化的邂逅与生活节奏的一部分。"（Reeder，2006b，第 51 页）。

上一节我们阐述了城市森林的大众休闲娱乐用途。像其他城市绿地一样，除了它们各自独特的存在方式外（比较 Boutefeu，2007），这些森林也充当着社会大舞台的角色（例如 Slabbers 等人，1993）。甚至相比市中心的公园，它们的魅力在于将"远离"城市生活与时时存在的城市生活结合在了一起。城市森林这一重要的双重作用在第六章"大逃亡"已经得到了相应的阐述。

几个世纪以来，哥本哈根北部的鹿园一直充当着"社会舞台"的角色。穆勒（1990）描述了哥本哈根不同阶层的市民是如何展开他们的"森林之旅"的。有钱人准备充足，他们可以乘坐自己的马车前往森林，而穷人有时不得不步行 15 公里到达森林。但是，一旦进入森林，不同阶层的人便混杂在了一起，他们被周围春天大自然的美景吸引住了，享受着"巴肯"游乐场带给他们的快乐。这种"混合"有助于增强社会凝聚力。在周末的时候，随着城市生活"转移"到森林，城市森林因而成为城市生活与文化不可或缺的一部分。虽然人们主要是在周末和节假日享用城市森林，但在用途方面，城市森林与公共公园非常相像。然而，正如第六章"大逃亡"所描述的，它们也代表了更加"荒野"与偏远的地方，为人们提供了"逃离"社会控制的机会。

通常，人们主要将城市森林作为一种"环境"或者一个舞台，而不是靠它自己的吸引力。不过，即使是在鹿园的森林中，吸引游客的虽然主要是巴肯游乐场，但也有许多人是为森林而来。在阳光灿烂的日子，大批游客聚集在高大的橡树和山毛榉树下，参与一种典型的丹麦式的"惬意社交活动"。通过这种方式，人们聚集在了一起，加强了他们之间的社会联系，也有助于建立起一种社区认同。

社会森林与居处营造

正如克拉克和尧希艾宁（2006）所提到的，绿地是城市空间至关重要、活力四射的一部分。在绿地中，城市森林扮演着重要的社会角色，它们为市民提供了一系列的休闲机会，并且为人们的聚会提供了令人愉悦的、半野生的环境。将城市森林作为社会的大舞台，它们便成为公共文化、社交聚会和非正式聚会、许多不同类型的人聚集在一起的活动场所(Van Herzele，2005)。与其他类型的绿色公共空间相比，开放的城市森林对于在当地条件下的文化认同与社会依附的发展至关重要(Clark和Jauhiainen，2006)。城市空间不仅仅是一种"存在"，通过利用城市森林，城市居民塑造出了当地的环境：通过人们的一系列活动，它被产生、重现与塑造出来。这些活动常常发生在特定的空间与时间里(Clark和Jauhiainen，2006)。"居处营造"所产生的冲突常常需要通过文化以及有赖于阶级、性别、种族背景等因素加以解决(Lepofsky和Fraser，2003)。通常情况下，具有相似特征的人更容易聚集在一起。然而，城市森林却能够吸引各种各样的人，这意味着，居处营造涉及这些森林需要跨越文化、性别、种族背景等因素的"界限"。

利普萨宁(2006)也讨论了人们进行"居处营造"的过程，他指出，并不是每一个地方都能充分满足居处营造的要求。所谓居处，就是需要有人们之间的相互交流，对个人而言，便是更加"深入"的交流，更像"居处"的居处。在一项针对赫尔辛基附近乌泰拉自然生态区的研究中，利普萨宁采访了26位游客，发现该地区与这些游客之间一直保持着一种长期而密切的关系。乌泰拉地区因而成为人们认同感的一个重要组成部分。

程等人(2003)提到了"基于居处的合作"的例子，比如关注特定的森林或自然区域，所谓的"朋友"群体。合作关系通常是由许多个体所组成，尽管他们的背景不同，在自然资源管理方面经常会产生不同的观点，但他们还是工作在一起，在特定的区域内界定公共资源管理问题并解决这些问题。

人们进行居处营造将会导致某片区域的社会化，这意味着，该群体将会宣称其居处有别于其他地方，有时他们还会排斥其他的城市居民。英国布里斯托尔亚诺河河谷公墓的例子就表明了，当地居民如何将该地区变为他们的居处，他们的"领土"，并开始对其他人的活动进行监督与监视(Jones和Cloke，2002；参见第十二章"冲突的森林")。

在协助加强社区联系与增强居处营造方面，毫无疑问，城市森林的(潜在)作用是城市林业发展的关键因素。人们将社区定义为拥有共同价值观、知识和兴趣的正式或非正式的群体(基于Jeanrenaud，2001)。正如庞廷(1991)及其他人所述，大量的人涌入城市通常会破坏许多社区联系而又不能创建新的联系。在许多城市地区，很多群体逐渐变得边缘化，遭受人们的冷落。而个性化又逐渐发展起来。

奥尔维格(1996，第408页)联系到"公地"的概念："没有我们社区本质上的改善，不可能实现我们环境本质上的改善。"正如克罗依(1996a)所提到的，许多新社区的问题在于似乎没有什么是属于公众的，而它所关注的只是私人领域。结果是，没有人能够感受到自己是社区中的一员。当地环境与当地社区应当齐头并进。格罗奈维根等人(2006)也认可这一点，他们认为，在社区周边那些具有吸引力的绿地将会成为增进积极性的非正式的社会交流、加强社会联系的焦点，进而增强社会凝聚力。社会凝聚力会对人们的福祉与安全感产生积极的影响。

涉及城市森林的居处营造应当在更为宽广的城市"绿色"规划这一背景下加以考量。由于城市绿地与城市生活的各个方面都有关系，如上所述，许多不同的参与者都具有相同的兴趣(Van Herzele等人，2005)。在最近几年，倡导更多的公众参与到城市环境与"绿色"议题的呼声渐渐兴起。有人认为，良好的"绿色"治理必须包括受绿色决策影响的社会各个阶层所涉及的利益相关者，比如他们城市森林的规划与管理(例如Van Herzele等人，2005；

Janse 和 Konijnendijk，2007）。

欧洲的"邻家森林"计划研究了让当地利益相关者参与城市林地规划与管理的不同途径，该研究覆盖整个欧洲。例如，在保加利亚的旧扎戈拉镇，当地居民参与到共同开发树木繁茂的春天公园的一项新的管理计划中，而瑞典的研究则着眼于让少年儿童参与到当地森林的管理中。该项目团队发现，这一计划由一套循序渐进的进程所组成，从以一种引人注目的方式告知公众、收集民意信息，到一种公众完全参与的方式，例如，在城市林业规划方面，最大可能地保证社会各个阶层能够直接参与决策（Janse 和 Konijnendijk，2007）。该项目团队还指出，公众参与的意愿取决于诸多因素，例如，存在的争议、对森林的情感依附以及感知到的危险，如现存的威胁。第十二章"冲突的森林"将进一步详细探究城市森林冲突会如何动员起（部分）当地社区。

创建社区认同

上一节显示出，涉及城市森林的居处营造是加强人们与当地环境联系的一个重要组成部分。英国非政府组织"共同基础"（2007）提出了一个涉及社会各阶层"绿色"居处营造的有趣方案。该组织的目标是联系"自然与文化，聚焦能够投资于聚居地的积极投资人，支持广受欢迎的民主参与，通过鼓舞人心的庆祝活动，将改善我们日常居处的品质作为行动的起点"。该项目包括苹果日、社区果园、树木修整节以及推介地方特色的活动。

这些活动将树木作为居处的核心要素，并且作为典型要素（Treib，2002）。琼斯和克洛克（2002）认为，不仅对于国家，而且对于城市、乡村及社区而言，植物可以成为彰显居处与认同的重要象征（参见第五章"权力的森林"）。最典型的就是纽约中央公园树木的例子，在创建城市的认知形象、界定临近景观方面，那里的树木起到了强大的象征性作用（Treib，2002）。即使是一棵树也能表征其身份特征，例如，西蒙（2001，2005）提到的罗宾逊黄金树，这是一种杂交的柏树，最早在贝尔法斯特的贝尔瓦森林公园内被人们发现，如今，它已成为当地及社区的重要象征（参见第十章"学习的森林"）。

凭借城市森林的"纪念性"作用，在加强社会凝聚力、居处营造以及创建认同这些方面，城市森林也扮演着重要的角色。例如，人们建起新的城市森林，以此纪念某一事件或某一运动的爆发。正如第二章"精神的森林"所描述的，人们还在森林里种下树木，以此怀念某些人的生与死等。在萨拉热窝和美国，人们种植树木，用以怀念在波斯尼亚战争期间围攻萨拉热窝时死去的儿童（怀念萨拉热窝的孩子们，1997）。在比利时一起严重的恋童癖丑闻中，好几个年轻女孩惨遭绑架及杀害，随后，人们种下了一片所谓的"白人儿童森林"。这片森林象征着公众的强烈抗议，要求法律及政治体系的彻底改变（例如 Ledene，2007）。

人们通过在公园和森林里种植树木以此来纪念战争及特殊的历史事件。在前苏联时代，胜利公园就是为二战中前苏联所取得的胜利而建的。人们创建绿地，这是城市进步的理念与国家建设及促进集体主义的意识形态相结合，势在必行之事。然而，前苏联的公园及其他绿地通常建设过快，缺少周全的考虑，因而普遍缺乏后续的维护。因此，渐渐地，前苏联绿地建设的实践便象征着新兴国家未实现的承诺、流产的计划以及失败的创意（Kitaev，2006）。

米利根和宾利(2007)提到，民族国家如何极力通过塑造树木的象征意义来试图打造一种国家认同，如通过相关的民间风俗和神话传说来实现(比较 Jones 和 Cloke，2002)。正如莱曼(1999)和沙玛(1995)所描述的，在 19 世纪的德国，森林与民族特性和文化紧密联系在一起。德国"荒野与森林社会学家"、人们喜爱的威廉·海因里希·里尔强调，德国的森林应当被视为国家不可或缺的一部分，并且必须要加以保护。考虑到原始森林是部落坚决抵抗罗马帝国的地方，原始森林在其中又扮演着重要的角色，因而森林被人们视为德国文化的起源或中心地带。这是一场木头反对石头与法律、大自然反对城市文化的斗争。里尔说道，德国的德国人创造了森林。他们能将"社会"转变成"社区"，并与当代资本主义的消极趋势作斗争。德国森林的这种文化意义集中体现在(浪漫的)艺术作品与文学作品中(例如 Harrison，1992)。

森林也被人们用来作为比较文化的一种方式以及说明德国优越性的一种方式。英国和法国曾经过度砍伐它们的森林，因而被视为"较小的"国家。俄罗斯仍然拥有广阔的森林，被认为归于其巨大的潜力。在这方面，"德国橡树"是一个关键要素，在德国的许多乡镇都集中种植着橡树。后来，为纪念纳粹领袖人们还种植了所谓的"希特勒树"。

在英国，在民族文化以及权力关系——如国王与人民之间——的塑造方面，"绿林"发挥着重要的作用。森林是那些"正当的反叛者"摆脱国家暴政所寻找到的一处庇护所，例如，神秘的罗宾汉，他曾经与暴虐的统治者做过斗争。然而，英国国王自己"与森林的联系"也尤为密切，如与橡树(例如 Schama，1995；Jones 和 Cloke，2002)。

在美国，人们的保护欲绝大多数体现在那些美丽的自然景观方面，这是建立在美国自然景观是其最具特色的民族遗产这一基础上的(Runte，1987；Lawrence，2006)。这个年轻的国家没有古罗马废墟或中世纪的教堂可以作为国家文化遗产。相反，自然景观以及它们与美国人的相互作用成为被人们认可的美国文化。这不仅体现在如优胜美地国家公园的创建上，还体现在城市及其附近的公园和森林里："在某种程度上，城市周边自然保护区和大型城市公园的创建起源于北美荒野纯洁无暇的文化，即所谓的'美国例外论'这一观点。"(Lawrence，2006，第 236 至 237 页)。

诺林(2006)指出，世纪之交的瑞典，在创建国家认同与社会凝聚力方面，草木丛生的景观是如何发挥其重要作用的。例如，像尤尔格丹岛这样的城市森林位于大城市的中心，就代表了一种典型的、理想化的瑞典景观。本地物种受到人们的青睐，大自然被人们视为一种"强大的造物"力量。人们期望城市公园以及运动场能够确实改善对工人阶级的影响，以增强他们的身心健康。在 20 世纪早期的芬兰，建筑师、规划师和城市官员共同渴望着为新独立的芬兰首都赫尔辛基创建一片享有声望的区域。公园和森林有助于提高城市的声望，它们被用于"典型的"芬兰体育运动和休闲活动中。在民族自豪感不断增长的时期，人们开始着手规划与发展城市的绿化建设，例如，在 1940 年奥运会的准备阶段(后来因二战被迫取消)(Lento，2006)。再例如，2012 年奥运会的东道主伦敦，在植树造林、举办奥运与强化当地身份这三方面齐头并进。在东伦敦种植大量的树木将有助于该地区的重建，并且可以为后人留下一笔永恒的绿色遗产(Nail，2008)。波黑首都萨拉热窝附近的波斯尼亚之泉地区是另一处为创建国家认同起到重要作用的城市森林景观。这是一个林木繁茂的公园，人们可以在此开展广受欢迎的休闲娱乐活动，该公园位于波斯纳河的源头，其名字来源于波斯尼亚(Avdibegovic'，2003；图 11.3)。

图 11.3　萨拉热窝附近波斯纳河源头的波斯尼亚之泉森林景观是一处为创建当地及国家认同起到重要作用的景观（照片由作者拍摄）

　　围绕比利时布鲁塞尔的绿化带，居处营造以及（重新）确认社区认同也是一个重要的问题。位于该绿化带的索尼恩森林，每年都会举办名为"贝尔特"的步行和骑车活动。该活动能够吸引多达 10 万人参加。政治动机是人们开展这项活动的重要原因，因为该活动被视为是一项人们反对（最初讲荷兰语的）布鲁塞尔市政当局变为"讲法语"政府的活动。人们最初希望该活动能够提高对布鲁塞尔的政治关注度，并加强佛兰德社区的联系。渐渐地，该事件的政治维度变得不那么明显了（Kellner，2000），虽然在 2007 年比利时大选遇到困难后紧张情绪再次出现。还是在布鲁塞尔的附近，人们试图利用树木将佛兰德人与讲法语的社区更加紧密地联系在一起。2007 年 5 月，人们在索尼恩森林里组织了一场所谓的"树木节日"的活动。组织起来的自然团体力图将讲两种语言的人们囊括其中，通过他们对森林和大自然的共同兴趣，使他们能够团结在一起（Joly，2007）。

　　在（城市）森林的协助下，不仅民族文化和国家认同得到加强，而且城市也求助于森林和绿地，以便能够创建当地认同、加强社会凝聚力。例如，在英国及其他地方的一些"新城镇"，人们希望当地拥有广阔的绿化环境以及良好的公园与森林，这有助于当地社区的建设，也能让人们为他们的城镇而感到自豪（例如 Simson，1997）。乔根森等人（2006）针对英国沃灵顿新城镇伯奇伍德地区的一项研究表明，尽管林地建设取得了成功，甚至当地林地由于其显著特征而成为居民们最喜欢去的地方，但是，作为居处的伯奇伍德并没有得到人们的一致认可。他们认为，就这一点而言，更重要的因素在于当地人、社区团体与机构的所作所为。

　　总之，城市森林作为社会森林所起到的作用是其最重要的贡献，时至今日依然如此。

在一个城市化和全球化的社会，当地依附、社区以及认同的创建与发展都是人们面临的重要挑战。人们需要居处，而城市森林在当地的居处营造方面能够为人们提供很大的帮助。前面已经介绍过好几个在城市林业方面开展居处营造的例子。

首先，成功且和谐的居处营造需要人们能够利用城市森林及其他绿地（Travlou 和 Thompson，2007；Worpole 和 Knox，2007）。这加强了城市社会各阶层对城市森林的利用，从而能够增加人们社会交往的机会，增强社会凝聚力，最终，人们营造出和谐的居处，塑造了社区的认同。城市森林的可接近性首先与森林是否面向公众开放有关。许多城市森林面向公众开放。例如，在荷兰，只有 5％的森林和自然区域属于当局所有，是封闭的（Veer 等人，2006）。然而，并不是所有的国家和城市都有与之相似的开放程度。例如，在比利时，许多城市周边的森林都属于私人所有，并且在传统上，这些森林都限制公众的使用（Gijsel，2006）。森林的使用也与一些现实状况有关，如森林的通行状况、人群的流动性、乘坐公共交通到达城市森林的可行性，诸如此类。最后，可接近性还有一个社会维度，它与人们的观念有关，如人们是否认为这是一个容易到达的地方，不会因森林的吸引力不够而打消去那里的念头，由于安全因素所产生的担忧，森林被另外一群人霸占使用，或者仅仅对那里到底有什么产生认识上的不足（The SAUL Partnership，2005）。

居处营造的第二个关键因素涉及当地居民是否能够参与到城市森林的规划与管理中。例如，公众参与有助于决策者、城市林业工作者与居民之间的相互理解。这种类型的相互理解很重要，它能够避免或应对由于城市森林所引发的冲突，这是下一章将要讨论的主题。

第十二章　冲突的森林

正如前一章所示，随着时间的推移，除了带来经济效益，城市森林还实现了许多社会和文化的角色。然而，第五章"权力的森林"已经表明，城市森林不可能满足人们对所有森林产品和服务的需求，通常还需要从小的城市森林获取可利用的资源。此外，对于城市森林应该是什么样子以及它们将被如何规划与管理，人们持有不同的观点。考虑到城市森林所带来的巨大利益，例如，由于它们在居处营造以及满足许多社会需求方面的作用，显然，利益冲突是很常见的。本章将着眼于冲突当中的城市森林。

福尔杰等人（1997，比较 Walker 和 Daniels，1997）将冲突定义为，相互联系的人由于其不一致的目标，彼此在实现各自目标时所引发的矛盾。冲突可以是基于形式或基于内容的冲突。它们也可以是程序化的，涉及有关的"规则"和程序，或者是个人的，即当事人之间的权力、地位、控制、认同等问题（Walker 和 Daniels，1997）。公园是比较典型的引发争论和反抗的地方（比较 Jones 和 Cloke，2002）。琼斯和克洛克将"有树的地方"作为景观的重要特征，在这里发生的斗争，既体现出了斗争的发生地，也体现出了斗争的本质。这并不奇怪，因为随着时间的推移，（城市化）压力逐渐施加到这些森林身上，加之城市居民又存在许多不同的需求，所以城市森林的历史也是一段充满着社会冲突的历史。

第五章的"权力的森林"认为，不同的社会阶层和团体试图通过占有城市森林而为自身谋利。很显然，这将导致冲突的发生，这也是本章所要说明的。第五章的内容不是去整合当代的城市森林冲突，因为那一章有其相关的主题。正如本书最后一章所描述的，一个重要的原因在于，城市森林冲突会妨碍正常的规划与管理，这种行为将成为实现未来森林的严重阻碍。

在第五章中已经介绍了历史上存在于贵族与社会下层阶级之间的城市森林冲突和城市森林使用方面的内容，这些冲突以发生在海牙森林及伦敦平民中的冲突最为典型。冲突往往以获得城市森林及其使用权而结束。本章除了这些方面，重点关注对当前森林规划与管理造成影响的城市森林冲突。随着社会民主化进程的深入，更多人希望能够在城市森林及其使用的决策方面施加自己的影响力。而结果是，冲突的频次进一步增加。在接下来的一部分，城市森林冲突的例子将依据一些主要类型而加以介绍：城市发展冲突、城市森林管理冲突、娱乐冲突以及其他冲突。最后一部分试图探究"更深"层次的城市森林冲突，涉及人们与作为居处的城市森林之间的紧密联系。这部分将显示，全面的冲突管理策略有助于将冲突转化为一种积极的力量。

城市发展冲突

正如本书第一章所述，即使人们通常认为城市森林具有巨大的价值，但当城市开发之时，森林往往还是受害者。当需要建设新的道路或者开发新的房地产项目时，政客们的眼睛仍然频繁转向城市森林。这种情况已经在荷兰阿纳姆市发生过，当地居民抗议将豪宅建于林木繁茂的桑斯比克公园的城市规划（Kuyk，1914）。在其他地方，1905 年，所谓的尤尔格丹岛议会委员会认为，在斯德哥尔摩的北尤尔格丹岛非常适合建造新房子。植物学家及政治学家卡尔·斯达巴克领导了一场反对派运动，并向该议会提交了请愿书，希望保留这片区域。他强调这片区域对民众在此开展休闲娱乐活动的重要性，更是提出对瑞典首都——具有典型瑞典特征的原始景观——进行全面保护的必要性（Nolin，2006）。

最近，人们一直在讨论在芬兰赫尔辛基建新房子的事情。通过在旧房间隙处建新房这一对策，从而维持城市拥有空地的方针已经成功实现（Niemi，2006）。当建设规划及其活动威胁到了绿化区，市民们通常会对此表示抗议，如在乌萨里便是如此。在 20 世纪 70 年代，作为一个拥有 15 万人口、靠近森林的新城区，华沙的拉斯卡巴迪森林也感受到了巨大的发展压力。经历了一段漫长而艰难的过程，城市自然保护局设法将森林置于自然保护法的保护之中。不过，城市发展已经影响到了森林，一些房屋已经建成或扩建到法律界定的森林缓冲区（Konijnendijk，1999）。在俄罗斯圣彼得堡附近的森林，一旦树木被人们砍伐用来为那些新富豪建造达恰（避暑别墅）和永久性住房，便经常会引发冲突。在林达洛沃斯卡吉亚罗夏保护区就是这种情况，由于政治腐败，这种行径竟绕过了自然保护条例（Konijnendijk，1999）。

类似城市森林与城市发展相对抗的事情也发生在世界其他地区。俄勒冈州的新建城市波特兰，位于一座小山附近，按照历史惯例，山上的森林注定要被砍伐用以发展当地经济。然而，在 19 世纪下半叶，作为该市的第一位市政公园委员，托马斯·兰姆·伊莱克牧师开始着手保护这片森林。在持续的政治辩论和植树活动以及部分工商界人士的大力支持下，最终建起了波特兰森林公园，它是目前世界上最大的城市公园之一（Houle，1987）。

新住宅区的开发并不是城市发展对城市森林造成威胁的唯一表现形式。基础设施建设已成为另一个主要驱动力。在荷兰，为了建设一条新公路，人们必须毁掉乌得勒支附近的艾米丽斯维尔德森林的一部分，但是在 20 世纪 70、80 年代初，由于抗议活动异常激烈，公路建设被推迟了好几年。艾米丽斯维尔德事件后来被人们认为是荷兰强大的自然保护和公共行动的开端（Grimbergen 等人，1983）。英国政府计划修建一条绕城公路（M25 公路），而这条公路必须穿过埃平森林。但是，伦敦金融城决不允许这样的事情发生（Slabbers 等人，1993）。然而，在 20 世纪 90 年代中期，纽伯里森林还是不能幸免于政府的计划。在 1995 年至 1996 年期间，一部分森林被砍伐用来建设一条伦敦附近的新公路。情绪激动的抗议群体——他们在森林里建起了村庄，人们爬在树上——即便这样，也不能阻止森林砍伐事件的发生（Konijnendijk，1996）。

最近发生的一起案例表明，涉及城市森林与基础设施建设之间的冲突将会异常复杂。波兰奥古斯图夫镇的居民多年来一直抱怨当地拥挤的交通，包括每天多达 4000 辆卡车将穿过镇中心。作为回应，波兰政府决定建造一条新的环形公路。政府也赞成部分新公路可以穿过附近的罗斯布达河谷，这是一片包括林地与河流景观的自然区域。但自然保护组织反对这些计划并占领了山谷中的一些森林。由于该山谷被认为是具有国际地位的自然景观，欧盟随后也介入此事。欧洲法院最终裁定，要求已经开工的道路建设必须马上停工。在这种特殊情况下，城市居民中有支持公路开发商的，也有参与自然保护运动持反对意见的（Aagaard，2007；Hunin，2007）。

　　另一起案例发生在维也纳的多瑙河湿地国家公园，这也是经济发展与城市森林之间爆发的冲突。自然保护组织和公众以实际行动强烈抗议，阻止了在公园里建造水电站的行为（A. Ottitsch，1997，私人交流）。而荷兰环境非政府组织试图阻止阿姆斯特丹附近史基浦机场的扩张，但并未取得成功。他们种植的"森林"——所谓的"建设者森林"——恰好位于今后跑道将要扩张的地方。1994 年，他们种下了第一批树木。后来法院裁定，这些森林实际上是非法的，因为这些树木是被移植过来的——或者如该非政府组织所言，这些树木是从阿尔梅勒附近的城市森林"流亡"过来的（Milieudefensie，2007）。

　　带给我们最近的一次城市森林冲突的案例，在许多方面，其特点表现为城市发展与城市森林保护之间的斗争，这片森林被称为拉伯斯福特森林，是比利时布鲁日中心附近一片30 公顷的林地。这片林地曾经是一个私人公园，由一家军工制造公司的主管所拥有。这片土地，包括相邻的仓库，被一家跨国企业所购买，其目的是对这片区域进行一定程度的开发，建造一些房屋及基础设施。为此，与之相适应的土地使用规划便是，将三分之二的前工业区作为开发区，三分之一的前工业区留出来作为公园用地。

　　在布鲁日市议会批准了这项计划以及进行通常的公众咨询程序之后，涉及砍伐大量树木的前期工作即将启动。然而，一群主要来自比利时及欧洲其他地方的年轻人开始反对砍伐并占有森林的行为。即使法院裁定支持拆除抗议者的树屋，但在这片区域，他们的树屋仍被保留了一年多的时间。长时间的对峙以及媒体大战就此拉开序幕，拉伯斯福特案例最终成为佛兰德绿色运动中的"经典"（例如 Lappersfortbos vandaag of morgen，2002；Groene Gordel Front，2006）。

　　在他们采取行动的那段时期，在抗议者中发展起来一种亚文化，这非常类似于前面提及发生在艾米丽斯维尔德和纽伯里的森林占领活动。抗议者告知新闻界，他们已经从城市人"转变"成了真正的森林居民。抗议者联盟变得非常有组织性，他们有着明确的职责与任务划分。一些人据说是由于"犯错误的原因"而被驱逐。新来者被告知，拉伯斯福特营地绝不是一个度假村。由于人们普遍感到每隔一段时间都需要和森林"断开"，因而没有人在森林里生活一整年。同时，重新回归社会将面临许多困难，这被认为具有很大的风险。久而久之，小屋及其设施变得更为专业。第一个"拉伯斯福特博物馆"很快就被提上了日程（De eerste echte，2002）。游客们来到这里，非常钦佩这些"绿色占领者"，认为他们具有"罗宾汉般的魅力"（Prijs Lappersfortbos nog，2002）。

　　最终，抗议者营地的最后 35 位占领者被 120 名警察带走。拆迁公司准备用他们的重型机械将该营地拆除。媒体将这场行动视为一场真正的围攻战，那里看起来就像是一个战区。所属公司来到法院，指控抗议者的行为影响到了拆除工作。法院赞同这一说法。在拆毁了这片营地后，一家私人保安公司立即加强了对此地的防范，以阻止新的占领者（Politie ontruimt Lappersfortbos，2002）。

　　当佛兰德环境部长与购买拉伯斯福特森林的所有者达成共识，在 2003 年，这个事件最终看起来似乎有了一个很好的结局。然而，该公司只同意以合适的价格出售指定的土地（即工业区），因为他们想为没能开发商业区所遭受的损失而获得补偿（Dua heeft voorakkoord，2003）。由于佛兰德财政部长反对以过高的价格购买这片森林，因而直到本书写作之时，双方还没有达成一个最终的解决方案。如此一来，因为砍伐森林的主要威胁依然存在，那些抗议者也依然保持着警觉，相关行动时有发生。2006年，一本描写森林及其占领时期的诗集由"拉伯斯福特诗人社团"出版发行。人们建成一座在线的"拉伯斯福特博物馆"（Groene Gordel Front，2006），它收藏了许多相关的故事、日志和诗歌。一些抗议者开始活跃于国际互联网，他们对在比利时其他地区以及在荷兰的砍伐活动提出抗议（R. De Vreese，2007，私人交流）。

森林管理冲突

新的道路、建筑物等已经威胁到了城市森林，这通常是引发居民、环保组织与城市森林管理者之间冲突的一个方面。不管怎样，城市森林管理者也已发现，其实他们是站在公众对立面的。龙格（1998）提到，在过去的几十年里，生态义务及其相关知识在外行人当中已经广为人知。因此，林业工作者的正统专业化意见常常会遭到民众的拒绝。换句话说：林业工作者并不一定是决定（城市）森林未来发展的最有资格的人选。正如第八章"城镇的荒野一面"所描述的，首先表达出环保意识的公民来自社会上层及学术界。例如，成立于1909年的瑞典自然保护协会（Nolin，2006），其创始成员主要来自斯德哥尔摩及其周边那些深切关注城市动植物的人。他们开始与市政当局争辩斯德哥尔摩绿化区的规划和管理问题，因为他们希望看到当局能更加强调自然与自然状况。当时的另外一个例子，不仅牵涉到上层阶级，而且还涉及林业工作者范·席尔姆贝克与荷兰布雷达的居民之间关于马斯特城市森林的管理问题。范·席尔姆贝克引进了北方红栎，同时清除了灌木丛，以此试图改善（已失败）马斯特森林土壤脱水的状况。他的这种做法遭到公众的抵制，包括蓝莓采摘者，因为他们看到，由于森林结构的改变，他们额外收入的来源已不复存在（Caspers，1999）。

在专业林业工作者与其他人之间，由于森林管理所导致的冲突，一个典型的例子发生在法国枫丹白露森林。前面一些章节已经阐明，在19世纪早期，通过森林行政管理部门，一批艺术家如何成功地保护了松林，使得那些古老的森林免遭砍伐。但是在近代，激烈的冲突又重新出现在了枫丹白露及其管理过程中。在20世纪90年代，自然保护主义者声称，法国国家林业局仍然过度强调木材生产，而没有在自然保护方面给予足够的关注。一个被一些人称作"生态恐怖分子"，同时又被另一些人称为现代罗宾汉的环保组织，在随后的行动当中，其中一些激进环保主义者破坏机器、原材料和种植园，并将决策者制定的行动口号写在了房屋墙面上。在此之后，几个抗议者被关进了监狱（RuffierReynie，1992；Brésard，1995；Trébucq，1995）。

在其他地方，也发生过类似的冲突。奥斯陆林业局成为无业人员和自然保护主义者抗议的主要目标，它被认为只关注木材生产——包括新伐木道路的建设和大规模的砍伐——从而导致奥斯洛马卡森林的破坏。从20世纪50年代中期开始，随着伐木道路建设的不断高涨，针对林业发展的公开批评也逐渐升温。起初，林业行业强烈反对公众表达的请求，他们认为，这只是一小撮人的批评（Hellström 和 Reunala，1995）。在1970年的自然保护年，奥司洛马卡事件被认为是一个重大的政治热点事件。1972年，环保主义者站在机器前面，试图阻止伐木道路的建设。最终，双方通过彼此沟通，按照休闲娱乐和自然保护的总体目标，调整了部分林业政策与实施方案（Opheim，1984；Hellström 和 Reunala，1995）。在某种程度上，"奥司洛马卡事件"为整个挪威的林业发展树立了一个典范。该国在 1976 年重新修订了森林法案，从而能够涵盖更多森林利用方面的争议问题。这表明，城市森林冲突也可以成为积极的推动力，这一主题随后将会有更详细的介绍。

　　不同的自然观以及或许是由于缺乏相关的生态与林业公众意识，这是导致城市森林管理冲突的一个重要原因。正如 20 世纪 80 年代，发生在德国的事件所表明的，当时，关于森林枯死病（是指森林中的树木因污染而病死）的争论达到了白热化。媒体上就此事持续不断地进行讨论，甚至呼吁人们放弃传统的圣诞树。城市居民情绪低落，"最后一次"来到当地的森林，送别"垂死的"森林（Lehmann，1999）。然而，类似的反应却很少发生在居住在乡下的小城镇居民身上。这些人遵循自然规律，与大自然和谐相处，他们没有看到人类活动对森林所造成的影响，从而也减少了他们对森林的担忧以及抗议的意愿。费尔布拉泽（1972）提到过这一例子，这涉及城乡自然观冲突的问题。这些相互抵触的观点还表现在，当城市居民来到周边的乡村，他们不赞同在农村的一些做法，如饲养家畜。

　　在其他地方，也有许多由于城市森林管理所导致的冲突，例如，在赫尔辛基的中央林地公园，自然保护主义者出于自然保护的目的，希望保留部分森林（Konijnendijk，1999）。在某些情况下，冲突主要发生在森林管理者与环保组织之间，环保组织主要希望森林管理者能够减少对森林的干预，给予它更多自然生长的空间。在其他情况下，如果当地居民觉得他们没有被告知采伐作业、森林再生等的真实状况，他们便成为向森林管理提出抗议的主要力量。当地居民也是在森林里开展休闲娱乐活动的主要参与者。这也导致他们参与到另外一种城市森林冲突中。

娱　乐　冲　突

　　城市森林更为典型的"日常"冲突涉及森林中不同类型的休闲娱乐活动所引发的冲突（图 12.1）。例如，针对 16 个欧洲城市的城市森林管理者所做的一系列采访，几乎所有的受访者都提到了山地自行车（图 12.2），他们认为，作为一种有问题的活动，山地自行车运动妨碍了步行及其他休闲娱乐活动的开展（Konijnendijk，1999）。一项针对维也纳城市森林使用者的研究表明，除了乱扔垃圾和蓄意破坏这些行为，在森林中，如果游客看到狗没有被人用绳子拴起来，他们会认为这是最令人"讨厌的行为"（Arnberger 等人，2005）。在"他们的"森林中，那些常客经常开展大规模的抗议活动。例如，在阿纳姆的桑斯比克森林公园，"桑斯比克朋友"组织成功地阻止了 1995 年世界自由摇滚音乐会在公园里的举办（Sonsbeek krijgt ruime，1996；Van den Ham，1997）。一般来说，大型活动（如马拉松）并不很受许多常客的欢迎。

　　曾经在城市森林中开展的特殊的、传统的娱乐或旅游活动，随着时代的改变也会遭到人们的抗议。依照悠久的传统，信仰共产主义的东柏林居民习惯在森林里建起大型的帐篷。在夏天，人们居住在这些帐篷里长达几个星期甚至几个月。德国统一后，这便导致一个问题，因为依据联邦德国的法律，这种类型的活动是不被允许的。柏林林业局也同样关注此事，由于森林中存在着大量的帐篷，使得人们很难在森林中开展其他类型的休闲娱乐

图 12.1   城市森林管理者限制了森林的一些用途，如减少不同类型的休闲娱乐活动之间以及
自然保护与休闲娱乐之间的冲突。例如，位于布鲁塞尔附近的索尼恩森林明确标明，
在这里是不允许驾驶机动车和采摘蘑菇的(照片由作者拍摄)

活动。但是，一方面，帐篷协会太穷，买不起任何土地；另一方面，帐篷文化又是如此根深
蒂固。因而，林业局的政策是逐步取缔这种活动，但不强制帐篷所有者离开森林
(Konijnendijk，1999)。

在荷兰等国，如果私人森林所有者向公众开放其森林，他们便可获取一定的补贴。然
而，森林所有者并不总是满意于将森林用作休闲娱乐用途，因为这会破坏他们的隐私，也
会导致森林及其基础设施的损坏(Konijnendijk，1999；图 12.3)。最近的一个例子来自丹
麦，虽然并不是严格意义上的城市森林案例，但也说明娱乐冲突会引发人们的激动情绪。
在丹麦加夫恩岛上住着一位男爵，这里树木繁茂，最近，他封锁了所有通向他房产的道路，
因为他想保留一个只归自己所有的休闲环境。然而，根据丹麦森林法，他不能限制公众通
行。这位男爵甚至在路障后面拴了一头公牛以此来吓跑来访者。经过考虑后，他带着他的
相关材料来到欧洲人权法庭，因为他觉得应该允许贵族行使他们传统的私有财产权

图 12.2　在荷兰的许多城市森林中，山地自行车已经成为引发娱乐冲突的
　　　　　重要原因（照片由作者拍摄）

（Stisen，2003）。森林所有者和使用者之间的权力斗争与冲突，成为城市森林历史的主旋律，一直延续至今。

图 12.3　私人土地所有者并不总是满意于他们的森林与土地作为休闲
　　　　　娱乐用途，正如爱尔兰的这块牌子上所显示的（照片由作者拍摄）

其 他 冲 突

如上所述，由于森林管理的意见分歧以及森林不同的休闲娱乐用途，因而，当代城市森林冲突常常会威胁到城市的发展。但是，其他类型的冲突也时有发生。森林产品的利用会引发冲突，例如，非法狩猎、非法砍伐木材以及非法采摘受保护的物种（如蘑菇）。农业与林业之间爆发的是一种相当"新鲜"的冲突。事实上，这样的冲突并不新鲜，当然，随着时间的推移，森林逐渐成为农业发展的牺牲品。然而，今天的发展趋势常常与之相反，城市周边的农业用地逐渐被人们种上了树木。例如，20 世纪 60 和 70 年代，丹麦哥本哈根以西的西部森林便建立在一片农业用地上。但森林的规划与建设导致一些农民的抗议，他们中的一部分人仍然坚守在他们的土地上，直到现在还处在西部森林之中。比利时一些缺乏森林的城市（如根特、科特赖克和鲁塞拉雷），都在努力建设城市森林，但由于农民不愿意卖掉他们的土地，因而这一计划受到很大的阻碍。

另外一种城市森林冲突由自然保护、休闲娱乐及其他利益这些要素所构成。自然保护组织有时认为，部分城市森林具有极高的自然价值，因而禁止（至少是强调）在此开展一切休闲娱乐活动。一片位于丹麦富勒比约市政当局的森林，称为私人"Iskælderskoven"，一种稀有的金雕栖息在此。当地自然保护协会成功地说服当局，停止森林里的休闲娱乐活动长达三年之久。丹麦户外委员会代表那些热衷于休闲娱乐活动的人对此持反对意见，因为他们认为，这将开创一个先例，他们担心类似的情况会在其他地方发生（Den her skov, 2006）。具有争议的大型食肉动物，如狼和山猫，当它们被人们重新引进到甚至接近城市的地方，这也会导致一些国家发生冲突，如在德国、挪威和瑞典就是如此（例如 Hagvaag, 2001）。

在本章前半部分以及第五章"权力的森林"中，描述了不同的人都在努力声称对城市森林的所有权。随着时间的推移，城市当局增加了他们对周边森林的影响力。在东欧的前社会主义国家，市政财产归国家所有。在 20 世纪 80 年代末 90 年代初，当铁幕落下，从前的市政与私人森林又开始了一个漫长而棘手的重建过程（联合国粮农组织，1997）。贝森尼克斯（2001）提到，在国家恢复独立后，拉脱维亚的里加如何逐步改造其超过 7 万公顷的森林和农业用地——其中一部分土地的城市所有权甚至可以追溯到 1225 年。

管理冲突中的森林

冲突不仅发生在相互抵触的森林用途上，更发生在人们与景观之间所产生的（不同）理念和约定上。从"居处的视角"来看，可以更好地理解许多的城市森林冲突（Cheng 等人，2003），因为它们涉及个人以及群体和社区的居处认同问题。当然，认同对人们的行为有着强大的影响力。在身处群体和拥有领土权的情况下，人们感受到外来者对"他们的"领土所施加的影响，威胁到他们作为一个群体的认同。那些"声称"将城市森林作为居处与领土的组织，有将这片区域以恰当的方式规划的预期。然而，在大多数情况下，城市森林的用途是作为公共林地，预期的恰当规划很难加以定义并很难被人们普遍接受。这意味着在城市森林规划与管理决策中，冲突将无处不在（基于 Cheng 等人，2003）。

本章所述的冲突会妨碍城市林业的成功，并给森林规划与管理带来挑战。另外，冲突是人们恪守承诺于"他们的"城市森林的象征。拉伯斯福特森林的例子就是如此，抗议活动具有非常强的情绪化特征，清晰地展现出了城市森林与人们之间的强大联系。

冲突管理是利用冲突的积极方面，同时减少其负面影响的一种管理方式。沃克和丹尼尔斯（1997）强调了冲突"管理"的重要性，而不是冲突的"解决"。他们说，冲突管理的目的是改善状况。它以在任何有问题的情况下，合意的与可行的改变为前提。冲突管理考虑到冲突的"深层次"根源，着眼于冲突的本质以及相关的程序与关系。例如，当人们从未涉及到城市森林或者甚至不知道相关的知识，人们通常会绕道而行（例如 Konijnendijk，1999）。因此，即使有协议中提出的规划和/或管理行为，决策者与森林管理者之间也会爆发冲突。冲突的相关方面与人和人之间的关系有关。如果人们彼此之间不喜欢或不信任，更有可能发生冲突。

当冲突管理策略进一步成熟，人们与居处之间的密切关系也需要被考虑进去。这需要充分了解当地社会中城市森林所涉及的不同群体和个人。最糟糕的事情就是，忽视与森林关系密切之人的利益，森林乃是他们认同的标志。通过恰当的冲突管理策略，逐步升级的森林冲突是能够被避免的。此外，可以更好地利用人们对森林的承诺。例如，这有助于抵御将城市森林转变为其他土地用途的政治压力，以及提高资源利用率以支持森林管理。

第十三章　未来的森林

　　本书描述和分析了作为文化景观的城市森林。它表明，随着时间的推移，城市森林不仅发挥重要的经济与环境作用，特别是，还具有许多文化与社会价值。早期，它们为穷人提供生存物资，现在，城市森林更是为当地城市社区提供了种类繁多的商品和别具特色的服务。久而久之，由于精英专用权被转移到全体城市公众，因而，城市森林的使用会变得更加"民主"。城市政府看到城市森林所能带来的巨大利益，所以，他们加强了对城市森林的影响力。起初，市政府通过城市森林为人们提供了重要的木材和薪材，并且保护了饮用水资源，进而为居民和企业创建出更具吸引力的环境。

　　最后一章将再次探究城市森林在景观、居处和空间建设方面的作用。它将首先分析当前城市时代所面临的挑战，因为现在大部分地区的文化景观已成为城市或者至少是城市化的一部分。伴随着正在进行的城市化、郊区都市化和城市扩张以及全球化的进程，城市和城市区域需要加强其身份特征。在全球市场，它们必须为争夺居民、企业和游客而展开竞争，尤其是要提供高品质的生活与环境。

　　城市森林可以通过部分有魅力、多功能的城市景观创建具有竞争力的城市。虽然它们的完整性和自身（文化）身份需要得到人们的认可，但城市森林必须被整合到更具战略规划与管理的文化景观中。如今，好几个例子都表明了人们是如何做到这些的。如"绿色基础设施"之类的新概念将有助于增强景观一体化及其功能。

　　当今城市和城市地区面临的挑战是维护与增强社会凝聚力。如何提升人们与当地的联系，城市化就是要彻底扫除地区、城市、乡镇与景观之间的差异吗？如何强化归属感和本地认同，以至人们有一种宾至如归的感受并愿意投身于当地发展？如何将新来的人整合在一起？这些问题都涉及作为"居处"的某些景观的作用。正如我们在第十一章"社会的森林"中所看到的，城市森林在居处的形成或重塑过程中（能够）起到了重要的作用。

　　不管怎样，城市森林不仅能为居处营造做出应有的贡献，而且还可以协助现代城市社会应对所面临的挑战。此外，城市森林还有与自然，与"其他"，甚至与高度城市化的环境保持联系的需要。这便是作为"空间"的城市森林的作用。正如我们在第八章"城镇荒野的一面"中所看到的，相对于城市生活，城市森林为我们提供了一个体验周边自然与荒野的机会。就像在第十章"学习的森林"中所阐述的，从这个意义上说，城市森林是重要的学习环境，尤其对于年青一代更是如此。

　　通过分析城市森林在多功能的城市景观、（重新）塑造居处以及保持家门口的自然环境这些方面的（潜在）作用，本章提出了有关我们城市森林未来的一些想法。如果这些机会被我们抓住，那么，我们便可以创建未来真正的森林。

城市时代的挑战

在 20 世纪 70 年代初,费尔布拉泽(1972,第 181 页)将现代文化作为大都市的特征。"无论我们喜欢与否,不管我们生活在什么样的环境中,大城市已经成为现代生活的单元和工业社会的基础。"非常有趣的是,费尔布拉泽(1972,第 199 页)在该书中将大城市与其独立的部分即人类的居处以及森林进行了比较:"任何大片的森林,我们都不可能立刻全面了解它;我们无法看到长满树木的森林,因为我们仅仅生活在一小片与我们关系密切的森林中。"的确,在我们的社会、我们的景观,特别是在工业化国家中,城市化已经导致了一系列引人注目的变化。从一个被孤立的景观来看,大多数的小城市都位于广阔的荒野、森林及随后出现的乡村中,如今,整个社会已经形成一种具有代表性的城市景观,城市中大部分剩余的大自然和乡村景观也都受到城市的影响(例如 Fairbrother,1972)。郊区都市化和城市扩张,扩大了城市的影响力,不断蚕食着剩余的土地。因而,大部分地区的景观现在看起来都非常相似。

在最近的一篇文章中,奥尔曼(2007)讲述了发生在美国佛罗里达州奥兰多的故事。他写道(第 99 页):"奥兰多地区已经表现出一种城市远郊上升的发展动力:它由各种明星脸、通宵达旦的夜生活、远离城市中心的稠密人口所构成。"奥尔曼讲道,像奥兰多这样的城市化和郊区都市化地区,关键在于要创建一个属于自己的认同标识。从一片沼泽地开始,奥兰多很快便发展成为一个 21 世纪的大都市。其发展的主要因素是 20 世纪 60 年代迪斯尼世界主题公园的创建。迪斯尼世界使得该城市闻名于世,成为非常受游客欢迎的目的地。然而,它更多地是满足了身处这个大都市中居民的各种需求,他们中的许多人来自世界各地,为的是追求一种更好的生活。

正如第一章所讨论的,今天,成功的城市必须与神圣、安全和繁忙这些传统因素产生共鸣(Kotkin,2005)。神圣的城市与人们的身份相联系,可以使人们对城市产生一种自豪感。在安全的城市,人们可以享受生活与工作,而不必过于担心他们的安全、健康或福祉。最后,繁忙的城市充满着商业、文化及其他活动。摩登时代也导致了一些转瞬即逝、充满活力的城市的崛起,在这里,人们可以寻找到各种休闲娱乐活动和一些新的体验。奥兰多可以作为这种类型城市的象征。然而,成功的城市并不能仅仅依靠这些。为了取得更多可持续的成功,它们需要公民的积极参与和信守承诺。因此需要具备一系列的因素,包括高雅与世俗的融合,一次性与持久性的融合。

今天,尽管大城市仍然扮演着重要的角色,不同类型的城市地区之间的权力平衡正在发生改变。大城市有时会陷入到危机当中,因为这些"巨人正在输给那些规模较小、便于管理以及较少陷入社会定居点困境的城市"(Kotkin,2005,第 146 页)。新技术正在缩小规模的优势,强化地方分权的趋势。正是基于这一点,弗鲁哈尔(2006)谈到了二线城市的崛起。现在,大多数的城市发展都出现在大城市以外的地方,二线城市从一个边远地区发展成为区域性中心、旅游胜地及省会城市,其地位日益上升。由于在城市中心和传统意义上的郊区,土地和房屋价格持续上涨,驱使着人们来到更远的郊区,预计二线城市会进一步扩张。二线城市为了赢得成功,需要拥有优质的交通——如公共交通、低成本的航空——

与通信设施（比较 Gehl，2007）。如何使人们过上"优质的"、国际化的生活，这是从前大城市在发展过程中所遇到的问题，而现在已变成了民主与分权的问题。由于就业与人口的实质增长很有可能发生在城市外围，因而城市郊区化变得异常活跃。例如，在英国，已经有大约一半的人住在了郊区或"远郊"。科特金（2006）认为，是时候让城市郊区化运转得更好，而不是一味地打击它。他说，郊区应当被打造成它们自己的小型文化、社会与经济中心。二线城市的崛起就应该朝着这个方向努力。

在更广泛的意义上，城市化冒着"打造城市，但并不一定要这样做"的风险（Gallagher，1993，第 19 页）。齐泽菲尔德（1983）指出，今天，许多城市面临的一个重要问题是缺乏"城市风格"。城市风格被定义为一个城市的文化特征，它能够得到当地居民的集体认同并使居民获得一种归属感。德国社会学家汉斯·保罗·巴尔特在其著作中指出，齐泽菲尔德提到，社区（"礼俗社会"）是如何逐渐被一个更加宽松和更少人际交往的社会（"法理社会"）所取代。在一个全球化、城市化、商业化和私有化的时代，在社会凝聚力的压力之下，有必要重塑城市风格，重建一个强大的公民社会。现代城市社会是一个多元化的社会，新的居民会带来新的期望，如人们对城市公共空间的期望（The SAUL Partnership，2005；Walraven，2006）。

随着我们的生活变得如此复杂，人们扮演着众多不同的社会角色，我们的居处需要更多的社会支持，而不仅仅是一种碎片化的生活，无个性特征的城市可能需要做得更多，因而城市风格和本地身份的缺乏便成为了一个大问题（Gallagher，1993）。在一个忙碌的、快速变化中的世界，人们需要一个真正的家，一个能让他们扎根的居处。本地认同提倡：作为"居处，需要将硬实力、标准化和成本效益与自然、个人和健康保持平衡"（Gallagher，1993，第 19 页）。欧洲西北部城市地区的一家财团，共同承担了欧盟可持续发展项目基金。齐泽菲尔德在报告的最后写道："在后工业化时代，强大的外在力量造就了我们的城市景观，但在经济和社会方面，也导致了传统地域性特征的丧失。"（The SAUL Partnership，2005，第 16 页）。例如，传统产业的消失造成曾经许多可用来享用的聚居地即强大社区的消失。

我们能做些什么以保持或使得城市、郊区及其他城市地区获得成功呢？它们能被打造成一个具有高品质生活与环境以及鲜明身份特征的地方吗？可持续的城市发展需要平衡经济、生态、社会与文化等方面。生活质量指的是广义上的文化、教育及其他提供给人们的可能性。今天，一个"良好的"城市通常与可持续经济增长、社会凝聚力和公平以及一个平衡的生态系统这些方面有关（例如 Olin，2007）。它指的是，创建一个人性化、有吸引力、宜居的城市，使人们有一种归属感（欧洲科学基金会，2004）。这需要城市发展上的战略性和创新性方法。

开发魅力城市景观

在其修订的里斯本战略中（欧盟，2007），欧盟关注在全球化的社会中的竞争力问题。伴随着经济强国的崛起，城市地区在这方面发挥着至关重要的作用。但是，它们必须不断地争取政治关注、投资、居民和游客。一些城市地区要与旧的残余作斗争，例如，由老（重）

工业造成的随意排放、玩忽职守以及相关的负面形象。一些地区正在扩大，而另一些地区正在萎缩，人口流失。

前面提到过，索尔伙伴关系（2005）呼吁新的城市景观，它将对城市地区人们的生活质量产生至关重要的影响。可持续发展的地区是一个现在以及将来人们都愿意在此生活的地区。开发这些可持续发展的城市地区需要一种联合方法，集合不同区域和利益相关者的利益。"通过提供良好的生活条件，具有竞争力的城市地区能够吸引和留住那些能独立发展的企业及其员工。在构建欧洲未来的经济结构和社会福祉方面，新的城市景观是一个至关重要的因素"（The SAUL Partnership，2005，第 1 页）。

城市森林如何促成这些新的、可持续发展的城市景观呢？首先，大多数城市森林要成为公共开放空间的重要组成部分。索尔伙伴关系强调，在 21 世纪，由于所有的公民都需要享用干净、安全、舒适、被管理得很好的公共场所，因而，决策者应该意识到高品质、易接近的露天场所的重要性。其次，在许多城市地区，林业可以作为多功能城市景观的主要组成部分。传统意义上的为人们提供木材、薪材及其他产品的"富饶的森林"（参见第四章），能够将广泛的社会、文化和环境服务结合在一起。

劳伦斯（2006）基于历史分析，表达了他对现代城市树木作用的一些想法。劳伦斯写道，树木仍然被人们作为装饰品或建筑风格和城市工程的一部分。此外，正如第六章"大逃亡"所描述的，它们继续承载着人们在此寻找快乐的功能。城市树木还有助于为"上流社会的活动"，彰显其财富和品位创造空间。然而，随着城市社会和生活方式的改变，树木和森林的作用也发生了相应的变化。今天，这些都与财富和品位有关，通过物质财富被展现出来。随着私人领域的不断增长，公共景观面临着巨大的压力。

然而，树木和城市森林的新作用已经出现。它们已成为打击玩忽职守和城市衰败，发展高品质城市景观的工具甚至象征（例如 Lawrence，2006）。大都市地区的核心，特别是中心城市，一直在与建筑物和基础设施缺乏更新维护做着斗争，通过降低税基来维持它们所面临的挑战，更不用说更新换代了。在欧洲许多地区正在进行着旧区改造的努力，例如在废弃的工地，通常涉及树木的大面积种植。琼斯和克洛克（2002，第 57 页）谈到了树木的"变革行动"，由森林和土地规划者发起，对当地人和游客将产生物质和文化上的影响。

在这种情况下，所谓的棕色地带将为城市林业的发展带来光明的前景，它源自于最近欧洲的一些工程项目，如 CABERNET，它关注于棕色地带和经济复苏（Ferber 等人，2006）。棕色地带被定义为"这块土地受到曾经在此及周边土地的使用者的影响；它们被人们废弃掉了，未被充分利用；它们存在或人们感觉到存在污染问题；它们主要在发达的城市地区；它们需要相关部门的介入，恢复其利用价值"（Ferber 等人，2006，第 3 页）。这些地方的存在妨碍了城市土地的有效利用，影响了城市区域的可持续发展，例如，由于它们的存在，将对周边地区及社区的形象和吸引力产生负面影响。然而，棕色地带也为人们提供了机遇。它们的重建将会对很多方面起到促进作用，如提高城市生活质量、增强城市竞争力和减少城市扩张。在当前城市规模缩小、经济资源下降的论调下，创建城市林地也许是一个特别具有吸引力的重建棕色地带的方式（Burkhardt 等人，2007）。新的森林通常位于城市边缘，而棕色地带为在市中心创建新的城市森林创造了机会。

一个新的城市森林景观的例子来自帕可诺德旧工业区，它距离意大利米兰市中心 9 公里。自从 20 世纪 80 年代以来，超过 600 公顷的棕色地带被人们改造成由林地、农田及其他空地，并结合配套的基础设施（如机场）所构成的景观。现在，帕可诺德已成为"大都市森林"规划的一部分，一个雄心勃勃的、更大规模的，在大米兰城市群开发数千公顷的造林计划。这一项目提供了关于如何在废弃工业土地上创建森林景观的重要经验，也可以称之为"学习的森林"（Gini 和 Selleri，2007；Sanesi 等人，2007；P. Valentini，2007，私人交流）。

尽管在城市区域，城市与景观的经典二分法已不复存在，但建筑区域与自然区域清晰的划分所带给我们的印象仍然支配着我们对空间规划的理解（The SAUL Partnership，2005）。因而，当我们规划、开发与管理景观时，重要的是去思考如何超越传统的边界。费尔布拉泽（1972）的《绿色城市景观》一书，关注了休闲娱乐和工业元素的结合。希斯（1990，第 127 页等）引用了 20 世界早期美国护林员及规划师本顿·麦凯的观点，他强调了在"区域城市"这一级规划的重要性。在他的著作《新探险家》一书中，麦凯提到区域城市的三个主要元素：原始（也就是或多或少的"荒野"自然）、城市和农村。这三个元素需要保持平衡及相互联系。对于"区域城市"的组成部分农村而言，伯尼（2007）描述了在过去的 50 年农村所发生的变化，从提供食物的景观转变为提供娱乐的景观。在农村地区——特别是那些在城市及其周边的农村地区——消费者所关注的已变为比如环保、舒适和娱乐等这些问题。这种新形式的文化景观通常由具有环保、舒适或娱乐特点的信托机构或地方社区组织所拥有，或者通过农业环境或农村管理的途径付费给土地所有者，从而间接地被这些组织所拥有。

在一篇关于亚洲超大城市新规划方法的文章中，横张等人（2000）也强调，我们需要超越城乡鸿沟。作者认为，城市地区所需要的是可控的城乡土地利用，需要一个能够提供广泛的生态、社会和经济功能的混合体。传统意义上，日本的"里山"景观指的是在小山坡上种植的一些灌木林，它们已成为许多城市群一个重要的、令人赏心悦目的元素（例如 Takeuchi 等人，2003）。由于灌木林也是能够提供生物能源的一个来源，因而作为富饶的森林，它们也扮演着重要的角色。同样，作为城镇荒野一面的景观，灌木林也维持着高水平的生物多样性。此外，里山景观不但为城市居民提供了大逃亡的条件（例如 Gathright 等人，2007），而且还为人们带来了精神上的享受和受教育的机会。

像里山这样的景观，有助于人们找到城市和农村地区及其特征之间一种精确的平衡。戴特沃斯特（1995）反对在城市化社会里的农村地区，对"新的"大自然与森林实行彻底的改造。他写道，乡村景观能够提升文化-历史的重要性。随着简明新闻、弹性作业、时间共享等新情况的出现，我们当前文化的特征在于时间的加速化和空间的浓缩化。结果产生了人们对过去的怀念。更具乡村特色的景观为人们提供了娱乐和旅游的机会。像农村的农业区、老的城市森林也代表着过去。

从以上介绍可以看出，城市森林并不孤立，但是，作为多功能城市景观的重要组成部分，城市森林代表着（用麦凯的话来说）"原始"、乡村以及某种程度上的城市。这些具有确定特征和功能的林地与树木所构成的城市景观被人们称为"城市森林景观"。它不仅包括树木繁茂的地区，而且还包括其他土地利用的类型，例如，英国社区森林，其森林覆盖率达到 30% 左右，此外还有前面提到的帕可诺德。西姆森（2005b 以及 2007a）探讨了如何创建成功的城市森林景观，他讲述了许多大规模、多样化和多功能景观的成功案例，虽然森林和树木只是其中一个元素，但却是最重要的一个元素。其中一个例子是埃姆舍景观公园，这是一处位于高度城市化的德国鲁尔区的森林景观（图 13.1）。1956 年，在这一地区仍然有将近

150 座煤矿，雇佣着 50 万人（Neiss，2007）。许多外国移民来到矿山、钢铁厂和化工厂工作。现在，沿着埃姆舍河，一处占地面积达 450 平方公里的后工业化景观正处于建设过程中。老的生产区已经发展成为新的自然景观和新的"荒野"。将前工业景观转变为城市森林景观，人们喊出的口号是"通过现在，将过去引向未来"。这表明，探索与加强文化联系的重要性，在这种情况下，前工业用途产生了新的"绿色"和娱乐用途，工业遗产仍然扮演着重要的角色（同样是 Simson，2005b）。

图 13.1　在德国鲁尔区，一处广阔的城市森林景观逐步形成，取代了前工业景观（照片由作者拍摄）

正如琼斯和贝恩斯（2007）所提到的，在英国城市地区发展城市林业已经变得非常普遍。英国几乎所有的大城市正在经历后工业化的变革。在过去的 20 年，一些具有重大意义的城市和社区林业项目一直是这一变革的重要组成部分。然而直到最近，在大型项目建设中，人们才充分认识到基于社会、经济和环境效益的大量"绿色基础设施"的重要性，如布莱克国家城市森林、泰晤士河谷和英国社区森林这些项目。西姆森（2005a，b）也提到了这些项目，他还特别提及白玫瑰森林，倡议将其覆盖于整个西约克郡城市群。这些城市森林景观项目的典型特征是它们都强调树木和林地的覆盖率。它们贯彻区域发展和可持续发展战略，利用树木和森林作为实现经济、社会、文化以及环境发展的工具。这些项目作为改变与强调合作工作和社区参与重要性的催化剂。西蒙（2001）举了一个来自北爱尔兰贝尔法斯特森林合作工作的例子。这一项目始于 1992 年，其策略是促进人们对树木和森林的兴趣与欣赏以及社区参与树木的种植与管理。鼓励人们重视树木，将其作为生活的重要组成部分。在基金项目的资助下，"家门口的森林"（由非政府造林基金会提供资金）这一项目，新的森林开始在贝尔法斯特及其周边涌现出来。

另一个有趣的例子是有关斯德哥尔摩国家城市公园，其城市森林如何被整合成为一个更大规模、更多功能的景观（图 13.2）。尚茨（2006）揭示了在 1994 年，通过议会的决定，世界上第一座包含了北尤尔格丹岛城市森林的城市国家公园是如何被建造起来的。国家城市（或城镇）公园已经被纳入到瑞典环境与土地利用立法中，以确保该地区受到法律的保护。

新的建筑区及其设施只能在非常特殊的条件下进行开发建设,这些项目不能破坏公园景观、自然环境或者历史景观的自然与文化价值。国家城市公园的总体发展目标是将其打造成人们关注自然和生态、娱乐和文化、可持续发展的典范。瑞典的法律规定,国家城市公园应当包含自然区域,其重要意义在于保护城市的生物多样性、文化环境(包括建筑),了解国家历史或城市历史的重要性以及公园与绿地的建筑学或美学意义。国家城市公园应当足够大,这不仅因为生态的原因,而且还因为它是城市建筑不可或缺的组成部分。瑞典的例子介绍完后是有关芬兰的,它的国家城市公园——通常以城市森林作为其核心元素——在海门林纳、波里和黑诺拉这些城市相继建成。

图 13.2　城市森林已经成为"国家城市公园"的一部分,这里是瑞典斯德哥尔摩的尤尔格丹岛(照片由作者拍摄)

　　例如,米兰大都市森林和帕可诺德公园、埃姆舍景观公园、英国社区森林以及瑞典和芬兰的国家城市公园这些新的大规模城市森林景观,在城市地区这一水平上,有力地促进了多功能景观的规划与管理。然而,当规划层次"上升到"更高的水平,人们还可以从城市林业中学到更多重要的经验。城市森林历史为我们提供了许多城市与森林如何实现文化联系的成功案例,显示出城市与森林/大自然不仅仅是一种对立关系,而且还可以携手创建一个具有明确身份特征的景观。

　　"绿色基础设施"这一术语前面已经提到过。它包含着在整合森林与其他绿地规划时的重大创新。正如朗赫斯特(2007)所写道的,"绿色基础设施"这一词已被人们频繁地使用,在英国等国家,这一概念指的是城市复兴与绿地再生。它被定义为多功能绿地网络的创建,通过人们的精心规划,用以满足社区环境、社交和经济的需求。正如伦敦绿色网格联盟所显示的,人们认为,它们应当包括所有的公共和私人绿地(例如 Worpole,2006)。

　　绿色基础设施为人们带来了林地及其他绿地,同时也推动了城市地区其他基础设施水平的提升,如建筑和交通基础设施。绿色城市不仅仅为人们带来美的享受,在现代技术经济时代,它们往往也是经济增长的主要引擎(Preston,2007)。研究表明,绿色基础设施规划可以提升再生过程的价值。由于整个地区的空间层次太大以至于不能抓住重要的功能联系，而地方当局这一空间层次又太小以至于难以实施战略决策，所以，在城市区域这一空间层次实施绿色基础设施战略规划看起来似乎是最合适的。

建 造 社 区

在战略层面上，一方面，现代城市林业应当促进多功能和具有魅力的城市景观的发展。另一重要方面，城市森林的作用在于居处营造，或者用更常用的说法，像第十一章"社会的森林"中所讨论的，城市森林的作用在于重塑居处。正如我们所看到的，居处与个人、社区和环境关系密切。居处与一个人的家庭、籍贯、认同息息相关。

当涉及居处（重新）营造这一问题时，重要的是，当地社区越来越多地去谋求未来生活质量和更多个人物质财富的整体提升（Smith，2007a）。公民日益要求在"驾驶位"上塑造他们的环境（还有 Van Herzele 等人，2005；Worpole 和 Knox，2007）。决策者、规划者和居民通常都期待一个宜居的社区，作为居处，居民为生活在此而感到自豪，它能为居民带来身心的健康、安全的环境以及享受到经济增长所带来的福利。

但是，这些宜居社区是如何被人们创建（或维护）的？城市森林的作用又是什么呢？首先从"社区"开始：正如吉尔伯特（2006）所提到的，你可以建造人居建筑甚至是绿地，但你不可能创建社区。规划者和设计者不可能将其计划深入到空间，其含义是，空间是由共同的回忆和分享的体验所构成的。尽管公民通常对他们生活、工作和休闲的地方具有较强的认知，但更大规模城市区域的出现也为建立本地认同及承诺带来额外的挑战（The SAUL Partnership，2005）。然而，各种研究表明，在本地区这一层面上，拥有一块可以共享的场所，对于人们的福祉和生活质量都非常重要。

弗里德曼（2000）提出了一个有趣的观点，他写道，需要平衡全球化和地方性，打个比方，就像雷克萨斯汽车（一款豪华日本汽车）和橄榄树（在中东地区家族土地上生长的一种树）一样。一方面，关于橄榄树，弗里德曼（2000，第 31 页）写道："橄榄树是非常重要的。在这个世界上，它们代表了最重要的东西，使我们在此扎根、团结一心、感同身受、找到定位——而无论它属于哪一个家庭、社区、部落、国家、宗教，或者，最重要的是，一个叫家的地方。"弗里德曼还涉及橄榄树的其他方面，例如，它带给家庭以温暖，对个人礼仪和人际关系，安全和自尊感产生的作用。另一方面，雷克萨斯汽车，"它代表着同样根本的、古老的人类驱动力——推动着食物、改善、繁荣和现代化——因为它处在今天的全球化系统之中。雷克萨斯代表了我们今天所追求的更高生活标准，体现了生机勃勃的全球化市场、金融机构和计算机技术。"（Friedman，2000，第 32 至 33 页）。因此，雷克萨斯汽车和橄榄树分别代表了两个方面所体现出来的一种张力，一方面是追求物质生活的改善；另一方面是对个人和社区认同的追求。

人们很容易在城市树木中看到"不折不扣的"橄榄树。正如我们在第十一章"社会的森林"所看到的，通过个人和集体的努力，树木、城市森林以及其他绿地在居处营造方面所扮演的重要角色（图 13.3）。城市森林有助于社区、城市、有时甚至是国家认同的识别。在段义孚（2007）和科特金（2005）的术语中，它们已经是"神圣的"地方，激烈的冲突和权力斗争成为它们的主题。杰出的"居处营造者"也将树木和林地作为改变、长久、持续等理念的符号和标记。琼斯和克洛克(2002)提到，在一个日益增多的城市和快速发展的世界中，许多组织和个人是如何被"那里存在的"树木牢牢抓住的。在城市这样一个被压缩的"时空"主导下，树木和林地代表着生态的时间景观，决定着在社会相互作用下的树木的生长及其寿命。这涉及有必要设立地方性的纪念碑、地标、里程碑以及其他参照点，每个人都可以把自己定格在城市特定的地点与时间上。

图 13.3　瑞典斯德哥尔摩的尤尔格丹岛等城市森林，在居处营造方面发挥着重要作用。
它们为形形色色的居民带来了可供享受的森林景观(照片由作者拍摄)

　　第十一章"社会的森林"显示出，在实现城市森林和树木居处营造潜能方面，人们的可接近性至关重要(还有 Worpole 和 Knox，2007)。特拉夫罗和汤普森(2007)提出，人们能够造访绿地甚至被认为是民主和社会公平的基石，以及社会和政治参与的基本条件。社会包容性空间是一种可造访的开放空间，它不仅被认为属于每一个人，而且实际上它还吸引了使用者对其多样化的利用(The SAUL Partnership，2005)。这将最终有助于人们为他们的公共空间而感到自豪，并且能够参与其中，对其产生浓厚的兴趣。

　　在第十二章"冲突的森林"一章中我们看到，在城市森林历史上有很多当地社团努力保护与发展"他们的"森林的例子。在激烈的政治和经济竞争条件下，特别是在城市土地利用等问题上，这种做法放在今天也非常有必要。发展新城市森林景观的文化维度，需要针对城市社会不同的人群，包括儿童、青年人、老年人以及常常被边缘化的群体，如失业者、残疾人和少数民族。许多有趣的活动和设施便是据此而开发的(例如 Van Herzele 等人，2005；Janse 和 Konijnendijk，2007)，但是，更多的工作有待人们完成，例如，社区参与通常是局部和短期的，缺乏战略性(例如 Macpherson，2004)。而长期的参与战略，需要提供不同的、能够吸引人们参与的场所和设施，在规划过程中，至关重要的是要信任参与者，并使其能够参与规划(Höppner 等人，2007)。将欧洲的城市森林文化与未来的城市森林景观联系在一起，还有更多的工作有待人们去完成。

　　这里还有一点需要引起人们的重视。居处营造并非易事，试图通过建筑环境或露天场所创建"社区意识"的理念已经引发了人们相当多的批评。总体来说，公共空间（如城市森林）具有一种特殊的作用，为人们提供在此偶遇创造了条件，否则，不同年龄阶段的人几乎很难会有机会在此相遇。随着社会交往频率的增多，群体形成和社会支持被不断加强。塔伦（1998）承认在社区建设中环境的作用，但这只有借助中间变量才能够起作用。塔伦认为，非空间因素非常重要，包括寻求共同的兴趣爱好（加入到志同道合的社会群体中）和避免异化的社会互动。像儿童和小狗这些人见人爱的要素就能够促进人们之间的社会互动。

因此，居处营造与创建共同身份是环境、设计与社会因素相互作用的结果。然而，毫无疑问，例如在城市森林里进行的社会互动是其中非常重要的一个要素，并且应该加以推广。目前，个人和社会活动在城市森林及其他绿地开展的可能性并没有达到最理想的状况，因而就有一部分城里人被"锁在了门外"。格罗奈维根等人（2006）提到，由于贯穿整个欧洲快速的城市化建设加上稠密的空间规划政策，越来越多的人将面对绿化稀少的居住环境。尤其受到影响的是那些根本没有绿植资源的人，他们可能会搬到城外绿化更好的地方。正如第十一章"社会的森林"所显示的，这可能会导致公共绿地的分布及其使用的环境非正义。就像在第九章"健康的森林"中所阐述的，例如，限制对绿地的使用会对公众健康及福祉产生负面的影响。

最近，在荷兰和英国的调查显示，参观游览森林和大自然的人数呈下降趋势，至少在某些人群中尤其如此（Bosma，2002；England leisure visits，2005）。年轻人更倾向于流行文化产业，较少涉及传统文化形式，如游览自然区域，包括城市森林。对于城市森林或其他自然区域，少数民族通常并不是非常热心的使用者。有时候，某些人或团体会感到被其他人排除在外，即那些声称某些森林或绿地归他们所有的人——这是居处营造和领土权所导致的消极方面。这一切意味着，对于人们的（休闲）时间和金钱而言，城市森林也许比以往任何时候都面临着激烈的竞争。城市林业需要进入到这个竞争行列中，因为如果没有人享用森林的话，将很难证明公共资金用在了城市森林管理上。沃普（2006；同样 Worpole 和 Knox，2007）也警告了人们与绿地分离的风险。一些人将某些城市森林及其他绿地视为"居处威胁"而不是居处营造，例如他们害怕森林中的可能发生的犯罪活动（参见第三章"恐惧的森林"）。

最近，人们一直相当关注促进个人和社会利用城市森林及其他绿地的方式。例如，在瑞典，新手册为市民和森林所有者提供了如何改进造访、利用城市森林及其他绿地的建议（Bovertket，2007；Ek，2007）。该手册强调了解、涉足及参与当地社区的重要性。希斯（1990）也提到，对绿地的使用，安全是一个关键的因素。从对法兰克福的体验中，希斯指出，为了提高人们在公共场所的体验，有两种基本需求要得到满足。首先，人们需要感到安全，能够受到保护。其次，人们需要更多、更好的去到那里的理由。例如，增加一些具有吸引力的、"额外的"以及让人感到惊喜的事物，这样，城市森林就能够普遍提高它的利用率。第七章"艺术品"表明，在创建具有吸引力、使人感到惊喜的城市森林的过程中，艺术发挥着重要的作用。艺术也有助于（重新）创建城市森林与当地社区之间的联系。

城市森林能够吸引人们的另一途径是其关注于健康方面。正如第九章"健康的森林"所提到的，森林、自然与健康、福祉之间的联系已经被很好地建构起来。这促进了人们利用城市森林的机会，健康的生活方式也开始流行起来。沃普（2006）在如何推广城市森林等绿地的使用方面提出了进一步的建议。城市森林及其他绿地由于种种原因而被边缘化，人们应当再次熟悉和爱上它们。要做到这一点，可以将森林与文化联系在一起，如当地的名人、协会以及当地的历史。索尔伙伴关系（2005）提到如何在废弃的工业废墟上建造新的景观，而保留下来的工业地标将有助于人们重新挖掘景观的工业或文化起源。

在努力提高城市森林的利用方面，儿童和青少年是非常重要的群体。童年时期的体验及造访森林的频率是最重要的预见因素，决定着他们成年时身处森林的感受以及他们喜欢花费多长时间造访一次林地（Milligan 和 Bingley，2007）。

幸运的是，我们一直在做着努力。本书提供了充分的证据表明，城市森林与城市居民之间确实存在着密切的联系。例如，在第十二章"冲突的森林"一章中所描述的冲突案例，显示出冲突中的居民常常情绪高涨，这蕴含着营造及重新营造居处的巨大潜力。

例如，英国社区森林项目等举措，正在努力营造城市与森林之间的密切联系，甚至还在居民与森林没有联系时创建出新联系，比如说是在此之前根本就没有森林存在的情况下。社区森林是多功能森林，它们与当地社区密切联系，为当地社区带来了环境的、社会的以及经济的利益（Colangelo 等人，2007）。在英国、爱尔兰及其他地方的社区森林方案，强调在生活和工作环境中，当地居民与森林景观的相互交融。兰伯格特斯和瓦尔萨姆（2002）对此解释道，在传统意义上，发展中国家一直存在着对社区森林的利用，强调其对生存的意义以及与当地社区的直接经济依赖。在物质富足的西方世界，看起来森林与当地居民之间的情感联系似乎更重要。地方承诺很有必要，而不是什么所谓的森林所有权。"社区"具有三个关键维度：当地领土、社会关系以及亲近感。按照希斯（1990）的说法，亲近感与生活中的所有亲密关系以及与工作中的合作关系所体现出来的情感有关。这是一种社区意识以及由此表现出的一种好交往的特征，它是由传统乡村及传统城市社区培育出来的。

琼斯和克洛克（2002）详细介绍了发生在英国卡梅顿附近林地的有趣案例，当地居民成功完成了居处营造。事实上，由于当地社区重新定义了他们与当地景观的联系，因而最好将其称之为居处的重新营造。随着时间的推移，人们在煤矿上营造出一片林地。煤矿所有者种植了第一批树木，用来生产木材及美化环境。20 世纪下半叶随着煤矿被迫关闭，当地村庄和煤老板度过了一段困难时期。然而，在重建社区荣耀与认同的过程中，林地开始发挥其重要作用。随着作为重建根基林木种植的展开，大自然又重新回到了这片区域，当地景观开始了缓慢而深刻的变身。当地社区将林地作为休闲娱乐场所，林地将过去与未来联系在一起。进一步的绿化工作，例如，当地学校开展的植树活动，使得该地区被授予最佳绿化村庄的称号。虽然现在这片森林的正式名字是卡梅顿巴奇当地自然保护区，然而，居民们更愿意把它称为"小瑞士"。人们对这里的树木产生了相当深厚的感情——赞赏那些古老的针叶树，在有雾的清晨，居民们将这里的风景比作古老的日本版画。

维系与自然的联系

城市森林是多功能、有魅力的城市景观的重要组成部分。它们的主要作用在于能够为人们带来一种家的感觉，人们可以在这里进行居处营造及居处重塑。虽然城市森林通常与当地城市和社会产生较长的历史联系，但是，城市公园及其他绿地也可以起到许多这样的作用。此外，除了提到的这些作用，城市森林还代表着一种"野生的"自然。通常，它们为生活在此或非常靠近这里的城市居民提供了一种最接近"真实"自然的体验。因此，城市森林既是城市也是森林，既是集贸市场也是私人领域，既是居处也是空间。一方面，它们是"反城市"的空间(Dings 和 Munk，2006)；另一方面，它们也是城市生活不可或缺的元素。

在前面特别是第二章"精神上的森林"和第三章"恐惧的森林"中，我们已经阐述了森林在文化方面的深层含义。作为人类社会的摇篮，作为"另类"文明和城市的创造者，森林继续发挥着自己的作用。人们发现这是一个"另类"，甚至在城镇，这是一种更趋向大自然的环境，认识到这一点非常重要。正如我们所看到的，它对人类的健康与福祉产生了重要的影响。通过造访森林，人们与大自然接触而变得更加健康。城市森林也为人们提供了一处逃避的场所，或多或少为那些想逃离城市生活或是其他原因的人们提供了一处"避风港"。在城市里，有很多没有住房或者不被社会所接纳的人，然而他们却可以在这里"为所欲为"。当然，这也导致了许多管理方面的问题。不过，正如我们在本书中所看到的，城市需要边缘区域。

城市森林为塑造我们与自然的整体关系起到了非常重要的作用，在很大程度上，今天的自然观由城市社会所创造，因此也由城市价值观所支配。在大部分的人工环境中，城市森林还是为自然的进程、季节的变化和时光的流逝留出了空间。它们隐藏了许多秘密，唤起了人们的兴奋之情，也许甚至是恐惧的感受。城市森林也是学习的森林，它向城市居民，特别是儿童和青少年显示出大自然到底是什么。当森林作为商品的重要供应者，它们又将我们拉回到了过去的乡村时光。

在第八章"城镇的荒野一面"中，苏黎世的基河森林为我们展示出了一个很好的例子(图 13.4)。这个例子显示出，在当前，决策者是如何结合自然保护，强调城市森林的生态方面，或者像荷兰等国家，结合娱乐和教育对自然进行开发利用。"荒野"被重新带回到城市——城市曾经将其毁灭。在某些情况下，大自然本身的工作便是恢复被遗弃的工业及其他旧址。例如，在德国以及其他一些国家，出现了一种新型的城市森林，考瓦里克(2005)将其称之为"城市-工业林地"。这些林地受到强烈的文化影响，但是，在特有的城市-工业旧址上，它仍然代表着一种独立出现的自然演化进程。

图 13.4　苏黎世附近的基河森林这个例子向我们展示出，荒野体验是
如何被带回到城市的(照片由作者拍摄)

在德国鲁尔区的埃姆舍景观公园，位于城市中间新的"原始森林"正在努力恢复该地区应有的活力，创建人与自然之间的新关系。其核心概念"Nature on Time"指的是一些新的自然区域所体现出来的暂时性特征。例如，对森林等自然物的转化，从一个较短或较长时期来看，通过土地补偿款暂时将压力从土地所有者身上转移出去，使其成为"工业森林"的一部分。在埃姆舍景观公园，每个人在家门口便可以体验自然探险，它已经成为新的休闲活动的一个重要组成部分。野生自然已经成为"治愈过程"的一部分——一个全新的、具有独特美感和特定氛围的空间取代了先前被废弃、相当令人恐惧的旧址（Landesbetrieb Wald und Holz NRW，2006；Neiss，2007）。

老的和新的城市森林提供了大量人们所需的生活物品，甚至体现出一种更加"人工"自然的特征，主宰着我们的城镇。人们可以认为这是精心设计的城市公园、私人花园、动物园和主题公园。戴维斯（1996）认为，像海洋世界这一类主题公园，犹如魔法般的被人们"设计"和呈现出来，这是一种理想化的自然形式。通常针对特定的读者，人们会精心创作出许多关于自然的故事。这种去除来龙去脉的做法有一定风险，"理想化"的自然呈献给人们一种自然是什么的错误印象，蒙蔽了人们正确的自然观。戴维斯（1996，第 217 页）也认为，体现在大型主题公园建设中的自然"私有化"是一种危险的行为："现在，大量的私人企业集团有权对自然加以界定，解决其存在的问题，与此同时，企业文化决定了这些企业要求获得更多的公共利益。"

劳伦斯（2006）谈及受到曲解的自然观所带来的危险，他指出，一些树木或有树的地方已经变成了"老古董"，它们被认为是静态的，但是，在它们当中仍然隐藏着一些生物，需要加以管理。拉克姆（2004，第 207 页）解释了为什么会出现这种态度，他写道，当人们列出一个针对林地所谓良好的管理计划清单时，上面写着："保护就是保护树木，而不是保护带着树叶的门柱。"

最后的思考

无论是在欧洲，还是在世界其他地区，城市森林都具有悠久的传统和丰富的含义。甚至那些历史悠久的城市森林现在仍然能够满足现代城市社会的需求。它们受到人们的赞赏，因为它们能够为人们带来令人愉悦的生活、工作和休闲环境，使得人们因当地环境而感到自豪，人们可以将大自然带到自家门口。这样，在一个城市化的社会，森林与自然的重要作用当中，城市森林被人们赞赏有加，一直处于人们关注的最前沿。

在本书的开篇，我们介绍了"森林"的概念，随着时间的推移，它的含义会不断发生变化。有充分的理由可以相信，城市林业及其相关方法，当它们被看成是"森林"时，在其进一步的发展中必将发挥重要的作用。正如克拉克和朱安娜（2006）所写的，城市社会包括在时间和空间上的思想与政策的不断适应、改善及再形成。例如，在英国、爱尔兰以及米兰的帕可诺德的社区森林，"社区森林"被人们设想为是一片树木覆盖率达到 30%～40%，相当开放、多功能的景观。比利时佛兰德斯新的城市森林规划也导致了人们对到底什么是"城市森林"的大讨论（Van Herzele，2005）。本章描述了城市森林如何成为更具战略性的景观及土地利用规划的一部分。城市森林是城市森林景观、城市绿色建筑、文化城市景观以及可持续和有竞争力的城市地区的重要元素。

一些作者承认，城市林业也影响到了整个林业的发展（例如 Krott，1998，2004；Otto 1998；Konijnendijk，2003；Nowak 等人，2005）。正如第十章"学习的森林"所显示的，城市森林为引入新的理念和管理提供了富有成效的试验场，例如，它更加关注社会和环境服务，关注林业在人为及其他压力下的发展，关注利益相关者的参与以及冲突管理。人们在景观实验室、学校森林和游戏森林、GPS 行走、城市国家公园和野生工业林地等方面持续创新着。林业已经开始慢慢接受甚至开始拥抱城市的指令（Essmann 等人，2007；Pröbstl，2007）。正如埃斯曼等人（2007，第 61 页）所写的，城市化及其扩张影响到了大面积的森林，为林业带来"一种传统农村领域之外的挑战"。特别是这些位于以及靠近城市地区的森林，其利用与管理已经发生了很大的改变。例如，发生在城市与荒地交界处的火灾、外来虫灾的发生以及森林断裂等问题已经变得非常突出（Nowak 等人，2005）。

但更重要的是，整个林业越来越受到城市社会及其价值观、规范和要求的控制。因而，诺瓦克等人（2005）写道，在某种意义上，所有的林业发展需要与城市相适应，它必须对城市的认知和需求有所回应。此外，如城市森林，其多用途的林业正在被改造成现代景观规划。这种类型的规划延伸到不同的所有权和司法管辖区，符合可持续发展的原则，并联合土地所有者和管理者、利益相关者、使用者及其公共利益，使其共同参与其中，这是对所偏爱景观进行长期规划的结果（Fedkiw，2007）。这也意味着，林业必须要比以前更多地参与到其他领域中，如景观规划、景观建筑、生态学，甚至政治学、社会学和经济学。城市林业为不同领域之间的对话以及公众对森林和林业更为广泛的讨论提供了良好的条件（Nowak 等人，2005）。

在一些高度城市化的国家，从城市林业到城镇林业的经历已经影响到了一般的森林政策。英格兰的树木、树林与森林新战略很好地说明了这一点（DEFRA，2007），"社区与居处"是其三个中心主题之一。该战略着眼于森林如何促进具有凝聚力和参与性社区的形成以及地方意识和绿色基础设施的发展。具体需要解决的问题包括公共健康、安全、社区参与、改进使用权以及创建宜居的社区。

城市森林越来越被人们视为一张大图画的一部分，这种观点无疑是正确的和必要的。城市森林遗产需要我们去珍惜，承认每一片城市森林都是一处独特的景观，它扮演着许多社会的、文化的及其他角色。但是，这并不意味着所有现存的城市森林应该保留现状。虽然它们的文化历史价值需要得到识别与保护，但如果这些林地不能满足现代社会的需要，在快速变化与苛刻的城市环境中，城市森林只能做出相应的调整。曾经，这些需求包括为建造房子与舰船提供木材，为取暖与发展工业提供薪材以及为人们提供食物。后来，城市森林为人们带来了声望，甚至是人们身份的象征，它为人们开展休闲娱乐活动提供了场所，它有助于保护我们的饮用水资源。今天，城市森林已成为人们欣赏以及疗伤的景观，作为学习的森林，它使得城市居民与大自然保持密切的接触。城市森林对城市社会的这些重要贡献，我们必须牢记在心。当我们将森林与城市视为一种真正的共生关系时，我们维护与发展城市森林，其实就是为了我们的未来。

中英文术语对照表

A

Aalto，Alvar　阿尔瓦尔·阿尔托

Aarhus　奥尔胡斯

access　进入

　physical -　身体进入

　public -　公众进入

　social -　社会进入

Act of Redemption（Acte van Redemptie）《拯救法案》

Adirondacks　阿迪朗达克山脉

adult　成年人

Aesculus hippocastanum L.　七叶树属

aesthetics　美学

　forest -　森林美学

afforestation　植树造林

agriculture　农业

Ailanthus altissima（Mill.）Swingle　臭椿属

air pollution　空气污染

Alkmaar　阿尔克马尔

Alkmaarderhout，Alkmaar　阿尔克马尔胡特森林，阿尔克马尔

allergy　过敏症

allotment garden　私用园地

Almere　阿尔梅勒

Alnus spp.　赤杨属

Alphand，Adolphe　阿道夫·阿尔方德

Amazonia　亚马逊

Amelisweerd，Utrecht　艾米丽斯维尔德，乌得勒支

Amsterdam　阿姆斯特丹

Amsterdamse Bos，Amsterdam　阿姆斯特丹森林公园，阿姆斯特丹

amusement park　游乐园

animals　动物

　wild -　野生动物

Anspach，Jules　朱尔斯·安斯帕克

Antarctica　南极洲

Anuradhapura　阿奴拉达普勒

Apeldoorn　阿培尔顿

Aquila chrysaetos L.　金雕

arboretum　植物园

archetype　原型

Argentina　阿根廷

aristocracy　贵族

Armenia　亚美尼亚

Arnhem　阿纳姆

Arnos Vale Cemetery，Bristol　阿诺斯河谷公墓，布里斯托尔

art　艺术

  land－　大地艺术

ash　灰烬

Asia　亚洲

Athens　雅典

Atlantic cedar　大西洋雪松

attack　攻击

attention restoration 注意力恢复

Australia　澳大利亚

Austria 奥地利

Ayazmo Park，Stara Zagora　春天公园，旧扎戈拉

Ayer Hitam Forest Reserve，Kuala Lumpur　亚依淡森林保护区，吉隆坡

＊＊＊＊＊＊
B
＊＊＊＊＊＊

Baarnse Bos，Baarn　巴恩斯森林，巴伦

Baden-Meinhof group　巴登-迈因霍夫集团

Baden-Wuerttemberg　巴登-符腾堡州

Bahçeköy Forest，Istanbul　巴提珂森林，伊斯坦布尔

Bahrdt，Hans Paul　巴尔德，汉斯·保罗

Bakken，near Copenhagen　巴肯，哥本哈根附近

bald cypress　美国水松

Balkan　巴尔干半岛

Bambësch forest，Luxembourg 邦贝希森林，卢森堡

Barcelona　巴塞罗那

Basel　巴塞尔

behaviour　行为

  anti-social－　反社会行为

Beirut　贝鲁特

Belém　贝伦

Belfast 贝尔法斯特

Belgium　比利时

Belvoir Park（Forest），Belfast　贝尔瓦公园（森林），贝尔法斯特

Bentwoud，Zoetermeer　本特沃德，祖特尔梅尔

Berg en Bos，Apeldoorn　伯格博思森林，阿培尔顿

Berlin　柏林

Berliner Forstschule　柏林林业学校

Berliner Tageblatt　　柏林日报

Berliner Volkszeitung 柏林人民日报

Berne　伯尔尼

Beuys，Joseph　约瑟夫·博伊斯

Bible　圣经

biodiversity　生物多样性

Birmingham　伯明翰

Black County Urban Forest　黑县城市森林

black locust　刺槐

Blom，Holger　霍尔格·布洛姆

Board of Conservators of Wimbledon and Putney Commons　温布尔登和帕特尼公地管理董事会

Boboli Gardens，Florence　波波里花园，佛罗伦萨

Bo(dhi) tree　菩提树

Bois de Boulogne，Paris　布洛涅森林，巴黎

Bois de la Cambre（Terkamerenbos），Brussels　波阿德拉坎布雷公园，布鲁塞尔

Bois de Vincennes，Paris　文森森林，巴黎

Bold Colliery，St. Helens（Merseyside）　博德煤矿，圣海伦火山（默西塞德郡）

Boletus edulis Bull.；Fr.　牛肝菌

Bosnia(-Hercegovina)　波斯尼亚(黑塞哥维那)

Bos primigenius Bojanus　原始牛

Bos ter Rijst，Schorisse（Maarkedal）　水稻森林，肖瑞斯(马尔克达尔)

bourgeoisie　中产阶级

Brandenburger Kurfürsten　勃兰登堡选帝侯

Brazil　巴西

Breda　布雷达

Bremen　不莱梅

Bristol　布里斯托尔

Brno　布尔诺

Brøndbyskoven，Copenhagen　布隆德比森林，哥本哈根

Brown，Lancelot（'Capability'）　兰斯洛特·布朗

Bruges　布鲁日

Brussels　布鲁塞尔

brownfield 棕色地带

　　land　地面

　　sites　网站

Buddha　佛陀

Bulderbos，Hoofddorp　咆哮森林，霍夫多普

Bulgaria　保加利亚

BUND　联盟

business　商业

　　parks　公园

Butchers' Wood，Dublin　屠夫树林，都柏林

Byron，George Gordon　乔治·戈登·拜伦

✳✳✳✳✳✳
✳　C　✳
✳✳✳✳✳✳

CABERNET　解百纳

California　加利福尼亚

Camerton　卡梅顿

Camerton Batch Local Nature Reserve，Camerton　卡梅顿当地自然保护区，卡梅顿

campaign　战役

Canada　加拿大

Canadian Model Forest Network　加拿大森林网络模型

Canberra　堪培拉

Castelfusano，Rome　卡斯特福萨诺，罗马

Castelporziano，Rome　卡斯塔普斯亚诺森林公园，罗马

Castlereagh Borough Council　卡斯尔雷区

Cedar of Lebanon　黎巴嫩雪松

Cedrus atlantica(Endl.)Carrière　大西洋雪松

Cedrus libani A.rich　黎巴嫩雪松

cemetery　墓地

　　forest -　森林墓地

Central Park，New York　中央公园，纽约

Cervus elaphus L.　马鹿

Charles I of England　英格兰查理一世

Chernobyl　切尔诺贝利

Chicago　芝加哥

child　儿童

　　's play　儿童游戏

children　儿童

Christchurch　克赖斯特彻奇

Christian V of Denmark　克里斯蒂安五世

Christmas tree　圣诞树

Cicero　西塞罗

City　城市

　　authorities　官方

　　ephemeral -　暂时的官方

　　government　政府

　　marketing　营销

　　parks　公园

　　post-industrial -　后工业化公园

　　regional -　地区公园

City Beautiful Movement　城市美化运动

city council of Freiburg　弗莱堡市议会

city council of Zurich　苏黎世市议会

city forest　城市森林

coppice　灌木林

Corylus avellana L.　欧洲榛子

COST　成本

Cowpen Bewley　牛栏勒

Crataegus monogyna Jacq.　山楂属

crime　犯罪

　　prevention 预防

criminal behaviour　犯罪行为

crisis　危机

Croatia　克罗地亚

culture　文化

city　城市

　　national –　国家城市

　　forest –　森林城市、

cultural　文化的

　　diversity　多样性

　　historical values　历史价值

　　landscape　景观

　　x Cupressocyparis leylandii'Robinson Gold'　兰地树"罗宾逊黄金"

Cupressus spp.　柏木属

customary rights　习俗权利

cycling　自行车

Czech Republic　捷克共和国

✱✱✱✱✱✱
✱　D　✱
✱✱✱✱✱✱

dance　舞蹈

dancing　跳舞

Dama dama L.　黇鹿

Dauerwaldvertrag　永久性森林协议

De Balij-Bieslandse Bos, Zoetermeer　德巴利芦苇林地,祖特尔梅尔

defensible space　防卫空间

democratisation　民主化

demonstration　示范

　　forest　森林

Denmark　丹麦

Depression　抑郁症

design　设计

Des Moines　得梅因

disease　疾病

　　welfare –　福利病

Disney World, Orlando　迪斯尼世界,奥兰多

Djurgården (also Norra Djurgården), Stockholm　尤尔格丹岛,斯德哥尔摩

Djurgården Parliamentary Committee　尤尔格丹岛议会委员会

dogs 狗

domestication 驯养

  of nature 自然的

Donau-Auen，Vienna 多瑙河，维也纳

Douglas，David 大卫·道格拉斯

Douglas fir 花旗松

drinking water 饮用水

Dublin 都柏林

Dubrovnik 杜布罗夫尼克

Dusseldorf 杜塞尔多夫

Dutch East India Company 荷兰东印度公司

Dutch StateForest Service (Staatsbosbeheer) 荷兰国家林业局

Dutroux，Marc 马克·迪特鲁

dwelling 居住

******
* **E** *
******

ecological transformation 生态转型

ecosystem 生态系统

Ede 埃德

Edinburgh 爱丁堡

Edo (Tokyo) 江户（东京）

education 教育

  environmental - 环境教育

Eelde 艾尔德

Efteling，Kaatsheuvel 艾夫特琳，卡茨赫佛尔

Eilenriede，Hanover 埃伦泽溏，汉诺威

elderly 年老的

Elict，Thomas Lamb 托马斯·兰姆·伊莱客

elite 精英

  city forests 城市森林

Emscher Landscape Park，Ruhr area 埃姆舍景观公园，鲁尔区

England 英格兰

English Community Forests 英国社区森林

Enlightenment 启蒙运动

entertainment 娱乐

  landscape 景观

environmental 环境的

  justice 公正

  NGO 非政府组织

  psychology 心理学

  services 服务

Epping Forest，London 埃平森林，伦敦

Epping Forest Act 埃平森林法

equity　公平

Erfurt　埃尔福特

Ericsson　爱立信

escape　逃跑

Essen　埃森市

estate　财产

Estonia　爱沙尼亚

ethnic　种族的

　　groups　团体

　　minorities　少数

Eurasian horsechestnut　欧亚马栗树

Europe　欧洲

European larch　欧洲落叶松

European Union（EU）　欧盟

Evelyn, John　约翰·伊芙琳

excitement　兴奋

exotic　异国的

　　species　物种

　　trees　树木

　　vegetation　植物

＊＊＊＊＊
F
＊＊＊＊＊

Fair　公平

fairy tale　神话故事

Faith Wood，Tees agglomeration　信仰木，蒂斯河城市群

fallow deer　黇鹿

fashion　时尚

fear　恐惧

　　primeval -　原始恐惧

　　of nature　自然的

festival　节日

Ficus religiosa L.　榕属

Filbornaskogen, Helsingborg　菲波娜，赫尔辛堡

Findeisen-Fabeyer　芬代森—法贝尔

Finland　芬兰

fire　火

Fischer, Jonathan　乔纳森·费舍尔

Fishing　捕鱼

Flanders　佛兰德斯

Flemish Forest Organisation　佛兰德森林组织

Flemish Minister of Environment　佛兰德环境部长

Flevohout，Lelystad　弗莱福胡特林地，莱利斯塔德

Flevoland　弗莱福兰省

Framtidens Skog，Umeå　未来城市森林，于默奥

fringe　边缘

　　urban -　城市边缘

Fugleberg　富勒比约

game（animals）　游戏（动物）

　　keeper　管理人

　　park　公园

garden　花园

　　allotment -　分配花园

　　baroque -　巴洛克花园

　　healing -　康复花园

　　zoological -　动物园式花园

Garden Cities　花园城市

Gavnø　加夫恩岛

Gdansk　格丹斯克

gender　性别

Genesis（British pop band）　创世纪（英国流行乐队）

Germany　德国

Gilgamesh　吉尔伽美什

Ginkgo　银杏

Ginkgo bilobaL.　银杏属

Glasgow　格拉斯哥

Glastonbury Thorn　格拉斯顿堡荆棘

globalisation　全球化

golden eagle　金雕

golden rain tree　金雨树

Goering，Hermann　赫尔曼·戈林

Goettingen　哥廷根

Grafenberger Wald，Düsseldorf　格拉芬贝格森林，杜塞尔多夫

grazing　放牧

Great Britain（also：Britain）　英国

Great Fire of London　伦敦大火

Greece（Ancient）　希腊（古代）

green belt　绿化带

Greenwood　绿林

Grimm Brothers　格林兄弟

Grönna Lund，Stockholm　格罗纳隆德，斯德哥尔摩

Groundwork St. Helens　圣海伦斯火山原有基础

grove　小树林

Grunewald，Berlin　格鲁内瓦尔德森林，柏林

Gustavsson，Roland　罗兰·古斯塔夫松

****** **H** ******

Haagse Bos，The Hague　海牙森林，海牙

Haarlem　哈勒姆

Haarlemmerhout，Haarlem　哈伦麦米尔林区，哈勒姆

habitat　栖息地

Hamburg　汉堡

Hampstead Heath，London　汉普特斯西斯公园，伦敦

Hampstead Heath Protection Society　汉普特斯西斯公园保护协会

Hanebuth，Jaspar　贾斯帕·哈内布特

Hanover　汉诺威

Hartig，Georg Ludwig　格奥尔格·路德维格·哈蒂格

Hastings　黑斯廷斯

Hausmann，Georges-Eugène　乔治斯·尤金·豪斯曼

hawthorn　山楂

hazel　榛子

health　健康

　care　关怀

　mental －　精神关怀

　physical －　身体关怀

　public －　公众关怀

Heck cattle　海克牛

Hellasreservat，Stockholm　海拉斯禁猎区，斯德哥尔摩

Helsinki　赫尔辛基

Henry I of England　英国亨利一世

Henry III (Count) of Holland　荷兰亨利三世

Henry VIII of England　英国亨利八世

heritage　遗产

　national －　国家遗产

　cultural －　文化遗产

　industrial －　工业遗产

Herne (the Hunter)　赫恩(猎人)

's-Hertogenbosch (Den Bosch)　斯海尔托亨博斯(登博斯)

Highgate Wood，London　夏伊基特森林，伦敦

Highland cattle　高原牛

Hildebrand (Nicolaas Beets)　希尔德布兰德(尼古拉斯·贝茨)

hiking　徒步旅行

Hiroshima　广岛

Holland　荷兰

holly　冬青树

Holstebro　霍尔斯特布罗

Holzfrau　木头妻子

Hood，Robin　罗宾·胡德

Horsh Beirut Forest，Beirut　赫尔施贝鲁特森林，贝鲁特

Horsterwold，Zeewolde　豪思特沃尔德森林，泽沃德

Horticultural Society　园艺学会

hospital　医院

Howard，Ebenezer　埃比尼泽·霍华德

Hunt，Leigh　利·亨特

hunting　狩猎

　　domain　区域

　　reserve　自然保护区

Hyde Park，London　海德公园，伦敦

******
* **I** *
******

Identity　认同

　　community -　社区认同

　　local -　本地认同

　　national -　国家认同

Ilex aquifoliumL.　冬青属

illness　疾病

Industrialisation　工业化

industry　工业

infrastructure　基础设施

　　green -　绿色设施

　　recreational -　休闲设施

involvement　参与

　　community -　社区参与

　　public -　公众参与

Iowa　爱荷华州

Ireland　爱尔兰

Iskælderskoven，Fugleberg　私人林地，富勒比约

Israel　以色列

Istanbul　伊斯坦布尔

IUFRO　国际林业研究机构联合会

******
* **J** *
******

Jægersborg Dyrehave，Copenhagen　鹿园，哥本哈根

Jaguar（car company）　捷豹（汽车公司）

Jaguar Lount Wood，Lount　捷豹劳恩特森林，劳恩特

Jerusalem Peace Forest，Jerusalem　耶路撒冷和平森林，耶路撒冷

Joenkoeping，Sweden　延雪平，瑞典

Joseph of Arimathea　亚利马太的约瑟

Juglans regia L.　胡桃属

Juglans spp.　胡桃林

jungle　丛林

　　urban　-　城市丛林

******
* K *
******

Kalevala　凯莱维拉

Kapucijnenbos，Brussels　卡帕希捷内森林，布鲁塞尔

Kathmandu　加德满都

Katyn Forest，near Smolensk　卡廷森林，斯摩棱斯克附近

Keats，John　约翰·济慈

Kennington Common，London　肯宁顿公地，伦敦

Kensington Gardens，London　肯辛顿花园，伦敦

Keskuspuisto，Helsinki　中央公园，赫尔辛基

Kiefer，Anselm　安塞姆·基弗

Kings Wood，London　国王森林，伦敦

Klosterwald，Tallinn　修道院森林，塔林

Knossos　克诺索斯

Koelreuteria paniculata Laxm.　栾树

Konstanz　康斯坦茨

Koolhaas，Rem　雷姆·库哈斯

Kos　科斯岛

Kralingse Bos，Rotterdam　克拉林根博斯森林，鹿特丹

Kuala Lumpur　吉隆坡

******
* L *
******

Lainzer Tiergarten，Vienna　莱茵泽蒂尔加滕公园，维也纳

land art　大地艺术

landscape　景观

　　architecture　建筑

　　cultural　-　文化建筑

　　design　设计

　　entertainment　-　娱乐设计

　　forest　-　森林设计

　　industrial　-　工业设计

laboratory　实验室

　　planning　规划

　　post－romantic　-　后浪漫主义规划

　　therapeutic　-　治疗式规划

　　urban forest　-　城市森林规划

　　style　风格

Lappersfortbos，Brugge　拉伯斯福特森林，布鲁日

Larix deciduaMill　落叶松属

Las Kabaty，Warsaw　拉斯卡巴迪，华沙

森林与城市：城市林地的文化景观

learning　学习

　　forest　森林

Lebanon　黎巴嫩

legislation　立法

legitimacy　合法

leisure　休闲

Lelystad　莱利斯塔德

Leuven　勒芬

lifestyle　生活方式

lime（tree）　酸橙（树）

Lincoln Park，Chicago　林肯公园，芝加哥

Lindulovskaja Roshcha，St. Petersburg　林达洛沃斯卡吉亚罗夏，圣彼得堡

Little Red Riding Hood　小红帽

Local　当地的

　　distinctiveness　特殊性

knowledge　知识

Lombardy poplar　箭杆杨

London　伦敦

London Greenbelt　伦敦绿带

London Natural History Society　伦敦自然历史协会

London plane（tree）　伦敦梧桐（树）

London's Green Grid　伦敦绿色网格联盟

Lorettowald，Konstanz　洛雷托森林，康斯坦茨

Loriana　劳莉娅娜

Losiny Ostrov，Moscow　麋岛，莫斯科

lost（getting）　迷路

Louis－Napoléon Bonaparte of France　法国拿破仑三世

Lount　劳恩特

Louv，Richard　理查德·洛夫

Luebeck　吕贝克

Luxembourg（city）　罗森堡（市）

Lynch，Kevin　凯文·林奇

✳✳✳✳✳✳
✳ **M** ✳
✳✳✳✳✳✳

Machiavelli　马基雅弗利

MacKaye，Benton　本顿·麦凯

Magistrate of Berlin　柏林地方法官

Malaysia　马来西亚

Mamre　马姆里

manifestation　表现

Marabou　马拉伯

marginalisation　边缘化

market　市场

N

identity　身份

park　公园

urban park　城市公园

National Health Service（UK）　国民医疗保健制度（英国）

National Institute of Public Health（Denmark）　国家公共卫生研究所（丹麦）

nation building　国家建设

native　本地的

trees　树木

vegetation　植物

nature　自然

conservation　保护

development　发展

nearby –　附近的

observation　观察

'otherness' of –　他者的观察

reserve　保护区

's dangers　保护区的危险

view　观念

neighbourhood　邻近

Neighbour Woods　邻家森林

Neri，Giancarlo　詹卡洛·内里

Netherlands（The）　荷兰

Newbury　纽伯里

Newbury Forest，Newbury　纽伯里森林，纽伯里

new heathens　新异教徒

New Town　新城镇

New York　纽约

New Zealand　新西兰

Nijhoff，Isaac Anne　艾萨克·安妮·奈伊霍夫

Nordic（countries）　北欧（国家）

North America　北美

Northern Ireland　北爱尔兰

Norway　挪威

******
* O *
******

oak　橡树

Odenwald，near Mannheim and Frankfurt　奥登森林，曼海姆和法兰克福附近

Oehlenschläger，Adam　亚当·戈特洛布·奥伦施拉格

Ogham Alphabet　欧甘文字母表

Olmsted，Frederick Law　弗雷德里克·劳·奥姆斯特德

Olmsted，Frederick Law Jr.　小弗雷德里克·劳·奥姆斯特德

Olmsted Woods，Washington D.C.　奥姆斯特德森林，华盛顿

Oostvaardersplassen，Lelystad　东法尔德斯普拉森，莱利斯塔德

Oregon　俄勒冈州

Orlando　奥兰多

Ortigo, Ramalho　拉马略·奥特戈

Oslo　奥斯陆

Oslomarka, Oslo　奥司洛马卡，奥斯陆

overcutting　过度砍伐

overexploitation　过度开采

outlaw　罪犯

ownership　所有权

　　municipal (forest) -　市政（森林）所有权

　　private -　私人所有权

*****
*　P　*
*****

painter　画家

painting　绘画

Paradise　天堂

Parco Nord, Milan　帕可诺德，米兰

Paris　巴黎

Park　公园

　　city -　城市公园

　　municipal -　市政公园

　　national -　国家公园

　　royal -　皇家公园

　　system (movement)　系统（活动）

Parks and Open Spaces Committee (London)　公园及露天场所委员（伦敦）

Parque Amázonia, Belém　亚马逊公园，贝伦

peasants　农民

performance　演出

Pfeil, Friedrich Wilhelm Leopold　弗里德里希·威廉·利奥波德·普法伊尔

Phoenix Park, Dublin　凤凰公园，都柏林

physical activity　体育活动

picnic　野餐

place　居处，居所

　　attachment　居处依附感

　　favourite -　最喜爱的居处

　　identity　居处认同

　　making　居处营造

　　sacredness of -　居处的神圣性

　　sense of -　居所感

planning　规划

　　forest -　森林规划

　　landscape -　景观规划

　　urban -　城市规划

Platanus orientalisL. 悬铃木属

Pliny 蒲林尼

pollarding 截取树枝

poem 诗歌

poetry 诗歌

Poland 波兰

population growth 人口增长

Populus nigra'Italica' 箭杆杨

Porcini mushrooms 牛肝菌

Portland 波特兰

power 权力

powerscape 权力景观

Prague 布拉格

Prater，Vienna 普拉特，维也纳

predator 捕食者

preference 偏爱

prestige 声望

Pritzker Family Children's Zoo，Chicago 普里兹克家族儿童动物园，芝加哥

privacy 隐私

　reserve 保护区

privatisation 私有化

protestors 抗议者

Prussia 普鲁士

Pseudotsuga menziesii(Mirb.)Franko 黄杉属

Public 公众

　access 使用权

　involvement 参与

　realm 领域

　space 空间

Public Health Act 公共卫生法

******
* Q *
******

quality of life 生活质量

Quellschutzwälder，Vienna 水源保护林，维也纳

Quercus spp. 栎属

Quercus rubra L. 红栎属

******
* R *
******

Rambouillet，Paris 朗布依埃，巴黎

recreation 休闲

　(－al) infrastructure 休闲设施

　(－al) use 休闲用途

✳✳✳✳✳✳
S
✳✳✳✳✳✳

satoyama　里山

Scheveningse Bosjes, The Hague　席凡宁根森林, 海牙

Schoenbrunn Garden, Vienna　美泉宫花园, 维也纳

school　学校

　forest -　森林学校

School of Barbizon　巴比松学派

Schorfheide, Berlin　绍尔夫海德, 柏林

Scotland　苏格兰

Sea World　海洋世界

security　安全

sex　性

Shakespeare, William　威廉·莎士比亚

Shelley, Percy Bysshe　珀西·比希·雪莱

Sherwood Forest, Nottingham　舍伍德森林, 诺丁汉

shipbuilding　造船

Sihlwald, Zurich　基河森林, 苏黎世

Sierra Nevada (California)　内华达山脉(加利福尼亚)

Skogshögskolan　森林高中

Skogskyrkogården, Stockholm　斯库格森林公墓, 斯德哥尔摩

Sletten Landscape Laboratory, Holstebro　斯莱滕景观实验室, 霍尔斯特布罗

Slovenia　斯洛文尼亚

Smolensk　斯摩棱斯克

Snogeholm Landscape Laboratory　斯诺格霍恩景观实验室

Social　社会的

　cohesion　凝聚力

　conflict　冲突

　control　控制

　exclusion　排斥

　forest　森林

　resistance　反抗

science 科学

stage　舞台

　values 价值

Solleveld, The Hague / Kijkduin　索莱沃尔, 海牙/凯敦海滩

song　歌曲

Sonsbeek, Arnhem 桑斯比克, 阿纳姆

Sorbus aucuparia L.　花揪属

Sosnovka park, St. Petersburg　索斯诺夫卡公园, 圣彼得堡

South Korea　韩国

Soviet Union　前苏联

space　空间

　public -　公共空间

　wild -　野生空间

森林与城市：城市林地的文化景观

Taxus baccata L. 红豆杉属

territoriality 领土权

Tervuren arboretum，Brussels 特尔菲伦植物园，布鲁塞尔

testing grounds 试验场

Thames Gateway，London 泰晤士河谷，伦敦

The Gordel 贝尔特

The Hague 海牙

The Mersey Forest，Merseyside 默西河森林，默西塞德郡

therapeutic landscape 治疗景观

Tiergarten，Berlin 蒂尔加滕公园，柏林

Tilia spp. 椴树属

timber 木材

  production 生产

Tolkien，John Ronald Reuel 约翰·罗纳德·鲁埃尔·托尔金

Tortosa 托尔托萨

tourism 旅游

Toxovo Demonstration Forest，St. Petersburg 托卡索沃示范林，圣彼得堡

Tradescant family 特拉德斯坎特家族

training 培育

  forest 森林

transcendence 超越

tree 树，树木

  ancient - 古树

  Christmas - 圣诞树

  exotic - 外来树

  native - 本地树

  of the Cross 十字架之树

  ornamental - 观赏性树木

  sculpture 树雕

  species 树种

  working - 工作树

  World - 世界树

tree of heaven 臭椿

Turkey 土耳其

Turpin，Dick 迪克·特平

U

United Kingdom（UK） 英国

United Nations Conference on Environment and Development（UNCED） 联合国环境与发展大会

United States（of America，USA） 美国

United States Forest Service 美国林业局

university 大学

Ur 乌尔

V

W

walking　步行

Walloon region　瓦隆地区

walnut（tree）　胡桃（树）

Waltham Blacks　沃尔瑟姆黑人

Wandervogel　漂鸟运动

war　战争

Warrington New Town　沃灵顿新城

Warsaw　华沙

Warsaw Nature Conservation Bureau　华沙自然保护局

Washington（state）　华盛顿（州）

Washington DC　华盛顿哥伦比亚特区

well-being　福祉

White Rose Forest，Yorkshire　白玫瑰森林，约克郡

Wienerberg，Vienna　维纳伯格，维也纳

Wienerwald，Vienna　维也纳森林，维也纳

Wiesbaden-Naurod　威斯巴登瑙罗特

Wild　野外的

　　adventure space　野外探险空间

　　industrial forest　野外工业森林

　　space　野外空间

wilderness　荒野

　　experience　荒野体验

wildlife　野生动植物

wildwood　原始丛林

William of Orange / William the Silent（of Holland）　威廉·奥兰治（荷兰）

Williams，Watkin　沃特金·威廉姆斯

Wimbledon and Putney Commons，London　温布尔登和帕特尼公地，伦敦

Winchelsea　温切尔西

window to the world　世界之窗

Witte Kinderenbos，Mechelen　白人儿童森林，梅赫伦

Winterthur　温特图尔

wolf　狼

wood（timber）　木材

　　construction -　建筑木材

　　fuel　燃料木材

　　production　木材生产

Woodland Trust 林地基金会

Woods on your Doorstep 家门口的森林

Working 工作

　　class　工人阶级

　　environment　工作环境

workplace　工作场所

World Tree　世界之树

World War II 二战
worship 崇拜
writer 作者

******
* **Y** *
******

yew 紫杉
Yggdrasil 宇宙树
Yorkshire 约克郡
Yosemite National Park，USA 优胜美地国家公园，美国
youths 青少年

******
* **Z** *
******

Zeewolde 泽沃德
Zoetermeer 祖特尔梅尔
Zollverein，Essen 矿业同盟，埃森市
Zoniënwoud（Forêt de Soignes），Brussels 索尼恩森林，布鲁塞尔
zoological garden 动物园
Zurich 苏黎世

[1]　Aagaard M (2007，August 1). Polsk urskov får EU til at se rødt. Politiken，7 (in Danish).

[2]　Aalde H (1992). A small case-study on the forest areas surrounding Oslo. In: J. Hummel，& M.P.E. Parren (Eds.)，Forests，a growing concern. Proceedings of the XIXth IFSS，Wageningen，September 30 - October 7，1991(pp. 43 - 47). Gland/Cambridge: IUCN.

[3]　Agentschap voor Bos en Natuur. (2006). Doorblader het bos. Week van het Bos，1 - 8 oktober 2006. Campaign newspaper.Brussels: VBV (in Dutch).

[4]　A history of the county of Middlesex. (1989). Hampstead: Hampstead Heath. In: Volume 9, Hampstead and Paddington，pp. 75 - 81. Retrieved July 30, 2007 from British History Online Web site: http://www.british-history.ac.uk/report.asp? compid = 22644.

[5]　Akbari H，Davis S，Dorsano S，etc. (1992). Cooling our communities: A guidebook on tree planting and white coloured surfacing.Washington DC: US Environmental Protection Agency，Office of Policy Analysis，Climate Change Division.

[6]　Alkmaarder Houte dupe van onjuist beheer in verleden. (1992). Boomblad 1992 (December)，4 - 7 (in Dutch).

[7]　Alleen tussen de frontlinies van Sarajevo is nog hout. (1994，December 8). De Volkskrant，p. 5 (in Dutch).

[8]　Allender S，Rayner M (2007). The burden of overweight and obesity-related ill health in the UK. Obesity Reviews 8(5)，467 - 473.

[9]　Allman T D (2007). The theme-parking，megachurching，franchising，exurbing，McMansioning of America: How Walt Disney changes everything. National Geographic 2007(3)，96 - 115.

[10]　Alvey A A (2006). Promoting and preserving biodiversity in the urban forest. Urban Forestry & Urban Greening 5(4)，195 - 201.

[11]　Amati M，Yokohari M (2006). Temporal changes and local variations in the functions of London's Green Belt. Landscape and Urban Planning 75，125 - 142.

[12]　Amati M，Yokohari M (2007). The establishment of the London Greenbelt: reaching consensus over purchasing land. Journal of Planning History 2007(6)，311 - 339.

[13]　Ammer U，Weidenbach M，Beer M，etc. (1999). Landschafts-und erholungsplanerische Entwicklungsstudie für die Wildparke im Ebersberger Forst und im Forstenrieder Park.Retrieved July 26, 2007 from Landconsult Web site: http://landconsult.de/markus/wildpark (in German).

[14]　Anan'ich B，Kobak A (2006).St Petersburg and urban green space，1850 - 2000: an introduction. In: P. Clark (Ed.)，The European city and green space. London，Stockholm，Helsinki and St Petersburg，1850 - 2000(pp. 247 - 271). Hants: Ashgate Historical Urban Studies.

[15]　Andela G. (1996). De gemaakte natuur. In: H. Moscoviter (Ed.)，Op de groei gemaakt. 'Geriefelijkheden voor een wel-ingerichte stad'(pp. 104 - 129).Rotterdam: Gemeentewerken (in Dutch).

[16]　Anema K (1999). Het Haagse Bos. Abcoude: Staatsbosbeheer and Uitgeverij Uniepers (in Dutch).

[17]　Appleton J (1996). The experience of landscape. 2nd edition.Chichester: Wiley.

[18]　A queer crime in the city parks，and queer pleasures in high society. (1901，July 8). New York Times. Retrieved December 4，2007 from New York Times Archives Web site: http://query.

nytimes.com/gst/abstract.html? res= 9802EFDF163BE733A2575BC0A9619C946097D6CF.

[19] Ardoin N M (2004). Sense of place and environmentally responsible behaviour: what the research says. In: Proceedings of Biloxi conference, 2004. Retrieved July 12, 2006 from North American Association for Environmental Education Web site: http://naaee.org/conferences/biloxi/n_ardoin_3 _10008a.pdf.

[20] Århus Kommune. (2004). På tur I Riis skov. Århus: Naturforvaltningen, Århus Kommune (in Danish).

[21] Arnberger A, Brandenburg C, Eder R (2005). Dog walkers as management challenge in urban forests. Abstract. In: P. Neuhöfervá (Ed.), Management of urban forests around large cities. Proceedings of abstracts, Prague, October 3 – 5, 2005 (p. 15). Prague: Faculty of Forestry and Environment, Czech University of Agriculture.

[22] Arnberger A, Eder R (2007). Visitor satisfaction with an artificial urban forest in Vienna. In: Abstracts, 'New forests after old industries', 10th European Forum on Urban Forestry, May 16 – 19, 2007, Gelsenkirchen (pp. 58 – 59). Dortmund: Landesbetrieb Wald und Holz Nordrhein-Westfalen.

[23] Arnold K R (1967). Scope of recreation research. In: Proceedings of the XIV IUFRO World Congress, München 1967, Papers VII, section 26(pp. 1 – 13).Vienna: IUFRO.

[24] Arntzen S (2002). Cultural landscapes and approaches to nature – Ecophilosophical perspectives. In: V. Sarapik, K. Tüür, & M. Laanemates (Eds.), Place & Location II. Proceedings of the Estonian Academy of Arts 10(pp. 27 – 50). Tallinn: Eesti Kunstakadeemia.

[25] Australia eyes pill for kangaroos. (2006, August 23). Retrieved August 12, 2007 from BBC News Web site: http://news.bbc.co.uk/2/hi/asia-pacific/5278010.stm.

[26] Avdibegovic' M (2003). Program for protection of Bosna river source – the importance of the area from a cultural perspective. Unpublished report. Sarejevo: Faculty of Forestry, University of Sarajevo.

[27] Baaij G(2002). 111 ontwerpen voor het Museumbos. Nederlands Bosbouwtijdschrift 74, 25 – 27 (in Dutch).

[28] Bachmann P (2006). Neue Pärke für die Schweiz. GeoAgenda 2006(6), 4 – 7 (in German).

[29] Bader G (2007). Basel-Stadt und seine Wälder. Schweizerische Zeitschrift für Forstwesen 158(7), 216 – 220 (in German, with English abstract).

[30] Baeté H (2006). Zwijnerij in Bos ter Rijst. Bosrevue 16, 12 (in Dutch).

[31] Baines C (1986). The wild side of town. How you can help and enjoy the wildlife around you.London: BBC Publications and Elm Tree Books.

[32] Bakri N (2005, December 28). Beirut's Pine Forest withering away. The Daily Star.

[33] Balk T (1979). Een kruiwagen vol bomen: verleden en heden van het Amsterdamse Bos.Amsterdam: Staatsdrukkerij (in Dutch).

[33] Ballik K (1993). Wiener Erholungs-und Quellenschutzwälder. Österreichische Forstzeitung 104(8), 8 – 10 (in German).

[34] Barbosa O, Tratalos J A, Armsworth P R, etc. (2007). Who benefits from access to green space? A case study from Sheffield, UK. Landscape and Urban Planning 82(2 – 3), 187 – 195.

[35] Barr B M, Braden, K E (1988). The disappearing Russian forest. Totowa: Rowman and Littlefield.

[36] Bell S , Blom D , Rautamäki M , etc. (2005). Design of urban forests. In: C.C. Konijnendijk, K. Nilsson, T.B. Randrup, & J. Schipperijn (Eds.), Urban forests and trees – a reference book(pp. 149

-186). Berlin: Springer.

[37]　Bell S , Thompson C W, Travlou P (2004). Contested views of freedom and control: children, teenagers and urban fringe woodlands in Central Scotland. Urban Forestry & Urban Greening 2(2), 87 - 100.

[38]　Berglund E (2007). The fear factor. Green Places 2007(38), 24 - 25.

[39]　Berliner Forsten. (2001). Vom Kulturwald zum Naturwald. Landschaftspflegekonzept Grunewald. Arbeitsmaterialen der Berliner Forsten 1. Berlin: Senatsverwaltung für Stadtentwicklung und Umweltschutz (in German).

[40]　Berliner Forsten. (2006). Retrieved August 3, 2006 from Berliner Forsten Web site: http://www. stadtentwicklung-berlin.de/forsten (in German).

[41]　Birnie R (2007). Rural Landscapes: for food or fun? Green Places 35(2007), 28 - 31.

[42]　Bisenieks J (2001). Management of urban forests of Latvia. In: C.C. Konijnendijk, & Flemish Forest Organisation (Eds.), Communicating and financing urban forests. Proceedings of the 2nd and 3rd IUFRO European Forum on Urban Forestry, Aarhus (May 1999) andBudapest (May 2000)(pp.95 - 99). Brussels: Ministerie van de Vlaamse Gemeenschap, Afdeling Bos en Groen.

[43]　Bitterlich W (1967). Allgemeine Wohlfahrtsbewertung siedlungsnaher Wälder. In: Proceedings of XIV. IUFRO Congress, München, 1967, VII, Section 26 (pp. 406 - 411). Vienna: IUFRO (in German).

[44]　Blok E (1994). Bomen door de eeuwen heen. Bomennieuws 1994(4), 102 - 105 (in Dutch).

[45]　Blom D (2005). The design of urban woodlands in the Netherlands: development of 'polder forests'. In: C.C. Konijnendijk, J. Schipperijn, & K. Nilsson (Eds.), COST Action E12: Urban forests and trees - Proceedings No 2(pp. 65 - 88). Luxembourg: Office for Official Publications of the European Communities.

[46]　Böttcher S (2001). Groene en recreatieve bedrijventerreinen: de houding van managers van bedrijven. Internal report. Wageningen: Alterra, Research Instituut voor de Groene Ruimte (in Dutch).

[47]　Bonnaire E (1992). Urban forestry and foresters in France. In: J.A. Hummel, & M.P.E. Parren (Eds.), Forests, a growing concern. Proceedings of the XIXth IFSS, Wageningen, September 30 - October 7, 1991(pp. 38 - 42). Gland/Cambridge: IUCN.

[48]　Bonnes M, Carrus G, Bonaiuto M, etc. (2004). Inhabitants? Environmental perceptions in the city of Rome within the UNESCO Programme on Man and Biosphere Framework for Urban Biosphere Reserves. Annals of the New York Academy of Sciences 1023, 1 - 12.

[49]　Borgemeister B (2005). Die Stadt und ihr Wald - Eine Untersuchung zur Waldgeschichte det Städte Göttingen und Hannover vom 13. bis zum 18. Jahrhundert. Hannover: Hahnsche Buchhandlung (in German).

[50]　Bos R (1994, March 26). Een ommetje door de Haarlemmer Hout. De Volkskrant(in Dutch).

[51]　Bosma N (2002). Vraagtekens bij het bezoek aan bos-en natuurgebieden. Nederlands Bosbouwtijdschrift 74, 22 - 24 (in Dutch).

[52]　Bosma N J, Gaasbeek N H. (1989). Noorwegen: verslag van een bosbouwstage. Wageningen: Vakgroep Bosbouw, Landbouwuniversiteit (in Dutch).

[53]　Boutefeu B (2007). La forêt comme un théâtre ou les conditions d'une misse en scène réussi.Doctoral dissertation. Lyon: École Normale Supérieure Lettres et Sciences Humaines and ONF (in French).

[54]　Boverket. (2007). Bostadsnära natur - inspiration & vägledning. Karlskrona: Boverket (in Swedish).

[55]　Brandl H (1985). Aus der Geschichte der städtischen Forstverwaltung Freiburg. Allgemeine Forstzeitschrift

37, 950 - 954 (in German).

[56] Bregman H (1991). Het Amsterdamse Bos. Nederlands Bosbouwtijdschrift 63, 94 - 99 (in Dutch).

[57] Brésard C R (1995). Passions et délits à Fontainebleau. Le Courrier de la Natureno. 150, 7 - 9 (in French).

[58] Brink N (1984). Haarlemmerhout 400 jaar. "Mooier is de natuur nergens". Haarlem: Schuyt (in Dutch).

[59] Bryson B (2007). The life and times of the Thunderbolt Kid - Travels through my childhood. London: Transworld Publishers.

[60] Buchinger M (1967). Forest recreation versus conservation. History, legislation, management and research. In: Proceedings of IUFRO Congress, München, 1967, VII, Section 26(pp. 265 - 285). Vienna: IUFRO.

[61] Bucht E (2002). Traditions in urban park planning and management in Sweden and other European countries. In: T.B. Randrup, C.C. Konijnendijk, T. Christophersen, & K. Nilsson (Eds.), COST Action E12: Urban Forests and Trees - Proceedings No. 1(pp. 215 - 226). Luxembourg: Office for Official Publications of the European Communities.

[62] Bürg J, Ottitsch A, Pregernig M (1999). Die Wiener und ihre Wälder. Zusammenfassende Analyse sozioökonomischer Erhebungen über die Beziehung der Wiener Stadtbevölkerung zu Wald und Walderholung. Schriftenreihe des Instituts für Sozioökonomik der Forst-und Holzwirtschaft Band 37. Wien: Universität für Bodenkultur (in German).

[63] Bues C-Th, Triebel J (2004). Urbane Forstwirtschaft - eine neue Herausforderung. Stadt + Grün2004(4), 37 - 41 (in German).

[64] Buijs A E, Langers F, De Vries S (2006). Een andere kijk op groen. Beleving van natuur en landschap in Nederland door allochtonen en jongeren. Rapport 24, Wettelijke Onderzoekstaken Natuur & Milieu. Wageningen: Alterra (in Dutch).

[65] Buis J (1985). Historia Forestis: Nederlandse bosgeschiedenis. Two parts. Utrecht: HES Uitgevers (in Dutch).

[66] BUND Berlin. (2007). Wildnis in Berlin. Retrieved July 24 from BUND Berlin Web site: http://www.wildnis-in-berlin.de (in German).

[67] Burgers J (2000). Urban landscapes: on public space in the post—industrial city. Journal of Housing and the Built Environment 15, 145 - 164.

[68] Burgess J (1995). 'Growing in confidence' - Understanding people's perceptions of urban fringe woodlands. Technical Report. Cheltenham: Countryside Commission.

[69] Burkhardt I, Schober F, Pauleit S (2007). Ecological urban regeneration through the establishment of urban woodlands in inner-city areas - a contribution to sustainable urban development in the City of Leipzig. In: Abstracts, 'New forests after old industries'. 10th European Forum on Urban Forestry, May 16 - 19, 2007, Gelsenkirchen(pp. 52). Dortmund: Landesbetrieb Wald und Holz Nordrhein-Westfalen.

[70] Byrnie R (2007). Rural landscapes: for food or fun? Green Places 2007(35), 28 - 31.

[71] CABE Space. (2005). Does money grow on trees? London: Commission for Architecture and the Built Environment.

[72] Caldecott M (1993). Myths of the sacred tree. Rochester: Destiny Books.

[73] Caspers T (1999). Het Mastbos. Abcoude: Staatsbosbeheer & Uitgeverij Uniepers (in Dutch).

[74] Cheng A S, Kruger L E, Daviels S E (2003). 'Place' as an integrating concept in natural resource

森林与城市： 城市林地的文化景观

politics: propositions for a social science research agenda. Society and Natural Resources 16, 87 – 104.

[75] Chiesura A (2004). The role of urban parks for a sustainable city. Landscape and Urban Planning 68 (2004), 129 – 138.

[76] Cieslak E, Biernat C (1995). History of Gdansk. Translated by B. Blaim, & G.M. Hyde. Gdansk.

[77] City of Helsinki. (2005). Nature, recreation and sports in Helsinki. Urban Facts. City of Helsinki.

[78] City of Konstanz. (2007). On-site information panels in the Lorettowald (visited July 20, 2007).

[79] City of London Corporation. (1998). Epping Forest Management Plan. April 1998 to March 2003. Summary document. London: City of London Corporation.

[80] City of London Corporation. (2007). Highgate Wood. Information leaflet. Retrieved August 3, 2007 from City of London Web site: http://www.cityoflondon.gov.uk/Corporation/living_environment/ open_spaces/highgate_wood.htm.

[81] Clark P, Hietala M (2006). Helsinki and green space, 1850 – 2000: an introduction. In: P. Clark (Ed.), The European city and green space. London, Stockholm, Helsinki and St Petersburg, 1850 – 2000(pp. 175 – 187). Hants: Ashgate Historical Urban Studies.

[82] Clark P, Jauhiainen J S (2006). Introduction. In: P. Clark (Ed.), The European City and Green Space. London, Stockholm, Helsinki and St Petersburg, 1850 – 2000(pp. 1 – 29). Hants: Ashgate Historical Urban Studies.

[83] Clifford S (1994). Trees, woods, culture and imagination. Creating meaning for people in new forests. In: K. Chambers, & M. Sangster (Eds.), A Seed in Time. Proceedings of the Third International Conference on Urban and Community Forests, Manchester, August 31 – September 2, 1993(pp. 11 – 18). Edinburgh: Forestry Commission.

[84] Cnudde J (2007). Boompjesweekend 2007: koop een boom, plant een bos! De Boskrant 37(1), 4 – 5 (in Dutch).

[85] Coatney L R (1993). The Katyn Massacre: An assessment of its significance as a public and historical issue in the United States and Great Britain, 1940 – 1993. Master thesis. Western Illinois University, Department of History. Retrieved December 3, 2007 from IBiblio Web site: http:// www. ibiblio. org/pub/academic/history/marshall/military/wwii/special. studies/katyn. massacre/ katynlrc.txt.

[86] Colangelo G , Fiore M, Davies C, etc. (2007). The role of community forests in the process of rehabilitating decommissioned industrial sites. In: Abstracts, 'New forests after old industries'. 10th European Forum on Urban Forestry, May 16 – 19, 2007, Gelsenkirchen(pp. 37 – 39). Dortmund: Landesbetrieb Wald und Holz Nordrhein-Westfalen.

[87] Coles R W, Bussey S C (2000). Urban forest landscapes in the UK – progressing the social agenda. Landscape and Urban Planning 52(2000), 181 – 188.

[88] Common Ground. (2007). Mission statement. Retrieved August 5, 2006 from Common Ground Web site: http://www.commonground.org.uk.

[89] Comrie A (2007). Climate change and human health. Geography Compass1(3), 325 – 339.

[90] Connaissez-vous les résidences présidentielles? (2005, July). Retrieved December 5, 2007 from L' Internaute Magazine Web site: http://www. linternaute. com/actualite/dossier/05/ vacancespolitiques/les-residences-presidentielles.shtml (in French).

[91] Conway T, Urbani L (2007). Variations in municipal urban forestry policies: a case study of Toronto, Canada. Urban Forestry & Urban Greening 6(3), 181 – 192.

[92] Cooper J, Collinson N (2006). Space for people: targeting action for woodland access. In: F.

Ferrini, F. Salbitano, & G. Sanesi (Eds.), Urban forestry: Bridging cultures, disciplines, old attitudes and new demands. 9th European Forum on Urban Forestry, Florence, May 22 – 26, 2006 (pp. 71 – 74). Abstract book. Florence: University of Florence.

[93] Cordall L (1998). The role of the landscape architect in the rebuilding of a war-torn city. Sarajevo compared with Conventry and Beirut. Retrieved August 7, 2006 from Friends & Partners Web site: http://www.friends-partners.org/bosnia/cord1.html.

[94] Cornelis J, Hermy M (2004). Biodiversity relationships in urban and suburban parks in Flanders. Landscape and Urban Planning 69, 385 – 401.

[95] Cornelius R (1995). Geschichte der Waldentwicklung: die Veränderung der Wälder durch die Waldnutzungen und Immissionsbelastungen seit dem Mittelalter. Monitoring Programm Naturhaushalt Heft 3. Berlin: Senatsverwaltung für Stadtentwicklung und Umweltschutz (in German).

[96] Corvol A (1991). Le bois et la ville du moyen age au XXe siècle. Paris: Éditions ENS, Hors collections des Cahiers de Fontenay (in French).

[97] Crampton J W, Elden, S. (2006). Space, knowledge and power: Foucault and geography. Introduction(pp. 1 – 14). Williston: Ashgate.

[98] Créton R (2006, September 17). Zweedse strijd om wolven. De Telegraaf, T6 (in Dutch).

[99] Crews J (2003). Forest and tree symbolism in folklore. Unasylva54(2). Retrieved August 9, 2007 from FAO Unasylva Web site: http://www.fao.org/forestry/site/unasylva/en/.

[100] Cronon W (1996a). Introduction: in search of nature. In: W. Cronon (Ed.), Uncommon ground. Rethinking the human place in nature(pp. 23 – 56). New York & London: W.W. Norton & Company.

[101] Cronon W (1996b). The trouble with wilderness: or, getting back to the wrong nature. In: W. Cronon (Ed.), Uncommon ground. Rethinking the human place in nature(pp. 69 – 90). New York & London: W.W. Norton & Company.

[102] Cronon W (Ed.). (1996c). Uncommon ground. Rethinking the human place in nature(p. 489). New York & London: W.W. Norton & Company.

[103] Dalum M (2002, May 19). Slaget om Brøndbyskoven. Politiken, pp. 1 – 2 (in Danish).

[104] Danmarks Naturfredningsforening and TNS Gallup. (2004). Børn og Natur. Copenhagen: DNF (in Danish).

[105] Darge P (2006). Van bomen en jongensdromen. Weekend Knack 2006(30), 26 – 29 (in Dutch).

[106] Davies C, Vaughan J (2001). It's my forest – Creating common ownership and care of the urban forest. In: C. C. Konijnendijk, & Flemish Forest Organisation (Eds.), Communicating and financing urban forests. Proceedings of the 2nd and 3rd IUFRO European Forum on Urban Forestry, Aarhus (May 1999) and Budapest (May 2000)(pp. 35 – 47). Brussels: Afdeling Bos en Groen, Ministerie van de Vlaamse Gemeenschap.

[107] Davis B (2007). NYSAF hosts foresters from the Republic of Armenia. The Forestry Source 2007 (May), 8.

[108] Davis S G (1996). "Touch the magic". In: W. Cronon (Ed.), Uncommon ground. Rethinking the human place in nature(pp. 204 – 217). New York & London: W.W. Norton & Company.

[109] De eerste echte Lappersfortbaby is er binnenkort – Bewoners delen al jarenlang lief en leed in de bomen. (2002, September 21). Gazet van Antwerpen (in Dutch).

[110] Deforche B I, De Bourdeauduij I M, Tanghe A P (2006). Attitude towards physical activity in

normal-weight, overweight and obese adolescents. Journal of Adolescent Health 38(5), 560 – 568.

[111] DEFRA (Department for Environment, Food and Rural Affairs). (2007). A strategy for England's trees, woods and forests. London.

[112] Den her skov er alligevel så røvkedelig. (2006, July 18). Politiken(in Danish).

[113] Dennis S F (2006). Nearby nature. The new Pritzker Family Children's Zoo introduces native species to (sub)urban kids. Landscape Architecture 2006(November), 30 – 41.

[114] Den Ouden J, De Baaij G (2005). Bos; de verzekering voor je gezondheid. 4e Nationale Bosdebat, 18 mei 2005, te Velp. Retrieved July 26, 2007 from KNBV Web site: http://www.knbv.nl/archief/3/ bos-de-verzekering-voor-je-gezondheid (in Dutch).

[115] Derex J M (1997a). Histoire du Bois de Boulogne. Le bois du roi et la promenade mondaine de Paris. Paris: L'Harmattan (in French).

[116] Derex J M (1997b). Histoire du Bois de Vincennes. La forêt du roi et le bois du people de Paris. Paris: L'Harmattan (in French).

[117] De Vreese R, Van Nevel L (2006). Een speelbos realiseren, gemakkelijker dan je denkt! Bosrevue 18, 7 – 10 (in Dutch).

[118] De Vries S, De Bruin A H (1998). Segmenting recreationists on the basis of constraints. Report 121. DLO Winand Staring Centre, Wageningen.

[119] De Vries S, Verheij R A, Groenewegen P P, etc. (2003). Natural environments – healthy environments? An exploratory analysis of the relationship between green space and health. Environment and Planning A35, 1717 – 1731.

[120] Di Chiro G (1996). Nature as community: the convergence of environment and social justice. In: W. Cronon (Ed.), Uncommon ground. Rethinking the human place in nature(pp. 298 – 320). New York & London: W.W. Norton & Company.

[121] Dienst Amsterdam Beheer. (2002). Een Bos voor heel Amsterdam. Concept Beleidsplan Amsterdamse Bos 2002 – 2010. Amsterdam: Dienst Amsterdam Beheer (in Dutch).

[122] Dietvorst A (1995). Het landschap van morgen. Groen 1995(12), 9 – 10 (in Dutch).

[123] Dings M, Munk K (2006). Parkgeluk. HP De Tijd, May 12, 2006, 42 – 49 (in Dutch).

[124] District Valuer's Report for the Forestry Commission on Bold Colliery Power Station Site. (2004). Report issued February 2004. Edinburgh: Forestry Commission.

[125] Dollar D (2006). China's golden cities. Newsweek, 2006(July 3 – 10), 63.

[126] Dragt G (1996). Het Valkenberg te Breda: van bos en hoftuin tot stadspark. Groen 1996(1), 9 – 12 (in Dutch).

[127] Dua heeft voorakkoord met Fabricom over Lappersfortbos. (2003, April 18). De FinancieelEconomische Tijd (in Dutch).

[128] Dubrovnik menaced by major fire. (2007, August 6). Retrieved August 6, 2007 from BBC News Web site: http://news.bbc.co.uk/.

[129] Duinwaterbedrijf Zuid-Holland. (2007). Geniet van de duinen. Retrieved October 12, 2007 from Duinwaterbedrijf Zuid-Holland Web site: http://www.dzh.nl/renderer.do/clearState/true/menuId/ 59707/returnPage/59706/ (in Dutch).

[130] Dwyer J, Schroeder H W, Gobster P (1991). The significance of urban trees and forests: towards a deeper understanding of values. Journal of Arboriculture 17(10), 276 – 284.

[131] Eelde zit met slangen in de maag. (2006, July 28). De Telegraaf. Retrieved July 28, 2006 from De Telegraaf Web site: http://www.telegraaf.nl/binnenland/47300891/Eelde_zit_met_slangen_in_de_

maag.html (in Dutch).

[132] Ek B (2007). Få ut flere i skogen! Får man vara med att planera och bestämma ökar intresset. Skogen 2007(6 – 7), 44 – 45 (in Swedish).

[133] Eker Ö, Ok K (2005). Results of changing social demands in Istanbul Forest Enterprise: a case study. In: C.C. Konijnendijk, J. Schipperijn, & K. Nilsson (Eds.), COST Action E12: Urban forests and trees – Proceedings No 2(pp. 119 – 131). Luxembourg: Office for Official Publications of the European Communities.

[134] Ellefson P V (1992). Forest resources policy: Process, participants, and programs. New York: McGraw-Hill.

[135] Elsasser P (1994). Waldbesuch in Hamburg – Ergebnisse einer Bürgerbefragung im Hamburger Stadtgebiet. Arbeitsbericht des Instituts für Ökonomi 94/4. Hamburg: Bundesforschungsanstalt für Forst-und Holzwirtschaft (in German).

[136] England leisure visits. Report of the 2005 survey. (2005). London: Natural England. Retrieved December 5, 2007 from: http://www.countryside.gov.uk/LAR/Recreation/visits/index.asp Er was eens, toen de dieren nog spraken en er geen TV was… (2006, August 11). De Volkskrant(in Dutch).

[137] Essmann H F, Andrian G, Pettenella D, etc. (2007). Influence of globalization on forests and forestry. Allgemeine Forst und Jagdzeitung 178(4), 59 – 68.

[138] European Landscape Convention. (2000). Retrieved October 29, 2007 from Council of Europe Web site: http://www.coe.int/t/e/Cultural_Co-operation/Environment/Landscape/.

[139] European Science Foundation. (2004). European Science Foundation Workshop – Urban Civilization: Culture Meets Commerce, Prague, September 17 – 18, 2004. Report. Brussels: European Science Foundation.

[140] European Union. (2007). Lisbon Strategy. Retrieved November 16, 2007 from European Union Web site: http://europa.eu/scadplus/glossary/lisbon_strategy_en.htm.

[141] FACE (International Association of National Hunters' Associations). (2007). Census of the number of hunters in Europe(2007). Retrieved August 11, 2007 from the FACE Web site: http://www.face.eu/fs-hunting.htm.

[142] Fachbereich Umwelt und Stadtgrün. (2004). Stadtwälder in Hannover – Die Eilenriede. Hannover (in German).

[143] Fairbrother, N. (1972). New lives, new landscapes. 2nd edition. Ringwood: Pelican Books.

[144] FAO. (1997). Issues and opportunities in the evolution of private forestry and forestry extension in several countries with economies in transition in Central and Eastern Europe. Poland. Retrieved August 18, 2006 from FAO Web site: http://www.fao.org/docrep/w7170E/w7170e0e.htm.

[145] Fariello F (1985). Architettura dei Giardini. Roma: Edizione dell'Ateneo (in Italian).

[146] Farjon J M J, Hazendonk N F C, Hoeffnagel W J C (1997). Verkenning natuur en verstedelijking 1995 – 2020. Wageningen: IKC Natuurbeheer (in Dutch).

[147] Fedkiw J (2007). Where did multiple use go? Journal of Forestry 105(4), 213 – 214.

[148] Fei S (2007). The Geography of American Place Names and Trees. Journal of Forestry 105, 84 – 90.

[149] Ferber U, Grimski D, Millar K, etc. (Eds.). (2006). Sustainable brownfield regeneration: CABERNET network report. Nottingham: University of Nottingham.

[150] Fernandes C (2007, June 22). Malaysia uproots forest to build graveyard. Retrieved June 22, 2007 from Reuters India Web site: http://in.today.reuters.com/news/newsArticle.aspx? type = worldNews&storyID = 2007 – 05 – 25T082650Z_01_NOOTR_RTRJONC_0_India-299856 – 1.

xml&-archived = False.

[151] Folger J P, Poole M S, Stutman R K (1997). Working through conflict. 3rd edition. New York: Longman.

[152] Forest of Dean Crime and Disorder Reduction Partnership. (2005). Forest of Dean Crime and Disorder Reduction Strategy 2005 – 2008. Retrieved December 4, 2007 from Forest of Dean Partnership Web site: http://www.forestofdeanpartnership.org.uk/content.asp? nav = 54&-parent _directory_id = 29.

[153] Forestry Commission. (2007). Wild Woods at Jaguar Lount Wood. Retrieved July 26, 2007 from ForestryCommission Website: http://www. forestry. gov. uk/website/ wildwoods. nsf/ LUWebDocsByKey/ England DerbyshireTheNationalForestJaguarLountWood.

[154] Forestry Commission Wales. (2007). FC Wales launches forest watch scheme to fight crime. News release no. 9814, July 17, 2007. Retrieved December 4, 2007 from Forestry Commission Web site: http://www. forestry. gov. uk/NewsRele. nsf/WebPressReleases/ BF456A115EF8FEA 180257313003D7A5C.

[155] Foroohar R (2006). Unlikely boomtowns. Newsweek 2006(July 3 – 10), 50 – 62.

[156] Forn Siðr (2007). Retrieved July 10, 2006 from Forn Siðr Web site: http://www.fornsidr.dk/index _ uk.html.

[157] Forrest M, Konijnendijk C C (2005). A history of urban forests and trees in Europe. In: C.C. Konijnendijk, K. Nilsson, T.B. Randrup, &- J. Schipperijn (Eds.), Urban forests and trees – a reference book(pp. 23 – 48). Berlin: Springer.

[158] Friedman Th L (2000). The lexus and the olive tree. Updated and expanded edition. New York: Random House.

[159] Gadet J (1992). Groen en de recreatieve functie van de openbare ruimte. Groen 1992(1), 9 – 13 (in Dutch).

[160] Gallagher W (1993). The power of place: How our surroundings shape our thoughts, emotions and actions. New York: Harper Collins.

[161] Gallis C (Ed.). (2005). Proceedings, 1st European Cost E39 Conference: Forests, Trees, Human Health and Wellbeing. Thessaloniki: Siokis.

[162] Garside P L (2006). Politics, ideology and the issue of open space in London, 1939 – 2000. In: P. Clark (Ed.), The European city and green space. London, Stockholm, Helsinki and St Petersburg, 1850 – 2000(pp. 68 – 98). Hants: Ashgate Historical Urban Studies.

[163] Gathright J, Yamada Y, Morita M (2007). Recreational tree-climbing programs in a rural Japanese community forest: social impacts and 'fun factors'. Urban Forestry &- Urban Greening 6(3), 169 – 173.

[164] Gazet van Antwerpen. (2007). Marc Dutroux – Monster of zielepoot? Dossier Dutroux. Retrieved October 29, 2007 from Gazet van Antwerpen Web site: http://www.gva.be/dossiers/d/dutroux/ dossier.asp (in Dutch).

[165] Geen psychologisch gedoe. Het gewone vakantiekamp-recept werkt ook voor kinderen van vluchtelingen. (2006, August 11). De Volkskrant(in Dutch).

[166] Geerts P (2002, November 16). Een schone slaapster. De Financieel-Economische Tijd(in Dutch).

[167] Gehl J (2007). Public spaces for a changing public life. In: C.W. Thompson, &- P. Travlou (Eds.), Open space: People space. Engaging with the environment. Conference Proceedings (pp. 3 – 9). London &- New York: Taylor &- Francis.

参考文献

[168] Gehrke M (2001). Der Park als Veranstaltungsort: Über Veranstaltungen im Grünen und. deren Verträglichkeit. Stadt und Grün 50(5), 325 – 332 (in German).

[169] Gerritsen F, Timmermans W, Visschedijk P A M (Eds.). (2004). Groene Metropolen: het derde jaar, 2003(pp. 64 – 65). Wageningen: Alterra.

[170] Gesler W (2005). Therapeutic landscapes: an evolving theme. Health & Place11(4), 295 – 297.

[171] Gifford R (2002). Environmental psychology: Principles and practice. 3rd edition. Colville: Optimal Environments.

[172] Gijsel K (2006). Openstelling van bos en natuur. Veelzeggende cijfers uit Nederland. Bosrevue 17 (2006), 14 – 17 (in Dutch).

[173] Gilbert R (2006). A boom with a view. In: East London Green Grid: Essays(pp. 12 – 13). London: Mayor of London.

[174] Gini R, Selleri B (2007). Management of urban forestry plantations in a climate change scenario: The experience of Parco Nord – Milan. Paper presented at the conference Climate Change and Urban Forestry, Rome, December 15 – 16, 2007.

[175] Graves H M, Watkins R, Westbury P, etc. (2001). Cooling buildings in London: Overcoming the heat island. London: CRC Ltd.

[176] Green G (1996). Epping forest through the ages. 5th edition. Ilford, Essex: published by author.

[177] Green Places. (2006). News item on Chigwell Row Wood Local Nature Reserve. Green Places 35 (2006), 6.

[178] Grimbergen C, Huibers R, Van der Peijl D (1983). Amelisweerd: de weg van de meeste weerstand. Rotterdam: Uitgeverij Ordeman (in Dutch).

[179] Groene Gordel Front. (2006). Lappersfort Museum. Retrieved July 21, 2006 from Groene Gordel Front Web site: http://ggf.regiobrugge.be (in Dutch).

[180] Groenewegen P P, Van den Berg A E, de Vries S, etc. (2006). Vitamin G: effects of green space on health, well-being, and social safety. BMC Public Health 2006(6), 49.

[181] Goudsblom J (1992). Vuur en beschaving. Amsterdam: Meulenhoff (in Dutch).

[182] Guldager S (2007). Fremtidens kirkegård – andet og mere end den kirkegård vi kender? Landskab 8 (7), 156 – 157 (in Danish).

[183] Guldemond J L (1991). De Haarlemmerhout II: Beheersmogelijkheden in een oud stadsbos. Nederlands Bosbouwtijdschrift 63(4), 134 – 143 (in Dutch).

[184] Gunnarsson A, Palenius L (2004). Stadsskog blir skolskog. Gröna Fakta 2004(3), II – IV (in Swedish).

[185] Gustavsson R (2002). Afforestation in and near urban areas. In: T.B. Randrup, C.C. Konijnendijk, T. Christophersen, & K. Nilsson (Eds.), COST Action E12: Urban Forests and Trees – Proceedings No 1(pp. 286 – 314). Luxembourg: Office for Official Publications of the European Communities.

[186] Gustavsson R, Hermy M, Konijnendijk C, etc. (2005). Management of urban woodland and parks – Searching for creative and sustainable concepts. In: C.C. Konijnendijk, K. Nilsson, T.B. Randrup, & J. Schipperijn (Eds.), Urban forests and trees – a reference book (pp. 369 – 397). Berlin: Springer.

[187] Gustavsson R, Mellqvist H, Åkerlund U (2004). The Ronneby Brunn study. Testing a socialcultural based management planning, and the connoiseurs and action oriented approach as communicative tools in practice. Alnarp: Department of Landscape Planning Alnarp, SLU.

[188] Hagvaag E (2001, February 10). Ulve skaber ravage i Norge. Politiken(in Danish).

[189] Hammer J (2002). First person global. Newsweek 2002(March 4), 5.

[190] Hammitt W E (2002). Urban forests and parks as privacy refuges. Journal of Arboriculture 28(1), 19 – 26.

[191] Handlin O (1963). The modern city as a field of historical study. In: O. Handlin, & J. Burchard (Eds.), The historian and the city(pp. 1 – 26). Cambridge/London: The MIT Press.

[192] Hands D E, Brown R D (2002). Enhancing visual preference of ecological rehabilitation sites. Landscape and Urban Planning 58(1), 57 – 70.

[193] Hansen K B (2005). Fra cykelbarometer til tarzanjungle – et idékatalog om fysiske rammer, der fremmer bevægelse. Copenhagen: Center for Forebyggelse, Sundhedsstyrelsen (in Danish).

[194] Harrison R P (1992). Forests: The shadow of civilization. Chicago & London: The University of Chicago Press.

[195] Harrison R P (2002). Hic Jacet. In: W.J.T. Mitchell (Ed.), Landscape and power(pp. 349 – 364). 2nd edition. Chicago & London: University of Chicago Press.

[196] Hartig T (2004). Toward understanding the restorative environment as a health resource. In: Open space: People space. Engaging with the environment. Conference proceedings. OPENspace Research Centre, Edinburgh. Retrieved October 29, 2007 from OPENspace Web site: http://www.openspace.eca.ac.uk/conference/proceedings/summary/Hartig.htm.

[197] Heitmann B L (2000). Ten-year trends in overweight and obesity among Danish men and women aged 30 – 60 years. International Journal of Obesity 24(10), 1347 – 1352.

[198] Hellinga G (1959). Het Nederlandse bos bedreigd! Nederlands Bosbouwtijdschrift 31(1). Reprinted in: Nederlands Bosbouwtijdschrift 75(2003), 4 – 9 (in Dutch).

[199] Hellström E, Reunala A (1995). Forestry conflicts from the 1950s till 1983. EFI Research Report. Joensuu: European Forest Institute.

[200] Hendriksen I J M, Van Middelkoop M, Bervaes J C A M (2003). Wandelen tijdens de lunch.TNO Rapport. Hoofddorp: TNO Arbeid (in Dutch).

[201] Hennebo D (1979). Entwicklung des Stadtgrüns von der Antike bis in die Zeit der Absolutismus. Geschichte des Stadtgrüns, Band I. Hannover/Berlin: Patzer Verlag (in German).

[202] Hennebo D, Hoffmann A (1963). Geschichte der deutschen Gartenkunst. Band III. Hamburg: Broschek Verlag (in German).

[203] Hennebo D, Schmidt E (s.a.). Entwicklung des Stadtgrüns in England von den frühen Volkswiesen bis zu den öffentlichen Parks im 19. Jahrhundert. Geschichte des Stadtgrüns, Band III (1976 – 1979). Berlin: Patzer Verlag (in German).

[204] Henwood K, Pidgeon N (2001). Talk about woods and trees: threat of urbanization, stability, and biodiversity. Journal of Environmental Psychology 21(2), 125 – 147.

[205] Herzog T R (1989). A cognitive analysis of preference for urban nature. Journal of Environmental Psychology 9, 27 – 43.

[206] Heske F (1938). German forestry. New Haven: Yale University Press.

[207] Heynen N, Perkins H A, Roy P (2006). The political ecology of uneven green space: the impact of political economy on race and ethnicity in producing environmental inequality in Milwaukee. Urban Affairs Review 42(1), 3 – 25.

[208] Hibberd B G (1989). Urban forestry practice. Forestry Commission Handbook No. 5. London: HMSO.

参考文献

[209] Hildebrand. (1998). Camera Obscura. Amsterdam: Athenaeum-Polak & Van Gennep (in Dutch).

[210] Hiss T (1990). The experience of place. New York: Vintage Books/Random House.

[211] Höppner C, Frick J, Buchecker M (2007). Assessing psycho-social effects of participatory landscape planning. Landscape and Urban Planning 82(2 - 3), 196 - 207.

[212] Hörnsten L (2000). Outdoor recreation in Swedish forests - Implications for society and forestry. Acta Universitatis Agriculturae Suecia, Silvestria 169. Uppsala: Swedish University of Agricultural Sciences.

[213] Holm S (2000). Anvendelse og betydning af byens parker og grønne områder. Forest & Landscape Research 28(2000). Hørsholm: Skov & Landskab (in Danish).

[214] Holscher C E (1973). City forests of Europe. Natural History 82(11), 52 - 54.

[215] Hosmer R S (1988). Impressions of European forestry. Reprint of 1922 original. In: L. Fortmann, & J.W. Brice (Eds.), Whose trees? Proprietary dimensions of forestry. Rural studies series of the Rural Sociological Society(pp. 117 - 123). Boulder: Westview Press.

[216] Houle M C (1987). One city's wilderness: Portland' Forest Park. Jack Murdock Publication Series on the History of Science and Exploration in the Pacific Northwest. Portland: Oregon Historical Society Press.

[217] Hunin J (2007, March 7). 'Ecologen maken ons stadje dood'. Activisten willen green ringweg door 'onbezoedeld' natuurgebeid. De Volkskrant, 4 (in Dutch).

[218] HUR. (2005). Forslag til Regionplan 2005. Vision for Hovestadsregionen 2017 - en stærk og bæredytig region. Valby: HUR (in Danish).

[219] Husson J P (1995). Les forêts françaises. Nancy: Press universitaires de Nancy (in French).

[220] Ifversen K R S (2007, June 6). Byer med behov for en arkitekt. Politiken(in Danish).

[221] INRA. (1979). La forêt et la ville. Essai sur la forêt dans l'environnement urbain et industriel. Versailles: Institut National de l'environnement urbain et industriel, Station de recherches sur la forêt et l'environnment (in French).

[222] Irniger M (1991). Der Sihlwald und sein Umland. Waldnutzung, Viehzucht und Ackerbau im Albisgebiet von 1400 - 1600. Mitteilungen der Antiquarischen Gesellschaft in Zürich, Band 58. Zürich: Verlag Hans Rohr (in German).

[223] Jaatinen E (1973). Recreational utilization of Helsinki's forests. Folia Forestalia 186. Helsinki: Finnish Forest Research Institute.

[224] Jacobs M (2004). Metropolitan matterscape, powerscape and mindscape. In: G. Tress, B. Tress, B. Harms, P. Smeets, & A. van der Valk (Eds.), Planning metropolitan landscapes - Concepts, demands, approaches(pp. 26 - 37). Wageningen: Delta series, Volume 4.

[225] Janse G, Konijnendijk C C (2007). Communication between science, policy and citizens in public participation in urban forestry - Experiences from the NeighbourWoods project. Urban Forestry & Urban Greening6(1), 23 - 40.

[226] Jansen I (1995). Van Hollandse abstracties naar Russische werkelijkheid: 300 jaar tuin-en landschapsarchitectuur in Sint-Petersburg, deel 3. Groen 51(5), 26 - 32 (in Dutch).

[227] Jansen-Verbeke M (Ed.). (2002). De vrijetijdsfunctie 'van' en 'in' de stad. Het 'Thuis in de Stad' project. Leuven: KU Leuven (in Dutch).

[228] Jeanrenaud S (2001). Communities and forest management in Western Europe. A Regional Profile of WG - CIFM, the Working Group on Community Involvement in Forest Management (pp. 15 - 31). Gland: IUCN.

[229] Jensen F J (2003). Friluftsliv I 592 skove og andre naturområder. Skovbrugsserien nr. 32. Hørsholm: Skov & Landskab (in Danish).

[230] Jensen F S (1998). Forest recreation in Denmark from the 1970s to the 1990s. Frederiksberg & Hørsholm: The Royal Veterinary and Agricultural University & Danish Forest and Landscape Research Institute.

[231] Jensen F S, Kaltenborn B P, Sievänen T (1995). Forest recreation research in Scandinavia. Paper presented at 'Caring for the Forest: Research in a Changing World', IUFRO XX World Congress, August 6 – 12, 1995, Tampere, Finland.

[232] Jókövi E M (2000a). Recreatie van Turken, Marokkanen en Surinamers in Rotterdam en Amsterdam: een verkenning van het vrijetijdsgedrag en van de effecten van de ethnische cultuur op de vrijetijdsbesteding. Alterra-rapport 003. Wageningen: Alterra (in Dutch).

[233] Jókövi E M (2000b). Vrijetijdsbesteding van allochtonen en autochtonen in de openbare ruimte. Een onderzoek naar de relatie met sociaal-economische en etnisch-culturele kenmerken. Alterra-rapport 295. Wageningen: Alterra (in Dutch).

[234] Jókövi E M, Bervaes J, Böttcher S (2002). Recreatief gebruik van groene bedrijventerreinen. Een onderzoek onder werknemers en omwonenden. Alterra-rapport 518. Wageningen: Alterra (in Dutch).

[235] Joly D (2007). Gewestgrensoverschrijdend structuurplan Zoniënwoud laat op zich wachten. Randbelangen, May 23, 2007. Retrieved December 3, 2007 from Randbelangen Web site: http://www.randbelangen.org/? p = 347 # more-347 (in Dutch).

[236] Jones N, Baines C (2007). UK post-industrial regeneration. Developing strategies for functional green infrastructure. In: Abstracts, 'New forests after old industries', 10th European Forum on Urban Forestry, May 16 – 19, 2007, Gelsenkirchen(pp. 16 – 17). Dortmund: Landesbetrieb Wald und Holz Nordrhein-Westfalen.

[237] Jones O, Cloke P (2002). Tree cultures – The place of trees and trees in their place. Oxford & New York: Berg.

[238] Jongheid J (2000). Flevohout: dynamisch voorbeeldbos als ontmoetingsplaats voor houtproducent en – consument. Nederlands Bosbouwtijdschrift 72, 140 – 143 (in Dutch).

[239] Jorgensen A, Anthopoulou A (2007). Enjoyment and fear in urban woodlands – Does age make a difference? Urban Forestry & Urban Greening 6(4), 267 – 278.

[240] Jorgensen A, Hitchmough J, Dunnet N (2006). Woodland as a setting for housing-appreciation and fear and the contribution of residential satisfaction and place identity in Warrington New Town, UK. Landscape and Urban Planning 79(3 – 4), 273 – 287.

[241] Kaae B, Madsen L M (2003). Holdninger og ønsker til Danmarks natur. By-og Landsplanserien nr. 21. Hørsholm: Skov & Landskab (in Danish).

[242] Kalaora B (1981). Les salons verts: parcours de la ville à la forêt. In: M. Anselme, J.-L. Parisis, M., Péraldi, Y. Rochi, & B. Kalaora (Eds.), Tant qu'il y aura des arbres. Pratiques et politiques de nature 1870 – 1960(pp. 85 – 109). Recherches No. 45 (September 1981).

[243] Kaplan R (2007). Employees' reaction to nearby nature at their workplace: The wild and the tame. Landscape and Urban Planning 82(1 – 2), 17 – 24.

[244] Kaplan R, Kaplan S (1989). The experience of nature: A psychological perspective. Cambridge: Cambridge University Press.

[245] Kaplan S, Talbot J F (1983). Psychological benefits of a wilderness experience. In: I. Altman, & J.

F. Wohlwill (Eds.), Human behavior and environment, advances in theory and research.Volume 6, Behavior and natural environment (pp. 163 – 203). New York: Plenum Press.

[246] Kardell L (1998). Anteckningar om friluftslivet på Norra Djurgården 1975 – 1996. Umeå: Institutionen för Skoglig Landskapsvård, SLU (in Swedish).

[247] Keil, P., Kowallik, C., Kricke, R., etc. (2007). Species diversity on urban-industrial brownfields with urban forest sectors compared with semi-natural habitats in wester Ruhrgebiet (Germany)-First results of investigations in flowering plants and various animal groups. In: Abstracts, 'New forests after old industries', 10th European Forum on Urban Forestry, May 16 – 19, 2007, Gelsenkirchen(pp. 31 – 32). Dortmund: Landesbetrieb Wald und Holz Nordrhein-Westfalen.

[248] Kellner U (2000). Parks in Flandern. Historische Anlagen als Teil öffentlichens Grüns. Stadt und Grün 2000(3), 192 – 198 (in German).

[249] Kennedy J J, Dombeck M P, Koch N E (1998). Values, beliefs and management of public forests in the Western world at the close of the twentieth century. Unasylva 49(192), 16 – 26.

[250] Kennedy M (2005, April 19). Sculpture to inspire lazy Hampstead writers. The Guardian.Retrieved November 15, 2007 from The Guardian Web site: http://arts.guardian.co.uk/news/story/0, , 1462939, 00.html.

[251] Khurana N (2006). Is there a role for trees in crime prevention? Arborist NewsAugust 2006, 26 – 28.

[252] Kilvington M, Wilkinson R (1999). Community attitudes to vegetation in the urban environment: A Christchurch case study. Landscape Research Science Series no. 22. Lincoln: Manaaki Whenua Press.

[253] Kirchengast S, Schober E (2006). Obesity among female adolescents in Vienna, Austria – the impact of childhood weight status and ethnicity. BJOG 113(10), 1188 – 1194.

[254] Kirkebæk M (2002). The Danish afforestation policy and its results. In: T.B. Randrup, C.C. Konijnendijk, T. Christophersen, & K. Nilsson (Eds.), COST Action E12: Urban Forests and Trees – Proceedings No 1(pp. 277 – 285). Luxembourg: Office for Official Publications of the European Communities.

[255] Kissane M J (1998). Seeing the forest for the trees: land reclamation in Iceland. Scandinavian Review, spring 1998. Retrieved December 4, 2007 from FindArticles.com Web site: http://findarticles.com/p/articles/mi_qa3760/is_199804/ai_n8798492.

[256] Kitaev A (2006). Red parks: green space in Leningrad, 1917 – 1990. In: P. Clark (Ed.), The European city and green space. London, Stockholm, Helsinki and St Petersburg, 1850 – 2000(pp. 289 – 303). Hants: Ashgate Historical Urban Studies.

[257] Knecht C (2004). Urban nature and well-being: some empirical support and design implications. Berkeley Planning Journal 17, 82 – 108.

[258] Koch N (1997). Forest, quality of life and livelihoods. In: Social dimensions of forestry's contribution to sustainable development. Part F, Volume 5, Proceedings of the XI World Forestry Congress, October 13 – 22, 1997, Antalya(pp. 27 – 32). Rome: FAO.

[259] Kockelkoren P (1997). Bos-iconen. Nederlands Bosbouwtijdschrift 69, 247 – 261 (in Dutch).

[260] Konijnendijk C C (1994). Een korte geschiedenis van de Nederlandse stadsbossen. Groen 1994(10), 15 – 20 (in Dutch).

[261] Konijnendijk C C (1996). Van Fontainebleau tot Amelisweerd: de lessen van het stadsbos. Nederlands Bosbouwtijdschrift 68(2), 86 – 91 (in Dutch).

[262] Konijnendijk C C (1997). Urban forestry: Overview and analysis of European urban forest policies: Part 1: conceptual framework and European urban forestry history. EFI Working Paper 12. Joensuu: European Forest Institute.

[263] Konijnendijk C C (1998). Puzzelen in het Engelse landschap: het succesverhaal van de Community Forests. De Boskrant 28(4), 90 – 95 (in Dutch).

[264] Konijnendijk C C (1999). Urban forestry in Europe: A comparative study of concepts, policies and planning for forest conservation, management and development in and around major European cities. Doctoral dissertation. Research Notes No. 90. Joensuu: Faculty of Forestry, University of Joensuu.

[265] Konijnendijk C C (2000). Adapting forestry to urban demands – Role of communication in urban forestry in Europe. Landscape and Urban Planning 52(2 – 3), 89 – 100.

[266] Konijnendijk C C (2003). A decade of urban forestry in Europe. Forest Policy and Economics 5(3), 173 – 186.

[267] Konijnendijk C C, Flemish Forest Organisation (Eds.). (2001). Communicating and financing urban forests. Proceedings of the 2nd and 3rd IUFRO European Forum on Urban Forestry, Aarhus (May 1999) and Budapest (May 2000). Brussels: Ministerie van de Vlaamse Gemeenschap, Afdeling Bos en Groen.

[268] Konijnendijk C C, Ricard R M, Kenney A, etc. (2006). Defining urban forestry – A comparative perspective of North America and Europe. Urban Forestry & Urban Greening 4(3 – 4), 93 – 103.

[269] Konijnendijk C C, Thorsen B J, Tyrväinen L, etc. (2007). The right forest for the right city: decision-support for land-use planning through assessment of multiple forest benefits. Allgemeine Forst und Jagdzeitung 178(4), 74 – 84.

[270] Koole S L, Van den Berg A E (2004). Paradise lost and reclaimed: an existential motives analysis of human-nature relations. In: J. Greenberg, S.L. Koole, & T. Pyszczynski (Eds.), Handbook of experimental existential psychology(pp. 86 – 103). New York: Guilford, New York.

[271] Korpela K, Hartig T (1996). Restorative qualities of favorite places. Journal of Environmental Psychology 16, 221 – 233.

[272] Korthals M (1998). Het alledaagse van exotische experimenten: vooronderstellingen en implicaties. Nederlands Bosbouwtijdschrift 70, 187 – 193 (in Dutch).

[273] Kostof S (1999). The city shaped. Urban patterns and meanings through history. First paperback edition. London: Thames and Hudson.

[274] Kotkin J (2005). The city: A global history. London: Weidenfeld & Nicolson.

[275] Kotkin J (2006). Building up the Burbs. Newsweek 2006(July 3 – 10), 80 – 81.

[276] Kowarik I (2005). Wild urban woodlands: towards a conceptual framework. In: I. Kowarik, & S. Körner (Eds.), Wild urban woodlands – New perspectives for urban forestry(pp. 1 – 32). Berlin: Springer.

[277] Kowarik I, Körner S (Eds.). (2005). Wild urban woodlands – New perspectives for urban forestry. Berlin: Springer.

[278] Krott M (1998). Urban forestry: management within the focus of people and trees. In: M. Krott, & K. Nilsson (Eds.), Multiple-use of town forests in international comparison. Proceedings of the first European Forum on Urban Forestry, 5 – 7 May 1998, Wuppertal(pp. 9 – 19). Wuppertal: IUFRO Working Group S.6.14.00.

[279] Krott M (2004). Task-oriented comprehensive urban forestry – a strategy for forestry institutions. In: C.C. Konijnendijk, J. Schipperijn, & K.K. Hoyer (Eds.), Forestry serving urbanized societies.

Selected papers from the conference held in Copenhagen, Denmark, August 27 – 30, 2002(pp. 79 – 90). IUFRO World Series Volume 14. Vienna: IUFRO.

[280] Krott M (2005). Forest policy analysis. Dordrecht: Springer.

[281] Kuo F E, Babaicoa M, Sullivan W C (1998). Transforming inner-city landscapes. Trees, sense of place and preference. Environment & Behavior 30(1), 28 – 59.

[282] Kupka I (2005). Silvicultural strategies in urban and periurban forests. Abstract. In: P. Neuhöfervá (Ed.), Management of urban forests around large cities. Proceedings of abstracts, Prague, October 3 – 5, 2005(p. 13). Prague: Faculty of Forestry and Environment, Czech University of Agriculture.

[283] Kuyk G A (1914). De geschiedenis van het landgoed Sonsbeek bij Arnhem. Reprint from: Bijdragen en Mededeelingen der Vereeniging 'Gelre', deel XVII (in Dutch).

[284] Lafortezza R, Corry R C, Sanesi G, etc. (in press). Visual preferences and ecological assessments for designed alternative brownfield rehabilitations. Journal of Environmental Management. doi:10.1016/j.jenvman.2007.01.063.

[285] Lambregts L, Wiersum K F (2002). Community forestry in Nederland. Nederlands Bosbouwtijdschrift 74, 12 – 16 (in Dutch).

[286] Landesbetrieb Wald und Holz NRW. (2006). Project 'Industrial Forests Ruhr Region'. A model – The project – Presentation of project areas. Project leaflet. Dortmund: LWH-NRW.

[287] Lange E, Schaeffer P V (2001). A comment on the market value of a room with a view. Landscape and Urban Planning 55(2001), 113 – 120.

[288] Langers F, de Boer T A, Buijs A E (2005). Donkere nachten: de beleving van de nachtelijke duisternis door burgers. Alterra Report 1137. Wageningen: Alterra (in Dutch).

[289] Lappersfortbos vandaag of morgen ontruimd. (2002, September 17). De Financieel-Economische Tijd, p. 4 (in Dutch).

[290] Lassøe J, Iversen T L (2003). Naturen et hverdagslivsperspektiv. En kvantitativ interviewundersøgelse af forskellige danskeres forhold til naturen. Faglig rapport fra DMU 437. Danmarks Miljøundersøgelser, Roskilde. Retrieved August 1, 2007 from DMU Web site: http://www2.dmu.dk/1_viden/2_Publikationer/3_fagrapporter/rapporter/FR437.pdf(in Danish).

[291] Lawrence H W (1993). The Neoclassical origins of modern urban forests. Forest Conservation and History 37, 26 – 36.

[292] Lawrence H W (2006). City trees: A historical geography from the Renaissance through the nineteenth century. Charlottesville & London: University of Virginia Press.

[293] Layton R L (1985). Recreation, management and landscape in Epping Forest: c. 1800 – 1984. Field Studies 6, 269 – 290.

[294] Ledene L (2007). Het 'tweede grote Kom Over de Brug' gebeuren: verplanten van een symboolbos. De Boskrant 37(4), 14 – 16 (in Dutch).

[295] Lee K, Pape J (2006). Access to green areas affects health and well-being – Copenhagen on the Green Move. Presentation at conference Urban Forestry for Human Health and Wellbeing, Copenhagen, June 27 – 30, 2006. Retrieved August 9, 2007 from University of Copenhagen Web site: http://en.sl.life.ku.dk/upload/kirsten_lee_002.pdf.

[296] Lehmann A (1999). Von Menschen und Bäumen. Die Deutschen und ihr Wald. Reinbek: Rowohtl Verlag (in German).

[297] Lento K (2006). The role of nature in the city: green space in Helsinki, 1917 – 60. In: P. Clark (Ed.), The European city and green space. London, Stockholm, Helsinki and St Petersburg, 1850

- 2000(pp. 188 - 206). Hants: Ashgate Historical Urban Studies.

[298] Lepofsky J, Fraser J C (2003). Building community citizens: claiming the right to place-making in the city. Urban Studies 40(1), 127 - 142.

[299] Levent T B, Nijkamp P (2004). Urban green space policies: Performance and success conditions in European cities. Preliminary version. Paper for the 44th European Congress of the European Regional Science Association, Regions and Fiscal Federalism, August 25 - 29, 2004, Porto.

[300] Lieckfeld C P. (2006). Tatort Wald. Von einem, der auszog den Forst zu retten. Frankfurt am Main: Westend Verlag (in German).

[301] Lindsay A, House S (2005). The tree collector. The life an explorations of David Douglas. First paperback edition. London: Aurum Press.

[302] Lipsanen N (2006). The seasonality of green space: the case of Uutela, Helsinki, c. 2000. In: P. Clark (Ed.), The European city and green space. London, Stockholm, Helsinki and St Petersburg, 1850 - 2000(pp. 229 - 246). Hants: Ashgate Historical Urban Studies.

[303] Lloret F, Mari G (2001). A comparison of the medieval and the current fire regimes in managed pine forests of Catalonia (NE Spain). Forest Ecology and Management 141(2001), 155 - 163.

[304] Löfström I, Hamberg L, Mikkola N, etc. (2006). Public participation, biodiversity and recreational values in urban forest planning in Finland. Paper presented at IUFRO conference, Patterns and Processes in Forest Landscapes, Consequences of Human Management, Locorotondo, Italy, September 26 - 29, 2006.

[305] Lörzing H (1992). Van Bosplan to Floriade. Rotterdam: Uitgeverij 010 (in Dutch).

[306] Lohrberg F (2007). Landscape laboratory and biomass production - a 'Platform Urban Forestry Ruhrgebiet' demonstration project. In: Abstracts, 'New forests after old industries', 10th European Forum on Urban Forestry, May 16 - 19, 2007, Gelsenkirchen(pp. 20 - 21). Dortmund: Landesbetrieb Wald und Holz Nordrhein-Westfalen.

[307] Longhurst J (2007). Chain reaction. Green Places 2007(36), 20 - 22.

[308] Lorusso L, Lafortezza R, Tarasco E, etc. (2007). Tipologie strutturali e caratteristiche funzionale delle aree verdi periurbane: il caso di studio della città di Bari. L'Italia Forestale e Montane LXII (4): 249 - 265 (in Italian, with English abstract).

[309] Louv R (2006). Last child in the woods: Saving our children from nature-deficit disorder. New York: Algonquin Books.

[310] Lub J (2000). Het Edese Bos: over vadertje Cats en frustraties in de A-lokaties. Nederlands Bosbouwtijdschrift 72, 6 - 10 (in Dutch).

[311] Lusher A (2005, October 16). Spore wars: on the trail of the mushroom poachers. The Sunday Telegraph, 17.

[312] Luttik J (2000). The value of trees, water and open space as reflected by house prices in The Netherlands. Landscape and Urban Planning 48(3/4), 161 - 167.

[313] Maas J, Verheij R A, Groenewegen P P, etc. (2006). Green space urbanity, and health: how strong is the relation? Journal of Epidemiology and Community Health 60, 587 - 592.

[314] Maasland F, Reisinger M (2007). Pas op, grote grazers: over de verantwoordelijkheid van eigenaar, beheerder èn publiek. Vakblad Natuur Bos Landschap 4(1), 10 - 12 (in Dutch).

[315] Macpherson H (2004). Participation, practitioners and power: Community participation in North East Community Forests. ESRC/ODPM Postgraduate Research Programme, Working Paper 13. London: ESRC/ODPM.

参考文献

[316]　Macnaghten P, Urry J (1998). Contested natures. London: Sage.

[317]　Macnaghten P, Urry J (2000). Bodies in the Woods. Body & Society 6(3 - 4), 166 - 182.

[318]　Madas A (1984). The service functions. In: F.C. Hummel (Ed.), Forest policy: A contribution to resource development(pp. 127 - 159). The Hague: Nijhoff Junk/Publishers.

[319]　Mäkinen K (in prep.). Teenage experiences of public green areas in suburban Helsinki. Submitted to Urban Forestry & Urban Greening(in revision).

[320]　Mass hysteria after snake kill. (2006, September 7). Retrieved November 17, 2007 from News24. com Web site: http://www.news24.com/News24/World/News/0, , 2 - 10 - 1462_1995155, 00. html.

[321]　McConnachie M, Shackleton C, McGregor G K (2008). The extent of public green space and alien plant species in ten small towns of the Sub-Tropical Thicket Biome, South Africa. Urban Forestry & Urban Greening 7(1).

[322]　McIntyre L (2006). On the side of the angels. Landscape architects restore the Olmsted Woods at the Washington National Cathedral. Landscape Architecture 2006(7), 66 - 77.

[323]　Meier U (2007). Die rolle des Energieholzes in der Waldpolitik beider Basel (Essay). Schweizerische Zeitschrift für Forstwesen 158(7), 201 - 205 (in German, with English abstract).

[324]　Meierjürgen U (1995). Freiraumerholung in Berlin. Arbeitsmaterialen der Berliner Forsten 5. Berlin: Senatsverwaltung für Stadtentwicklung, Umweltschutz und Technologie (in German).

[325]　Meikar T, Sander H (2000). Die Forstwirtschaft in der Stadt Tallinn/Reval - ein historischer zugang.Allgemeine Forst-und Jagdzeitung 117(7), 124 - 131 (in German).

[326]　Merchant C (1996). Reinventing Eden: western culture as a recovery narrative. In: W. Cronon (Ed.), Uncommon ground. Rethinking the human place in nature(pp. 132 - 159). New York & London: W.W. Norton & Company.

[327]　Merriam-Webster Online Dictionary. (2007). Entry for "city". Retrieved December 8, 2007 from Merriam-Webster Web site: http://www.m-w.com/dictionary/city.

[328]　Metz T (1998). Nieuwe natuur. Reportages over veranderend landschap. 2nd edition. Amsterdam: Ambo (in Dutch).

[329]　Mickenautisch S, Legal S C, Yengopul V, etc. (2007). Sugar-free chewing gum and dental caries - A systematic review. Journal of Applied Oral Science 15(2), 83 - 88.

[330]　Milieudefensie. (2007). 'Bulderbos'. Retrieved August 3, 2007 from Milieudefensie Web site: http://www.milieudefensie.nl/verkeer/doemee/bulderbos/ (in Dutch).

[331]　Milligan C, Bingley A (2007). Restorative places or scary spaces? The impact of woodland on the mental well-being of young adults. Health & Place 13, 799 - 811.

[332]　Millionærer og børns paradis. (2006, August 23). Politiken(in Danish).

[333]　Mind. (2007). Ecotherapy: The green agenda for mental health. London: Mind. Retrieved August 5, 2007 from Mind Web site: Publications.http://www.mind.org.uk/NR/rdonlyres/D9A930D2 - 30D4 - 4E5B-BE79 - 1D401B804165/0/ecotherapy.pdf.

[334]　Ministerium für Ländlichen Raum Baden-Württemberg. (1990). Waldland Baden-Württemberg: Ein Überblick über den Wald und die Forstwirtschaft in Baden-Württemberg. Stuttgart: Ministerium für Ländlichen Raum Baden-Württemberg (in German).

[335]　Mitchell W J T (Ed.). (2002). Landscape and power. Space, place and landscape(pp. vii - 4). Chicago & London: University of Chicago Press.

[336]　Mitchell R, Popham F (2007). Greenspace, urbanity and health: relationships in England Journal of

森林与城市：城市林地的文化景观

Epidemiology and Community Health61, 681 – 683.

[337] Moigneu T (2001). Junior Foresters Education Programme. In: C.C. Konijnendijk, & Flemish Forest Organisation (Eds.), Communicating and financing urban forests. Proceedings of the 2nd and 3rd IUFRO European Forum on Urban Forestry, Aarhus (May 1999) and Budapest (May 2000)(pp. 69 – 71). Brussels: Afdeling Bos & Groen, Ministerie van de Vlaamse Gemeenschap.

[338] Møller J (1990). Dyrehaven. Copenhagen: Forlaget Cicero (in Danish).

[339] Muir R (2005). Ancient trees, living landscapes. Stroud: Tempus.

[340] Museumbos. (2007). Retrieved July 30, 2007 from Museumbos Web site http://www.museumbos.nl (in Dutch).

[341] Myerscough J (1974). The recent history of the use of leisure time. In: I. Appleton (Ed.), Leisure and research policy(pp. 3 – 16). Edinburgh & London: Scottish Academic Press.

[342] Nail S (2008). Forest policies and social change. An English case study. Berlin: Springer.

[343] Nassauer J I (1995). Messy ecosystems, orderly frames. Landscape Journal 14(2), 161 – 170.

[344] Natuurbehoud. (2006). Event announcement. Issue autumn 2006. 's-Graveland: Natuurmonumenten (in Dutch).

[345] Nederland Klimaatneutraal. (2007). Hier.nu website. Retrieved December 4, 2007 from Nederland Klimaatneutraal Web site: http://www.hier.nu (in Dutch).

[346] Nehring D (1979). Stadtparkanlagen in der erste Hälfte des 19. Jahrhunderts: ein Beitrag zur Kulturgeschichte des Landschaftsgarten. Geschichte des Stadtgrüns. Band IV. Hannover & Berlin: Patzer Verlag (in German).

[347] Neiss Th (2007). Greeting. In: Abstracts, 'New forests after old industries', 10th European Forum on Urban Forestry, May 16 – 19, 2007, Gelsenkirchen (pp. 5 – 7). Dortmund: Landesbetrieb Wald und Holz Nordrhein-Westfalen.

[348] Newman O (1972). Defensible space: Crime prevention through urban design. New York: the Macmillan Company.

[349] Nibbering C, Van Geel R (1993). Zucht naar de kathedraal: beleving en beheer in de Haarlemmerhout.Groen 1993(12), 26 – 29 (in Dutch).

[350] Nielsen A B, Jensen R B (2007). Some visual aspects of planting design and silviculture across contemporary forest management paradigms – Perspectives for urban afforestation.Urban Forestry & Urban Greening 6(3), 143 – 158.

[351] Nielsen A B, Nilsson K (2007). Urban forestry for human health and wellbeing. Editorial. Urban Forestry & Urban Greening 6(4), 195 – 197.

[352] Nielsen T S, Hansen K B (2007). Do green areas affect health? Results from a Danish survey on the use of green areas and health indicators. Health & Place 13, 839 – 850.

[353] Niemi M (2006). Politicians, professionals and 'publics': conflicts over green space in Helsinki, c. 1950 – 2000. In: P. Clark (Ed.), The European city and green space. London, Stockholm, Helsinki and St Petersburg, 1850 – 2000(pp. 207 – 228). Hants: Ashgate Historical Urban Studies.

[354] Nijen Twilhaar H (2007, September 24). Natuurbegraven wordt populair. De Telegraaf, p. T6 (in Dutch).

[355] Nikolopoulou M, Baker S, Steemers K (2001). Thermal comfort in outdoor urban spaces: understanding the human parameter. Solar Energy 70(3), 227 – 235.

[356] Nilsson K, Åkerlund U, Konijnendijk C C, etc. (2007a). Implementing green aid projects – the case of St Petersburg, Russia.Urban Forestry & Urban Greening 6(2), 93 – 101.

[357] Nilsson K, Baines C, Konijnendijk C C (2007b). Final report - COST Strategic Workshop, 'Health and the Natural Outdoors'. Brussels: COST, European Science Foundation.

[358] Nilsson L (2006a). Stockholm and green space 1850 - 2000: an introduction. In: P. Clark (Ed.), The European city and green space. London, Stockholm, Helsinki and St Petersburg, 1850 - 2000 (pp. 99 - 110). Hants: Ashgate Historical Urban Studies.

[359] Nilsson L (2006b). The Stockholm style: a model for the building of the city in the parks, 1930s - 1960s. In: P. Clark (Ed.), The European city and green space. London, Stockholm, Helsinki and St Petersburg, 1850 - 2000(pp. 141 - 158). Hants: Ashgate Historical Urban Studies.

[360] Nolan B (2006). Phoenix Park. A history and guidebook. Dublin: The Liffey Press.

[361] Nolin C (2006). Stockholm's urban parks: meeting places and social contexts from 1860 - 1930. In: P. Clark (Ed.), The European city and green space. London, Stockholm, Helsinki and St Petersburg, 1850 - 2000(pp. 111 - 126). Hants: Ashgate Historical Urban Studies.

[362] Northern Ireland Forest Service. (1987). History of Belvoir Forest. Retrieved July 31, 2007 from Forest Service Northern Ireland Web site: www.forestserviceni.gov.uk/history_of_belvoir.pdf.

[363] Nowak D J (2006). Institutionalizing urban forestry as a "biotechnology" to improve environmental quality. Urban Forestry & Urban Greening 5(2), 93 - 100.

[364] Nowak D J, Walton J T, Dwyer J F, etc. (2005). The increasing influence of urban environments on US Forest management. Journal of Forestry 103(8), 377 - 382.

[365] NUFU. (2005). Trees Matter! Bringing lasting benefits to people in towns. Wolverhampton: National Urban Forestry Unit.

[366] O'Brien L, Murray R (2007). Forest School and its impacts on young children: case studies in Britain. Urban Forestry and Urban Greening 6(4), 249 - 265.

[367] Olin L (2007). Foreword. In: C.W. Thompson, & P. Travlou (Eds.), Open space: People space. Engaging with the environment. Conference Proceedings (pp. xi - xvi). London & New York: Taylor & Francis.

[368] Olwig K R (1996). Reinventing common nature: Yosemite and Mount Rushmore - Ameandering tale of a double nature. In: W. Cronon (Ed.), Uncommon ground. Rethinking the human place in nature(pp. 379 - 408). New York & London: W.W. Norton & Company.

[369] Oosterbaan A, Van Blitterswijk H, De Vries S (2005). Gezond werk in het groen: Onderzoek naar de inzet van cliënten uit de zorg bij het beheer van bos, natuur en landschap. Alterra rapport 1253. Wageningen: Alterra (in Dutch).

[370] Opheim T (1984). Notes on the Oslomarka. In: O. Saastamoinen, S.-G. Hultman, N.E. Koch, & L. Matsson (Eds.), Multiple use forestry in the Scandinavian countries(pp. 39 - 43). Helsinki: Finnish Forest Research Institute.

[371] Otto H J (1998). Stadtnahe Wälder - kann die Forstwirtschaft sich noch verständlich machen? Forst und Holz 53(1), 19 - 22 (in German).

[372] Oustrup L (2007). Skovopfattelse blandt danskere og i skovlovgivningen. Forest & Landscape Research no. 38. Hørsholm: Danish Centre for Forest, Landscape and Planning, University of Copenhagen (in Danish).

[373] Paasman J (1997). De Natuurverkenning en het groene perspectief: Het Sportfondsenbos. Nederlands Bosbouwtijdschrift 69, 150 - 155 (in Dutch).

[374] Paci M (2002). L'uomo e la foresta.Rome: Meltemi Editore (in Italian).

[375] Paris J D (1972). The citification of the forest. Canadian Pulp and Paper Magazine 9, 119 - 122.

[376] Parque Amazónia Belém (2006). Entry in overview of winners of ASLA Awards 2005. Landscape Architecture 2006(7), 79.

[377] Pemmer H, Lackner N (1974). Der Prater: von den Anfängen bis zur Gegenwart. 2nd edition, edited by Düriegel, G., Sackmauer, L. Wiener Heimatkunde. Vienna: Jugend & Volk (in German).

[378] Pendleton M R, Thompson H L (2000). The criminal career of park and recreation hotspots. Parks & Recreation 35(7), 56 - 63.

[379] Perlin J (1989). A forest journey. The role of wood in the development of civilization. Cambridge & London: Harvard University Press.

[380] Perlis A (Ed.). (2006). Forests and human health. Unasylva 224.

[381] Perlman M (1994). The power of trees. The reforesting of the soul. Woodstock: Spring Publications.

[382] Pirnat J (2005). Multi-functionality in urban forestry – A dream or a task? In: C.C. Konijnendijk, J. Schipperijn, & K. Nilsson (Eds.), COST Action E12: Urban forests and trees – Proceedings No 2 (pp. 101 - 118). Luxembourg: Office for Official Publications of the European Communities.

[383] Politie ontruimt Lappersfortbos na immense machtsontplooiing. (2002, October 15). Gazet van Antwerpen(in Dutch).

[384] Pollan M (1991). Second nature: A gardener's education. New York: Atlantic Monthly Press.

[385] Ponting C (1991). A green history of the world. London: Penguin Books.

[386] Porteous A (2002). The forest in folklore and mythology. Reprint of 1928 original. Mineola: Dover Publications.

[387] Pouta E, Neuvonen M, Sievänen T (2007). Prognosis and scenarios of outdoor recreation. In: Abstracts, IUFRO conference Integrative Science for Integrative Management, Saariselkä, Finland, August 14 - 20, 2007. Vantaa: Metla.

[388] Preston I (2007). A Northern network. Green Places 2007(36), 16 - 18.

[389] Preston S (2007). Wildlife on the doorstep. Green Places 2007(34), 36 - 38.

[390] Priestley G, Montenegro M, Izquierdo S (2004). Greenspace in Barcelona: An analysis of user preferences. In: B. Martens, & A. G. Keul (Eds.), Evaluation in progress – Strategies for environmental research and implementation. IAPS conference July 7 - 9, 2004. CD rom.

[391] Prijs Lappersfortbos nog steeds struikelblok. (2002, October 15). De Financieel-Economische Tijd, p. 4 (in Dutch).

[392] Proctor J D (1996). Whose nature? The contested moral terrain of ancient forests. In: W. Cronon (Ed.), Uncommon ground. Rethinking the human place in nature(pp. 269 - 297). New York & London: W.W. Norton & Company.

[393] Pröbstl U (2004). Trends in outdoor recreation – Should the planning for open spaces follow them? In: Proceedings of Open Space: People Space, an international conference. Retrieved December 1, 2006 from OPENspace Web site: http://www. openspace. eca. ac. uk/conference/proceedings/ summary/Probstl.htm.

[394] Pröbstl U (2007). Forests in balance? Forest under the spell of economic, ecological and recreational requirements – Considerations about the European Model. Allgemeine Forst und Jagdzeitung 178 (4), 68 - 73 (in German).

[395] Profous G, Rowntree R (1993). Structure and management of the urban forest in Prague. Unasylva 44(173), 33 - 38.

[396] PROGRESS. (2007). PROGRESS project information. Retrieved July 31, 2007 from PROGRESS Web site: http://www.progress-eu.info/uk.htm.

[397] Proshansky H H, Fabian A K, Kaminoff R (1983). Place identity: physical world socialization of the self. Journal of Environmental Psychology 3(3), 57 - 83.

[398] Raad voor het Landelijk Gebied. (2002). Voor boeren, burgers en buitenlui. Advies over de betekenis van sociaal-culturele ontwikkelingen voor het landelijk gebied(pp. 65 - 69). RLG 02/08. Den Haag: Raad voor het Landelijk Gebied (in Dutch).

[399] Rackham O (2004). Trees and woodland in the British landscape. The complete history of Britain's trees, woods & hedgerows. Revised edition. New York: Phoenix Press.

[400] Ramdharie S (1995, December 29). In Scheveningse Bosjes hangt 'een enge sfeer'. Bewoners zijn overlast door homobaan beu. De Volkskrant(in Dutch).

[401] Randrup T B, Konijnendijk C, Kaennel Dobbertin M, etc. (2005). The concept of urban forestry in Europe. In: C.C. Konijnendijk, K. Nilsson, T.B. Randrup, & J. Schipperijn (Eds.), Urban forests and trees – a reference book(pp. 9 - 20). Berlin: Springer.

[402] Ransford M (1999). Fear spreading faster than Lyme disease. Newscenter, Ball State University, November 10, 1999. Retrieved December 3, 2007 from Ball State University Web site: http://www.bsu.edu/news/article/0, 1370, -1019-974, 00.html.

[403] Rasmussen K R, Hansen K (Eds.). (2003). Grundvand fra skove – muligheder og problemer. Skovbrugsserien. Hørsholm: Skov & Lanskab (in Danish).

[404] Reeder D A (2006a). London and green space. 1850 - 2000: an introduction. In: P. Clark (Ed.), The European city and green space: London, Stockholm, Helsinki and St Petersburg, 1850 - 2000 (pp. 30 - 40). Hants: Ashgate Historical Urban Studies.

[405] Reeder D A (2006b). The social construction of green space in London prior to the Second World War. In: P. Clark (Ed.), The European city and green space: London, Stockholm, Helsinki and St Petersburg, 1850 - 2000(pp. 41 - 67). Hants: Ashgate Historical Urban Studies.

[406] Région Wallonne (Division de la Nature et des Forêts), Vlaams Gewest, & Région BruxellesCapitale. (2007). Zoniënwoud. Retrieved December 27, 2007 from Zoniënwoud Web site: http://www.sonianforest.be (in Dutch and French, with English introduction).

[407] Relf D (1992). Human issues in horticulture. HortTechnology 2(2). Retrieved November 14, 2007 from Virginia Tech Web site: http://www.hort.vt.edu/human/hihart.htm.

[408] Remembering Sarajevo's children. (1997). American Forests 103(3), 9.

[409] Reneman D D, Visser M, Edelmann E, etc. (1999). Mensenwensen: De wensen van Nederlanders ten aanzien van natuur en groen in de leefomgeving. Natuur als leefomgeving – Operatie Boomhut. Reeks Operatie Boomhut nr. 6. Hilversum & Den Haag: Intomart en Ministerie van LNV (in Dutch).

[410] Röbbel H (1967). The role of shooting for recreation in Germany. In: XIV. IUFRO Kongress, München 1967, Referate, VII, Section 26(pp. 310 - 329). Munich: DVFFA. Sekretariat für de IUFRO-Kongress 1967.

[411] Romeijn W F (2005). Nieuwe sport in natuur-en bosterreinen: Geocoaching. Vakblad NatuurBos-Landschap 2(3), 2 - 5 (in Dutch).

[412] Ronge V (1998). Urban areas and their town forests: the impact of values, interests and political dynamics on urban forestry. In: M. Krott, & K. Nilsson (Eds.), Multiple use of town forests in international comparison. Proceedings of the first European Forum on Urban Forestry, May 5 - 7,

1998, Wuppertal(pp. 31 – 41). Wuppertal: IUFRO Working Group S.6.14.00.

[413] Rook A (2007). Productive landscapes. Green Places 2007(34), 9.

[414] Roovers P (2005). Impacts of outdoor recreation on ecosystems: Towards an integrated approach. Doctoraalproefschrift nr. 650. Leuven: Faculteit Bio-ingenieurswetenschappen, K.U. Leuven.

[415] Rotenberg R (1995). Landscape and power in Vienna. Baltimore: The Johns Hopkins University Press.

[416] Ruffier-Reynie C (1992). Fontainebleau, merveille en grand péril. Combat Nature 99, 32 – 37 (in French).

[417] Ruffier-Reynie C (1995). Un parc national pour la forêt de Fontainebleau? Combat Nature111, 25 – 30 (in French).

[418] Runte A (1987). National Parks: The American experience. 2nd, revised edition. Lincoln & London: University of Nebraska Press.

[419] Rydberg D (1998). Urban forestry in Sweden – Silvicultural aspects focusing on young forests. Doctoral thesis. Acta Universitatis Agriculturae Sueciae – Silvestria 73. Umeå: Swedish University of Agricultural Sciences.

[420] Rydberg D, Falck D (1998). Designing the urban forest of tomorrow: pre-commercial thinning adapted for use in urban areas in Sweden. Arboricultural Journal 22, 147 – 171.

[421] Sanesi G, Lafortezza R, Marziliano P A, etc. (2007). Assessing the current status of urban forest resources in the context of Pardo Nord, Milan, Italy. Landscape and Ecological Engineering 2007 (3), 187 – 198.

[422] Sapochkin M S, Kiseleva V V, Syriamkina O V, etc. (2004). Mapping the intensity of recreation impact in the NP Losiny Ostrov, Moscow. In: T. Sievänen, J. Erkkonen, J. Jokimäki, J. Saarinen, S. Tuulentie, & E. Virtanen (Eds.), Policies, methods and tools for visitor management. Proceedings of the Second International Conference in Monitoring and Management of Visitor Flows in Recreational and Protected Areas, June 16 – 20, Rovaniemi, Finland(pp. 45 – 50). Working Papers of the Finnish Forest Research Institute. Vantaa: Metla.

[423] Schama S (1995). Landscape and memory. London: HarperCollins Publishers.

[424] Schantz P (2006). The formation of National Urban Parks: a Nordic contribution to sustainable development? In: P. Clark (Ed.), The European city and green space: London, Stockholm, Helsinki and St Petersburg, 1850 – 2000(pp. 159 – 174). Hants: Ashgate Historical Urban Studies.

[425] Schantz P, Silvander U (Eds.). (2004). Forskning och utbildning inom friluftsliv. Utredning och förslag. Stockholm: FRISAM, Friluftsorganisationer i Samverkan (in Swedish).

[426] Schriver N B (2006). The significance of the woods in the experience of pleasure, freedom, desire and courage as important in the rehabilitation process. Paper presented at the conference Urban Forestry for Human Health and Wellbeing, Copenhagen, June 27 – 30, 2006. Retrieved August 9, 2007 from Danish Centre for Forest, Landscape and Planning Web site: http://en.sl.life.ku.dk/upload/n_schriver.pdf.

[427] Schroeder H W (1992). The spiritual aspect of nature: a perspective from depth psychology. In: Proceedings of Northeastern Recreation Research Symposium, April 7 – 9, 1991, Saratoga Springs, NY(pp. 25 – 30). Philadelphia: U.S. Department of Agriculture, Forest Service, Northeastern Forest Experiment Station.

[428] Schroeder H W (2001). Mythical dimensions of trees. Their relation to the human psyche as reflected in dreams, myths and cultural traditions. Retrieved August 16, 2006 from Garden State

Environet Web site: http://www.gsenet.org/library/08for/treemyth.php.

[429] Schulte A G, Schulte-van Wersch C J M (2006). Monumentaal groen. Kleine cultuurgeschiedenis van de Arnhemse parken. 2nd edition. Reeks Arnhemse Monumenten 7. Arnhem: Uitgeverij Matrijs (in Dutch).

[430] Seeland K, Moser K, Scheutle H, etc. (2002). Public acceptance of restrictions imposed on recreational activities in the peri-urban Nature Reserve Sihlwald, Switzerland. Urban Forestry & Urban Greening 1(1), 49 – 57.

[431] Semenov K (2006). St. Petersburg's parks and gardens, 1850 – 1917. In: P. Clark (Ed.), The European city and green space. London, Stockholm, Helsinki and St. Petersburg, 1850 – 2000 (pp. 272 – 288). Hants: Ashgate Historical Urban Studies.

[432] Shin W S (2007). The influence of forest view through a window on job satisfaction and job stress. The Scandinavian Journal of Forest Research 22(3), 248 – 253.

[433] Sieghardt M, Mursch-Radlgruber E, Paoletti E, etc. (2005). The abiotic environment: impact of urban growing conditions on urban vegetation. In: C.C. Konijnendijk, K. Nilsson, T.B. Randrup, & J. Schipperijn (Eds.), Urban Forests and Trees – A reference book (pp. 313 – 315). Berlin: Springer.

[434] Sievänen T, Pouta E, Neuvonen M (2003). Regional similarities and differences in Finnish outdoor recreation behavior. Terra 115(4), 259 – 273.

[435] Silfverberg K, Möller J, Nyhuus S, etc. (2003). Nordiske byers miljøindikatorer. Nordisk Storbysamarbejde 2003 – et fællesprojekt mellem 7 storbyer I Norden: Göteborg, København, Oslo, Stockholm, Reykjavik, Malmö og Helsingfors. Copenhagen: Københavns Kommune (in Danish).

[436] Simon B (2001). Increasing the value of trees in the Forest of Belfast. In: K. Collins, & C.C. Konijnendijk (Eds.), Planting the idea – the role of education in urban forestry. Proceedings of COST Action E12 'Urban Forests and Trees' seminar, Dublin, March 23, 2000 (pp. 12 – 20). Dublin: The Tree Council of Ireland.

[437] Simon B (2005). Chapter 2 – The history of Belvoir Park. In: B. Simon (Ed.), A treasured landscape – the heritage of Belvoir Park (pp. 16 – 42). Belfast: The Forest of Belfast, Belfast.

[438] Simson A J (1997). The post-romantic landscape of Telford New Town. Landscape and Urban Planning 52(2 – 3), 189 – 197.

[439] Simson A (2001a). Art, a gateway that leads to understanding the urban forest? In: C. C. Konijnendijk, & Flemish Forest Organisation (Eds.), Communicating and financing urban forests. Proceedings of the 2nd and 3rd IUFRO European Forum on Urban Forestry, Aarhus (May 1999) and Budapest (May 2000) (pp. 23 – 32). Brussels: Afdeling Bos en Groen, Ministerie van de Vlaamse Gemeenschap.

[440] Simson A (2001b). The ARBRE project, Yorkshire, United Kingdom. In: C.C. Konijnendijk, & Flemish Forest Organisation (Eds.), Communicating and financing urban forests. Proceedings of the 2nd and 3rd IUFRO European Forum on Urban Forestry, Aarhus (May 1999) and Budapest (May 2000) (pp. 199 – 200). Brussels: Afdeling Bos en Groen, Ministerie van de Vlaamse Gemeenschap.

[441] Simson A (2005a). The White Rose Forest – A catalyst for the regeneration of the region. In: C.C. Konijnendijk, J. Schipperijn, & K. Nilsson (Eds.), COST Action E12: Urban forests and trees – Proceedings No. 2 (pp. 237 – 248). Luxembourg: Office for Official Publications of the European

Communities.

[442] Simson A (2005b). Urban forestry in Europe: innovative solutions and future potential. In: C.C. Konijnendijk, K. Nilsson, T.B. Randrup, & J. Schipperijn (Eds.), Urban forests and trees – a reference book(pp. 479 – 520). Berlin: Springer.

[443] Simson A (2007a). The importance of seeking out and responding to woodland heritage cues when developing new, viable urban forestry initiatives for post-industrial landscapes. In: Abstracts, 'New forests after old industries', 10th European Forum on Urban Forestry, May 16 – 19, 2007, Gelsenkirchen(pp. 22 – 23). Dortmund: Landesbetrieb Wald und Holz Nordrhein-Westfalen.

[444] Simson A (2007b). Urban Wildscapes. Conference report. Green Places 2007(409), 38 – 39.

[445] Skov-Petersen H, Jensen F S (2007). An empirical study of recreational route choices. In: Abstracts, IUFRO conference Integrative Science for Integrative Management, Saariselkä, Finland, August 14 – 20, 2007. Vantaa: Metla.

[446] Slabbers S, Bosch J W, Van den Hamer J H, etc. (1993). Grote bossen bij Europese steden: onderzoek naar de landschappelijke kwaliteit van de bossen Epping Forest, Grunewald and Forêt de Saint Germain. Wageningen: IKCN (in Dutch).

[447] Slater C (1996). Amazonia as Edenic Narrative. In: W. Cronon (Ed.), Uncommon ground. Rethinking the human place in nature(pp. 114 – 131). New York & London: W.W. Norton & Company.

[448] Smith A (2007a). In search of liveable communities. Letter. Green Places 2007(35), 14.

[449] Smith S (2007b). Making it safe. Green Places 2007(34), 47.

[450] Sörensen A B, Wembling M (1996). Allergi och stadsgrönska. Gröna Fakta 3/96. Alnarp: Movium (in Swedish).

[451] Sonsbeek krijgt ruime voldoende. (1996, February 10). De Gelderlander(in Dutch).

[452] Spencer C, Woolley H (2000). Children and the city: a summary of recent environmental psychology research. Summary. Child: Care, Health and Development 26(3), 181.

[453] Spiegal B (2007). The starting point for play. Green Places 2007(34), 26 – 29.

[454] Spirn A W (1996). Constructing nature: the legacy of Frederick Law Olmsted. In: W. Cronon (Ed.), Uncommon ground. Rethinking the human place in nature(pp. 91 – 113). New York & London: W.W. Norton & Company.

[455] Spongberg S (1990). A reunion of trees – The discovery of exotic plants and their introduction into North American and European landscapes. Cambridge: Harvard University Press.

[456] Stigsdotter U, Grahn P (2002). Landscape planning and stress. Urban Forestry & Urban Greening 2(1), 1 – 18.

[457] Stisen V (2003, March 17). Motionister indtog afspærret ø. Politiken, 1 – 2 (in Danish).

[458] Strzygowski W (1967). Die Wiederbewaldung der Küsten Griechenlands, eine Voraussetzung der Steigerung des Tourismus und damit der künftig wichtigsten Einkommensquelle. In: XIV. IUFRO Kongress, München 1967, Referate, VII, Section 26(pp. 362 – 381). Munich: DVFFA. Sekretariat für de IUFRO-Kongress 1967 (in German).

[459] Suau L, Confer J (2005). Parks and the geography of fear. In: J.G. Peden, & R.M. Schuster (Eds.), Proceedings of the 2005 Northeastern Recreation Research Symposium, April 10 – 12, Bolton Landing, NY (pp. 273 – 278). GTR-NE-341. Newtown Square: U.S. Forest Service, Northeastern Research Station.

[460] Sugiyama T, Thompson C W (2007). Older people's health, outdoor activity and supportiveness of

neighbourhood environments. Landscape and Urban Planning 82(2 – 3), 168 – 175.

[461] Swarnasinghe K M I (2005). World's oldest historical sacred bodhi tree at Anuradhapura.Erewwala Pannipitiya: Chaga Publications.

[462] Szramka J (1995). Forest management and nature conservation on the area of the Regional Directorate of State Forests in Gdansk. In: Proceedings of the XIII conference of the Union of European Foresters, Gdansk, May 1995. Warsaw: Warsaw Agricultural University.

[463] Takeuchi K, Brown R D, Washitani A, etc. (2003). Satoyama, the traditional landscape of Japan. Berlin: Springer.

[464] Talen E (1998). Sense of community and neighbourhood form: an assessment of the social doctrine of new urbanism. Urban Studies 36(8), 1361 – 1379.

[465] Talking with the author Richard Louv. (2007). The Forestry Source 2007(June), 8 – 9.

[467] Tam J N (1980). Housing reform and the emergence of town planning in Britain before 1914. In: A. Sutcliffe (Ed.), The rise of modern urban planning, 1800 – 1914(pp. 71 – 97). London: Mansell.

[468] Taplin K (1989). Tongues in trees. Studies in literature and ecology. Bideford: Green Book.

[469] Taylor A F, Kuo F E (2006). Is contact with nature important for healthy child development? State of evidence. In: Ch. Spencer, & M. Blades (Eds.), Children and their environments: Learning, using and designing spaces(pp. 124 – 140). Cambridge: Cambridge University Press.

[470] Teletekst. (1999, July 8). News item, EO-Radio. Hilversum: NOS/EO (in Dutch).

[471] Terror detectives 'find bomb kit'. (2006, August 17). Retrieved August 8, 2007 from BBC News Web site: http://news.bbc.co.uk/2/hi/uk_news/5261086.stm.'The Battle of EppingForest'. (2007). Wikipedia entry. Retrieved July 24, 2007 from Wikipedia Web site: http://en.wikipedia.org/wiki/The_Battle_of_Epping_Forest.

[472] The Corporation of London. (1993). Official guide to Epping Forest. London: Guildhall.

[473] Theil S (2006). The new jungles. Newsweek, 2006(July 3 – 10), 75 – 77.

[474] The SAUL Partnership. (2005). Vital urban landscapes – the vital role of sustainable and accessible urban landscapes in European city regions. Final report of the Sustainable & Accessible Urban Landscapes (SAUL) Partnership. London: Groundwork.

[475] Thomas D (1990). The edge of the city. Transactions of the Institute of British Geographers 15(2), 131 – 138.

[476] Thomas K (1984). Man and the natural world: Changing attitudes in England from 1500 to 1800. Harmondsworth: Penguin.

[477] Thompson C W, Travlou P, Roe J (2006). Free-range teenagers: The role of wild adventure space in young people's lives. Final report, prepared for Natural England. Edinburgh: Open space.

[478] Thompson J L, Thompson J E (2003). The urban jungle and allergy. Immunology and Allergy Clinics of North America 23(3), 371 – 387.

[479] Travlou P, Thompson C W (2007). Preface. In: C.W. Thompson, & P. Travlou (Eds.), Open space: People space. Engaging with the environment. Conference Proceedings (pp. xvii – xix). London & New York: Taylor & Francis.

[480] Trébucq M (1995). Incidents. Sauver Fontainebleau no, 132, supplement of Télérama 2372, 2 – 5 (in French).

[481] Treib M (2002). Place, time and city trees. In: T. B. Randrup, C. C. Konijnendijk, T. Christophersen, & K. Nilsson (Eds.), COST Action E12: Urban Forests and Trees – Proceedings No. 1(pp. 64 – 79). Luxembourg: Office for Official Publications of the European Communities.

[482] Trodden L (2007). Integrating art. Green Places, 2007(37), 24 – 25.

[483] Truhlár J (1997). The Rícmanice Arboretum and Memorial of Trees. Mendel Brno: University of Agriculture and Forestry.

[484] Tuan Y F (2007). Space and place. The perspective of experience. 5th edition. Minneapolis & London: University of Minnesota Press.

[485] Tyrväinen L (1999). Monetary valuation of urban forest amenities in Finland. Academic dissertation. Research Papers 739.Vantaa: Finnish Forest Research Institute.

[486] Tyrväinen L, Gustavsson R, Konijnendijk C C, etc. (2006). Visualization and landscape laboratories in planning, design and management of urban woodlands. Forest Policy and Economics 8(8), 811 – 823.

[487] Tyrväinen L, Mäkinen K, Schipperijn J (2007). Tools for mapping social values of urban woodlands and other green areas. Landscape and Urban Planning 79(1), 5 – 19.

[488] Tyrväinen L, Pauleit S, Seeland K, etc. (2005). Benefits and uses of urban forests and trees. In: C. C. Konijnendijk, K. Nilsson, T.B. Randrup, & J. Schipperijn (Eds.), Urban forests and trees – A reference book(pp. 81 – 114). Berlin: Springer.

[489] Tyrväinen L, Silvennoinen H, Kolehmainen O (2003). Ecological and aesthetic values in urban forest management. Urban Forestry & Urban Greening 1(3), 135 – 149.

[490] Ulrich R S (1984). View through a window may influence recovery from surgery. Science 224 (4647), 420 – 421.

[491] Umweltdachverband für das Biosphärenpark Wienerwald Management, Österreichische UNESCO Kommission. (2006). Leben im Biosphärenpark Wienerwald. Modellregion der Nachhaltigkeit. Vienna. Retrieved October 29, 2007 from Biosphärenpark Wienerwald Web site: http://www. biosphaerenpark-wienerwald.org/cms/_data/S1 – 34.pdf (in German).

[492] UN DESA Population Division. (2005). World urbanization prospects: The 2005 revision.Retrieved December 13, 2007 from United Nations Web site: /www. un. org/esa/population/publications/ WUP2005/2005wup.htm.

[493] UNESCO. (2001). Universal declaration on cultural diversity. Signed at Paris, November 2, 2001. Retrieved July 31, 2006 from UNESCO Web site: http://unesdoc. unesco. org/images/0012/ 001271/127160m.pdf.

[494] Vallejo R (2005). Managing forest fires near urban areas in Mediterranean countries. In: C.C. Konijnendijk, J. Schipperijn, & K. Nilsson (Eds.), COST Action E12: Urban forests and trees – Proceedings No. 2(pp. 225 – 233). Luxembourg: Office for Official Publications of the European Communities.

[495] van der Ben D (2000). La forêt de Soignes: Passé, présent, avenir. 2nd edition. Brussels: Éditions Racines (in French).

[496] Van den Berg A E, Ter Heijne M (2004). Angst voor de natuur: een theoretische en empirische verkenning. Landschap 2004(3), 137 – 145 (in Dutch).

[497] Van den Berg J (2000). Speelbossen bij Staatsbosbeheer. Nederlands Bosbouwtijdschrift 72: 38 – 39 (in Dutch).

[498] Van den Berg R (2005). Planning new forests in the Netherlands. In: C.C. Konijnendijk, J. Schipperijn, & K. Nilsson (Eds.), COST Action E12: Urban forests and trees – Proceedings No. 2 (pp. 55 – 63). Luxembourg: Office for Official Publications of the European Communities.

[499] Van den Ham M H A (1997). Beleidsvorming voor stadsbossen in Amsterdam en Arnhem: urban forestry. Nederlands Bosbouwtijdschrift 69(1), 29 – 37 (in Dutch).

[500]   Van der Plas G (Ed.). (1991). De openbare ruimte van de stad. Amsterdam: Stadsuitgeverij Amsterdam (in Dutch).

[501]   Van Herzele A (2005). A tree on your doorstep, a forest in your mind. Greenspace planning at the interplay between discourse, physical conditions, and practice. Doctoral dissertation. Wageningen: Chair of Communication and Innovation Studies, Wageningen University.

[502]   Van Herzele A, Collins K, Tyrväinen L (2005). Involving people in urban forestry – A discussion of participatory practices throughout Europe. In: C.C. Konijnendijk, K. Nilsson, T.B. Randrup, & J. Schipperijn (Eds.), Urban forests and trees – a reference book(pp. 207 – 228). Berlin: Springer.

[503]   Van Herzele A, Wiedemann T (2003). A monitoring tool for the provision of accessible and attractive urban green spaces. Landscape and Urban Planning 63(2003), 109 – 126.

[504]   Van Kerckhove B, Zwaenepoel J (1994). 9 wandelingen in het Zoniënwoud. Series: Op stap in Vlaams-Brabant. Leuven: Toeristische Federatie van Brabant (in Dutch).

[505]   Van Otterloo R (2006). 'Sonsbeek 'moet' elke drie jaar'. Infobulletin Parken Sonsbeek, Zijpendaal en Gulden Bodem 16(4), 3 – 4 (in Dutch).

[506]   Van Rooijen M (1990). De wortels van het stedelijk groen: een studie naar het ontstaan van de Nederlandse Groene stad. Utrecht: Vakgroep Stads-en Arbeidsstudie, Rijksuniversiteit Utrecht (in Dutch).

[507]   Van Winsum-Westra M, De Boer T A (2004). (On)veilig in bos & natuur. Een verkenning van subjectieve en objectieve aspecten van sociale en fysieke veiligheid in bos-ennatuurgebieden. Alterra Rapport 1060. Wageningen: Alterra (in Dutch).

[508]   Veer M M, Abma R, van Duinhoven G (2006). Openstelling van bos en natuur. Vakblad Natuur Bos Landschap 3(3), 2 – 8 (in Dutch).

[509]   Velarde M D, Fry G, Tveit M (2007). Health effects of viewing landscapes – landscape types in environmental psychology. Urban Forestry and Urban Greening 6(4), 199 – 212.

[510]   Vera F (2005). De sterfte in de Oostvaardersplassen in een internationaal kader. Vakblad Natuur Bos Landschap 2(10), 20 – 22 (in Dutch).

[511]   Verboom J (2004). Teenagers and biodiversity – world's apart? An essay on young people's views on nature and the role it will play in the future. Wageningen: Alterra.

[512]   VerHuëll H C A (Ed.). (1878). Rapport over het Haagsche Bosch. In opdracht van Minister van Financiën. 's-Gravenhage (in Dutch).

[513]   Vitse T (2001). New urban forests in the Desired Flemish Forest Structure – Practical experiences from West Flanders. In: C. C. Konijnendijk, & Flemish Forest Organisation (Eds.), Communicating and financing urban forests. Proceedings of the 2nd and 3rd IUFRO European Forum on Urban Forestry, Aarhus (May 1999) and Budapest (May 2000)(pp. 81 – 85). Brussels: Ministerie van de Vlaamse Gemeenschap, Afdeling Bos en Groen.

[514]   von Gadow K (2002). Adapting silvicultural management systems to urban forests. Urban Forestry & Urban Greening 1(2), 107 – 113.

[515]   Waggoner P E, Ovington J D (1962). Proceedings of the Lockwood Conference on the Suburban Forest & Ecology. March 26, 27, 28, 1962, New Haven, Connecticut. The Connecticut Agricultural Experimental Station Bulletin 652. New Haven.

[516]   Walden H (2002). Stadt – Wald. Untersuchungen zur Grüngeschichte Hamburgs. Beiträge zur hamburgischen Geschichte Bd. 1. Hamburg: DOBU-Verlag (in German).

[517]   Walker G B, Daniels S E (1997). Foundations of natural resource conflict: conflict theory and public

policy. In: B. Solberg, & S. Miina (Eds.), Conflict management and public participation in land management(pp. 13 - 36). EFI Proceedings No. 14. Joensuu: European Forest Institute.

[518] Walmsley D J, Lewis G J (1993). People & environment – Behavioural approaches in human geography. Harlow: Longman Scientific and Technically.

[519] Walraven G (2006). Geef burgerschap een sterk stedelijke basis. De stad als opstap naar verbondenheid. Rotterdam: Hogeschool in Holland (in Dutch).

[520] Walsh V, Goodman J (2002). From taxol to Taxol: The changing identities and ownership of an anticancer drug. Medical Anthropology: Cross Cultural studies in Health and Illness 21(3 - 4), 307 - 336.

[521] WEBPOL (2006). OMO undersøgelse om danske børnefamiliers forhold tilsnavs og fysisk aktivitet. Retrieved August 7, 2007 from Pyyki Web site: http://www. pyykki. fi/dk/snavsergodt/OMOundersogelse.pdf (in Danish).

[522] Werquin A C. (2004). Leisure activities and natural spaces. Additional information from enquiries, nationally and locally (Marseilles). In: A.C. Werquin, B. Duhem, G. Lindholm, B. Oppermann, S. Pauleit, & S. Tjallingii (Eds.), COST Action C11 Green Structures and Urban Planning – Final report(pp. 256 - 258). Brussels: COST C11. Retrieved October 10, 2006 from Map21 Web site: http://www.map21ltd.com/COSTC11—book/pdfs/e-%20Human%20and%20Policy.pdf.

[523] Westoby J (1989). Introduction to world forestry, Oxford: Basil Blackwell.

[524] White R (1996). "Are you an environmentalist or do you work for a living?" Work and nature. In: W. Cronon (Ed.), Uncommon ground. Rethinking the human place in nature(pp. 171 - 185). New York & London: W.W. Norton & Company.

[525] Widmer J P (1994). L'espace Rambouilet. Arborescences1994(53), 42 (in French).

[526] Wiegersma L, Olsen I A (2004). NeighbourWoods – Comparative analysis of tree urban woodlands in Denmark and the Netherlands. Copenhagen: The Royal Veterinary and Agricultural University.

[527] Wiggins W E (1986). Ancient woodland in the Telford area. A survey of present day woodland occupying ancient sites. Telford Nature Conservation Project. Telford: Stirchley Grange Environmental Interpretation Center.

[528] Williams K, Harvey D (2001). Transcendent experiences in forest environments. Journal of Environmental Psychology 21, 249 - 260.

[529] Williams R (1973). The country and the city. Oxford: Oxford University Press.

[530] Wing M G, Tynon J (2006). Crime mapping and spatial analysis in National Forests. Journal of Forestry 104 (6), 293 - 298.

[531] Wolf K (2003). Public response to the urban forest in inner-city business districts. Journal of Arboriculture 29(3), 117 - 126.

[532] Wolschke-Bulmahn J, Küster H (2006). Die Eilenriede. Hannovers Stadtwald und der Eilenriedebeirat. Hannover: Landeshaubtstadt Hannover and Leibniz Universität (in German).

[533] Woodland is earmarked for green burial site. (2004, September 9). Edinburgh Evening News. Retrieved December 14, 2007 from Edinburgh Evening News Web site: http://edinburghnews. scotsman.com/ViewArticle.aspx? articleid = 2567329.

[534] Woodland Trust. (2006). Magical woodland celebrations at Belvoir Forest Park. Media release, October 2, 2006.

[535] Woods for People. (2007). Retrieved August 3, 2007 from Woods for People Web site: http://www.woodsforpeople.info/.

[536] World Health Organization. (1946). Constitution of the World Health Organization. Geneva: WHO.

[537] Worpole K (2006). Strangely familiar. In: East London Green Grid: Essays(pp. 10 – 11). London: Mayor of London.

[538] Worpole K (2007). 'The health of the people is the highest law'. Public health, public policy and green space. In: C.W. Thompson, & P. Travlou (Eds.), Open space: People space. Engaging with the environment. Conference Proceedings(pp. 11 – 21). London & New York: Taylor & Francis.

[539] Worpole K, Knox K (2007). The social values of public spaces. York: Joseph Rowntree Foundation.

[540] Worpole K, Rugg J (2007). Places of remembrance. Green Places 2007(36), 12 – 13.

[541] Wytzes L (2006). Terug naar de duinen. Elsevier 2006 (May 20), 36 – 37 (in Dutch).

[542] Yokohari M, Takeuchi K, Watanabe T, etc. (2000). Beyond greenbelts and zoning: a new planning concept for the environment of Asian mega-cities. Landscape and Urban Planning 47(3 – 4), 159 – 171.

[543] Zijderveld A C (1983). Steden zonder stedelijkheid: cultuursociologische verkenning van een beleidsprobleem. Deventer: Van Loghum Slaterus (in Dutch).

[544] Zollverein (2006). Zollverein 31/8, Das Magazine, Ausgabe 2006, pp. 30 – 31 (in German).

[545] Zollverein(2007). Retrieved August 6, 2007 from Zollverein Web site: http://www.zollverein.de/ (in German).

[546] Zuid-Hollands Landschap. (2006). Klimaatbosjes. Zuid-Hollands Landschap 2006(4), 24 (in Dutch).

[547] Zürcher E (2004). Lunar rhythms in forestry traditions-Lunar – correlated phenomena in tree biology and wood properties. Earth, Moon and Planets 85 – 86, 463 – 478.

[548] Zürich will Naturpark – so oder so. (2006, July 18). Zürichsee-Zeitung(in German).

译 后 记

　　译者近年来主要从事环境政治学的研究，能够有机会翻译这样一本绿色经典著作，要十分感谢《生态城市》译著丛书主编、西安电子科技大学人文学院朱丹琼老师，她给予了本人极大的信任、鼓励和帮助。在本书的翻译过程中，译者遇到了诸如专有词汇、地名和人名翻译等方面的困难。而本书最终可以完稿并得以奉献给广大读者，完全得益于朱丹琼老师的悉心指导和帮助。她不仅解决了译者在翻译过程中遇到的许多语言盲区，而且在承担繁重的教学和科研任务之余校对了全书。对此，译者表示深深的谢意。此外，西安电子科技大学人文学院哲学系的焦路尧同学对本书第四章和第十章，徐申珂同学对本书第五章和第十一章的文本翻译也做了大量细致的工作，在此一并表示感谢。本人也谨借此机会对始终支持我们工作的西安电子科技大学出版社的各位编辑老师们，尤其是王斌老师表示感谢。

李　垣

2017 年 10 月于西安